PHONO SAPIENS

·스마트폰이 낳은 신인류·

포노 사피엔스

·최재붕 지음·

포노 사피엔스의 시대,
당신은 준비됐나요?

우리 어른들의 스마트폰 문명에 대한 평가는 그리 후하지 않은 것 같습니다. 스마트폰은 우리를 멍청하게 만든다고들 합니다. 모든 것을 기록해주고 기억해주고 처리해주는 기계 덕분에, 우리는 더 이상 친구 전화번호 하나도 제대로 외우지 못할 만큼 머리가 나빠졌다고 합니다. 스마트폰으로 확산된 온라인 게임은 청소년의 정신과 마음을 갉아먹는 '중독제' 취급을 하고, 젊은 층이 열광하는 SNS는 '인생의 낭비'라며 인간관계의 손상과 시간 낭비를 걱정합니다. 지나친 스마트폰의 사용에 따른 부작용 관련 보도가 넘쳐나면서 우리나라는 스마트폰 문명의 확산을 막는 강력한 규제공화국으로 변해버렸습니다. 물론 부작용이 있는 건 틀림없는 팩트입니다만, 우리가 간과하고 있는 게 있습니다. 바로 스마트폰의 놀라운 혁신성입니다.

한번 차근차근 짚어보죠. 요즘 사람들이 잘 외우지 않는 것은 사실입니다. 그렇다고 암기력이 퇴화되고 뇌 활동이 한가해 졌을까요? 천만의 말씀입니다. 우리는 과거보다 훨씬 많은 양의 데이터를 소화하고 있습니다. 전문가들이 독점해왔던 지식은 이 제 필요한 순간 스마트폰이 실시간으로 제공합니다. 때문에 우 리가 하루에 접하는 영상, 텍스트, 음악 등 모든 종류의 정보를 고려하면 우리의 뇌는 그 어느 때보다 박식하고 지혜롭습니다. 인간관계를 살펴볼까요? SNS와 메신저앱을 통해 우리는 기존과 는 다른 인간관계를 맺고 있습니다. '가볍고 얕은' 관계라는 편견 의 반대편에는 놀라운 혁신성이 숨어 있습니다. 간편해진 연락 수단으로 더 자주 연락을 주고받을 수 있고, 가족과 친구들 여럿 이서 동시에 대화를 할 수도 있습니다. 심지어는 서로 얼굴을 보 며 말이죠. 궁금한 분야에 관한 세계적 석학들의 전문 강의를 손 쉽게 접하기도 하고, 온라인 커뮤니티를 만들어 새로운 지식을 공유하고 학습합니다. 부작용의 편견 뒤에는 이렇게 놀라운 잠 재력이 숨어 있습니다.

부작용도 있지만, 엄청난 혁신의 잠재력을 가진 양날의 검 과 같은 스마트폰 문명. 그런데 우리는 왜 이렇게 한결같이 부작 용만 생각해왔을까요? 어쩌다가 IT인프라는 세계 최고인 나라 가 스마트폰 문명에 대한 규제 장벽까지 세계 최고인 나라가 되 었을까요?

*

사실, 스마트폰 문명의 등장은 파괴적입니다. 인간은 모름지기 자신에게 익숙한 생태계에 커다란 위협을 주는 파괴적 변화를 막으려는 자기방어 본능이 있습니다. 그래서 대한민국의 어른들은 '부작용'이라는 명분을 내세워 현재 자신들의 생태계를 지키는 가장 강력한 사회적 방어막을 구축한 것입니다. 잘못된 일도 아닙니다. 스마트폰 문명에 부작용이 있다는 건 명백한 사실이니까요. 그렇게 기성세대는 끊임없이 신문명에 의한 부작용을 들춰내며 완벽한 규제만이 올바른 미래를 가져다줄 거라고 강요해왔습니다. 튼튼한 규제의 장벽을 쌓으면 모두 지켜낼 수 있을 거라 믿은 겁니다.

그런데 문제가 생겼습니다. 우리가 기존 문명의 보존에 열을 올리는 사이, 스마트폰 문명의 놀라운 혁신성을 이용해 신문명을 창조한 새로운 종족이 미국 대륙에서 탄생했습니다. 그리고 불과 10년 만에 이 새로운 문명은 전 세계로 확산되며 인류 문명 교체를 현실로 만들고 있습니다. 이 새로운 종족이 바로 '포노 사피엔스Phono-sapiens', 스마트폰을 신체의 일부처럼 사용하는 인류입니다. 이미 전 세계 36억 명의 인구가 스마트폰을 사용하며 포노 사피엔스 문명을 즐기고 있고, 이로 인해 시장 생태계의 파괴적 혁신은 걷잡을 수 없는 속도로 번져가고 있습니다. 아마존, 구글, 페이스북과 같은 플랫폼 기업은 물론이고 우버, 에어비앤비, 넷플릭스 같은 기업들이 폭발적으로 성장하며 기존 산업의 구석구석을 모두 교체하고 있습니다. 아시아에서도 알리바바, 텐센트, 디디추싱, 샤오미 같은 중국의 신 기업들이 파괴적 혁신을 선도하며 최고의 기업으로 성장했습니다.

대륙과 문명의 차이가 생길 때 우리나라에는 항상 위기가 왔습니다. 200년 전 서구의 과학기술 문명을 거부했던 조선은 멸망의 길을 걸었습니다. 반면 기꺼이 받아들였던 일본은 아시아의 패권을 차지할 수 있었죠. 역사가 증명하는 교훈은 명백합니다. 대륙의 신문명은 엄청난 힘으로 우리에게 진격해오고 있고 지금의 선택이 우리의 미래 운명을 결정합니다. 이미 대륙에는 포노 사피엔스 문명이 빠르게 확산되고 있고 이 거센 변화의 물결은 막을 수 없는 게 현실입니다. 뻔히 알면서도 새로운 문명의 도래를 막아설 수밖에 없는 어른들의 절박한 불안함도 이해할 수는 있습니다. 하지만 그러는 사이 혁신의 기회를 잃어버린 젊은 세대들은 좌절하게 되었고, 이로 인해 세대 간 갈등은 더욱 증폭되었습니다. 이것이 인류 문명 교체기 앞에 선, 지금 우리 사회의 민낯입니다.

*

    저는 원래 IT기술 발전에 매료된 엔지니어였습니다. '기술이 미래를 바꾼다.'라는 신념으로 첨단기술 연구에 매진해왔습니다. 그러다 2005년 이화여대 최재천 교수님과 함께 공동연구를 하며 '인류의 진화'라는 새로운 세계에 눈을 뜨게 되었습니다. 새로운 시각은 '왜 어떤 기술은 성공하고 어떤 기술은 실패하는지'에 대한 답을 보여줬습니다. 그 후 디지털기술이 만들어내는 모든 변화를 기술이 아니라 사람 중심으로 풀어보기 시작했습니다. 진화론, 심리학, 디자인, 인문학 등 다양한 분야 전문가들의 도움을 받아 새로운 접근을 시도했습니다.

    그런 관점에서 본 스마트폰 문명의 인류 변화는 너무나 급격하고 충격적인 것이었습니다. 2011년부터는 스마트폰을 들고 변화한 새로운 인류 '포노 사피엔스'(사실 이 멋진 용어는 2015년 〈이코노미스트The Economist〉 특집 기사에서 처음 등장한 단어입니다. 그 전까지 저는 '스마트 신인류Neo-Smart-Human'라는 단어를 썼습니다.)의 관점으로 모든 현상을 분석하기 시작했습니다.

    사람을 중심으로 연구하는 방법론에 포노 사피엔스를 대입하자 모든 변화의 데이터가 가리키는 방향이 선명하게 보이기 시작했습니다. 포노 사피엔스의 소비 행동 데이터를 분석하고 그 변화가 각 산업별 생태계를 어떻게 파괴하고 혁신하는지를 정리하다 보니 일관성 있는 논리가 뚜렷이 나타났습니다. 처음에는 이 가정이 과도한 억측이 될 수 있다는 의심을 스스로도 끊임없이 품었습니다. 닷컴 버블이 보여줬던 참담한 실패의 교훈을 거울삼아 최대한 가정은 배제하고 냉정하게 데이터에 의존했습니다. 2014년이 되자 '스마트 신인류'의 등장에 따른 시장 변화를 일관성 있게 설명할 수 있는 자료가 완성되었습니다.

그리고 '스마트 신인류 시대'를 주제로 강의를 시작했습니다. 포노 사피엔스 문명 시대를 준비하는 기업, 정부기관, 교육기관 등을 대상으로 대륙에서 일어나고 있는 혁명적 변화의 실상을 보여주고 혁신의 방안을 제시하기 시작했습니다. 이후 5년간 1,200회가 넘는 강의를 통해 엄청난 피드백을 받을 수 있었습니다. 이론의 토대에 남겨졌던 허점들을 메울 수 있는 귀한 실물경제 데이터도 얻을 수 있었습니다. 그렇게 더욱 단단한 분석의 방법을 완성하고 더욱 심도 있게 세계 경제의 변화를 데이터로 추적해왔습니다. 다행인지 불행인지 지난 5년간 대륙의 시장경제 데이터는 무섭도록 저의 예측과 일치했습니다. 아니 예측했던 것보다 더욱 빠르고 거세게 일관된 방향으로 진격하고 있습니다.

2016년 우리 사회를 충격에 빠트린 '알파고와 이세돌의 대결' 이후 '4차 산업혁명'이 우리 사회를 휩쓸기 시작합니다. 그때가 돼서야 '혁명'의 시대를 실감하기 시작한 것이죠. 인공지능으로 인해 사라질 많은 일자리들과 새로운 기술에 대한 공포심이 우리 사회를 가득 채웠습니다. 그 후 인공지능, 로봇, 사물인터넷, 드론, 가상현실, 3D프린터 등 '디지털기술이 가져오는 혁명'은 우리에게 위협의 대상으로 인식되기 시작합니다. 엔지니어가 아닌 일반 사람들에게 디지털기술들은 생소하고 어려운 내용입니다. 그래서 '4차 산업혁명이 오면 큰일이 나겠군.'이라고 막연히 생각하게 됩니다. 그리고 '4차 산업혁명'이 아직은 먼 미래의 일이라고 생각합니다. 일상생활에 깊숙이 들어와 있는 '시장혁명'은 인지하지 못한 채 말이죠. 그때부터 저는 포노 사피엔스 문명의 관점으로 4차 산업혁명을 설명하기 시작했습니다. 이들 디지털기술이 각광받는 이유를 인류의 소비 행동 변화와 연계시키고 기술 개발을 주도하는 기업들의 비즈니스 모델을 분석해서 왜 포노 사피엔스 시대에는 인공지능, 로봇, 사물인터넷 기술이 필요한지를 정리했습니다. 그러는 사이 시장은 놀랍도록 빠르게 변하기 시작했고 포노 사피엔스 문명에 대한 예측은 그대로 현실로 나타났습니다.

*

이 책에는 지난 10년간 발생한 급격한 시장 변화를 포노 사피엔스라는 새로운 인류를 중심으로 풀어내고 그 내용을 담았습니다. 첫 번째 장에서는 포노 사피엔스라는 새로운 인류의 탄생 기원을 담았습니다. 스마트폰의 등장이 과거의 첨단기기들과는 달리 왜 인류의 소비 행동 변화까지 이끌어냈고 또 문명의 변화로까지 이어졌는지를 분석했습니다. 그리고 포노 사피엔스가 자발적 선택에 의해 만들고 있는 새로운 문명에 대해 정리했습니다.

두 번째 장에서는 이들의 변화가 만들어낸 시장의 변화를 각 분야별로 세세히 분석했습니다. 미디어산업, 유통산업, 서비스산업에서 제조산업에 이르기까지 다양한 소비산업의 변화를 포노 사피엔스의 소비 행동 변화와 연계하여 분석하고 정리했습니다.

세 번째 장에서는 포노 사피엔스 문명 시대를 준비하기 위한 비즈니스 전략을 정리했습니다. 지난 5년간 다양한 산업 분야의 기업들로부터 강의 요청을 받으면서 혁신의 방향을 고민해야 했고 이를 위해 분야별로 성공한 글로벌 기업들을 분석해 그들의 성공 요인과 혁신 전략을 정리할 수 있었습니다. 많은 내용 중에서 소비자 관점에서 선택을 받은 기업들의 공통된 특성을 찾고자 했고 이를 바탕으로 '포노 사피엔스 문명 시대'의 성공 전략을 나름대로 요약해보았습니다.

마지막 장에서는 포노 사피엔스 시대에 필요한 인재상에 대해 기술했습니다. 이미 달라진 표준 인류 관점에서 기존의 교육방식이 어떻게 혁신되어야 할지를 분석하고 새로운 인재상을 제시했습니다. 포노 사피엔스 문명을 위한 신교육방식으로 성공을 거두고 있는 교육기관들을 분석하고, 또 새로운 학습방식도 정리해보았습니다. 여기서 제시한 인재상에 부합하는 새로운 인재들은 이미 세계적인 기업을 창업하거나 이들 기업의 핵심 인재로 스카우트되어 문명의 변화를 리드하고 있습니다.

분명한 것은 혁명은 이미 시작되었고 우리는 준비를 해야 한다는 것입니다. 혁명의 시대를 준비하려면 모두가 공감하고 동의해야 합니다. 변화를 겪어내는 과정에서 엄청난 고통이 따르기 때문입니다. 어느 나라나 모두 같은 고민일 것입니다. 그래서 이를 이해하기 위해 클라우스 슈밥의 《제4차 산업혁명》과 같은 책들이 수천 권이나 등장했습니다. 또 더 많은 혁명에 관한 이야기들이 앞으로도 쏟아져 나올 것이 분명합니다.

많은 사람들이 기술의 변화를 중심으로 혁명을 설명합니다. 지난 200년간 과학기술의 발전이 혁명적 변화의 핵심이었기 때문이죠. 1, 2, 3차 산업혁명이 바로 명백한 증거입니다. 그런데 특이하게도 지금의 혁명은 출발이 시장입니다. 달라진 소비자가 시장 혁명을 주도하고 있는 것이죠. 그래서 그 소비자, 즉 포노 사피엔스라는 새로운 호모족으로 이야기의 출발점을 설정했고 책의 제목도 그렇게 달았습니다. 정리하고 보니 새로운 인류가 이끌어내는 시장의 새로운 질서는 거의 모든 분야에서 명

프롤로그

백한 일관성을 보여줍니다. 혁명의 출발이 일상의 시장이라면 함께 공감하기는 더없이 좋은 이야기가 됩니다. 먼 미래가 아니라 매일 모두가 함께 경험하는 시장이니까요. 일관성까지 있으니 미래를 준비하기 위한 방향성도 동의하기 쉽습니다. 사실은 그렇게 되었으면 하는 것이 저의 바람입니다. 바로 이 책을 쓴 이유이기도 합니다.

＊

혁명의 시대를 어떻게 준비해야 할까요? 제가 선택한 답은 '사람'입니다. 포노 사피엔스 문명의 가장 큰 특징은 모든 권력이 소비자에게로 이동했다는 것입니다. 이로 인해 산업 생태계의 지각 변동이 발생했고, 모든 기업의 흥망성쇠도 소비자의 선택이 결정하는 시대가 되었습니다. 결국 포노 사피엔스의 마음을 살 수 있는 상품이나 서비스를 만드는 것이 성공의 비결입니다. 그래서 '사람이 답'입니다. 사람의 마음을 잘 알아야 좋은 인재가 되고, 사람을 잘 배려할 줄 알아야 성공하는 인재가 됩니다. 조직도 사람의 마음을 감동시킬 수 있어야 성장할 수 있고 기업도 진심으로 소비자를 생각하는 마음이 담겨야 성장할 수 있습니다. 어느 것도 위선적 포장으로는 지속적인 성장을 기대할 수 없는 시대가 된 것입니다. 그렇다면 우리는 이걸 잘할 수 있을까요?

대한민국이 지난 30년간 만들어낸 흔적들을 객관적으로 평가해보면 우리는 분명히 잘할 수 있습니다. 우리는 제조산업이 근간인 나라입니다. 1980년대 세계 최고의 국가로 성장한 일본을 벤치마킹해서 오로지 한길, 제조로 선진국이 되자는 꿈을 실천해온 나라입니다. 그 성과는 현대 100년사에 비교 대상이 없을 정도로 엄청납니다. 조선, 중공업, 철강 등에서 줄줄이 세계 1위를 달성하고 자동차산업도 세계 최고의 기업들과 어깨를 나란히 합니다. 더욱 놀라운 것은 노벨화학상, 물리학상 하나 못 받은 나라에서 첨단 나노기술의 종합예술이라는 반도체산업 1위를 차지하고 있다는 것입니다. 삼성전자는 스마트폰, 메모리, 디스플레이 등 포노 사피엔스 시대에 가장 중요한 제품들에서 세계 시장 1위를 석권하며 제조기업 세계 1위까지 올라섰습니다.

지난 30년 우리나라 기성세대가 만든 제조 분야의 성적은 기적이라고밖에 표현할 방법이 없습니다. 그런데 지금의 기적을 만들어낸 것은 오직 '사람'이었습니다. 포노 사피엔스 시대 역시 사람이 가장 중요합니다. 사람이 답이라면, 그건 정말 우리가 잘할 수 있는 일 아닐까요? 세계 최고의 수준으로 성장한 제조업의 디테일에 지난 10년간 엄청난 속도로 성장한 콘텐츠산업의 폭발력을 더하면 세계의 소비자들이 열광할 새로운 산업, 새로운 제품을 쏟아낼 수 있지 않을까요? 지금까지 완성된 팩트로만 보면 충분히 가능한 이야기입니다. 포노 사피엔스 시대를 도약의 계기로 삼아도 좋다고 용기를 낼 만합니다. 두려움을 떨치고 새로운 시대로 나아가도 된다고 데이터가 말하고 있습니다. 저는 이 책을 통해 신세계로 향하는 용기를 여러분과 함께 나누려고 합니다.

*

지난 5년간 저는 오로지 혁명의 시대를 어떻게 극복할지에 대해 집중했습니다. 정말 포노 사피엔스의 등장이 시장 변화에 핵심적인 역할을 하고 있는지, 시장의 패러다임이 전환되었는지, 어느 분야가 가장 빠르게 변화하고 어느 정도의 속도로 확산되는지를 꾸준히 정리하고 분석했습니다. 지식이 일천한지라 많은 전문가분들께 큰 도움을 받았습니다. 다행히 그 논리가 잘 맞아떨어져 이렇게 책으로까지 적어볼 욕심을 내게 되었으나 여전히 부끄럽고 두려운 마음입니다.

항상 새로운 세계에 도전하기를 격려하셨던 나의 스승님, 김영진 교수님 영전에 이 책을 바칩니다. 철없는 엔지니어에게 사람을 중심으로 세상을 봐야 한다는 생각을 심어주신 최재천 교수님께도 깊은 감사의 마음을 올립니다. 삼성전자의 기적을 만든 '사람의 힘'에 대해 깊은 깨달음을 주신 권오현 회장님, 포노 사피엔스 문명 시대의 기업이 어떤 모습인지를 직접 보여주신 김봉진 대표님께도 감사의 마음을 전합니다. 포노 사피엔스 시대의 관점을 세울 수 있게 도와주신 관점 디자이너 박용후 님께도 심심한 감사를 드립니다. 세상의 변화를 실감할 수 있도록 많은 실물 데이터를 제공하고 연구의 기회를 주신 대한민국의 기업들이 없었다면 이 책은 나오지 못했을 것입니다. 새로운 문명의 변화를 끊임없이 분석하며 함께 공유해주신 페친 여러분들은 이 책의 또 다른 저자이자 주인공들이십니다.

포노 사피엔스 문명에 익숙한 청년들에게 강의를 할 때면 그들이 얼마나 엄청난 기회의 시대를 맞이한 것인지, 어떤 준비를 해야 하는지 알려주기 위해 목청을 높였습니다. 신문명이 두려운 기성세대에게 강의를 할 때에는 우리가 축적한 경험과 지식이 새로운 시대를 열어가는 데 얼마나 큰 자원이 될 수 있는지, 어떻게 해야 새 시대에 적응하고 문제를 극복할 수 있는지 용기를 북돋아주고자 애를 썼습니다. 그런데 강단에 설 때마다 저는 오히려 두려움에 휩싸이곤 했습니다. 그때마다 강의를 들었던 많은 분들이 제게 용기와 희망을 주셨습니다. 부족한 제 이야기를 듣고 새로운 길을 찾았다며 고맙다고 하시던 여러분들의 초롱초롱한 눈빛이 책을 쓰게 할 용기를 주셨습니다. 그래서 이 책의 주인공은 바로 여러분이고 또 이 모든 이야기의 주인이십니다. 여러분의 응원으로 세상에 빛을 본 이 책이 혁명의 시대를 살아가는 많은 분들에게 조금이라도 도움이 될 수 있기를 소망합니다.

포노 사피엔스 문명 시대를 리드하며 힘차게 도약하는 대한민국의 멋진 미래를 꿈꾸며.

최재붕

• CONTENTS •

2장 새로운 문명, '열광'으로 향한다

3장 온디맨드, 비즈니스를 갈아엎다

4장 지금까지 없던 인류가 온다

포노 사피엔스,
신인류의 탄생

PHONO SAPIENS

1

미국의 대형 백화점은 문을 닫았고,

100년 전통의 〈타임〉도 파산 후 인수되었다.

우리나라의 한국씨티은행은 무려 90개의 지점을 폐쇄했다.

이제 사람들은 물건을 사러 마트나 백화점을 가지 않고,

종이신문을 보지 않으며,

돈을 입금하기 위해 은행에 가지 않기 때문이다.

이게 대체 무슨 일일까?

수십 년 동안 유지되던 일상의 모습들이

어떻게 하루아침에 이렇게 달라진 걸까?

이 모든 것은 스마트폰을 손에 쥔 신인류,

바로 포노 사피엔스가 등장했기 때문이다.

혁명 전야

포노 사피엔스가 몰려온다

2015년 3월, 영국의 대표 대중매체 〈이코노미스트〉는 '포노 사피엔스'의 시대가 도래했다는 내용을 실은 표지 기사 '스마트폰의 행성Planet of the phones'을 게재했습니다. 기사는 '스마트폰 없이 살 수 없는 새로운 인류 문명의 시대'가 왔음을 이야기하고 있습니다. 디지털 문명을 이용하는 신인류, 포노 사피엔스의 정의는 다음과 같습니다.

"스마트폰의 등장으로 시공간의 제약 없이 소통할 수 있고 정보 전달이 빨라져 정보 격차가 점차 해소되는 등 편리한 생활을 하게 되면서, 스마트폰 없이 생활하는 것이 힘들어지는 사람이 늘어나며 등장한 용어. 영국의 경제주간지 〈이코노미스트〉가 '지혜가 있는 인간'이라는 의미의 호모 사피엔스에 빗대어 포노 사피엔스(지혜가 있는 폰을 쓰는 인간)라고 부른 데서 나왔다."

포노 사피엔스라는 새로운 명칭이 나올 만큼 스마트폰의 등장은 인류를 급격히 변화시켰습니다. 2007년, 아이폰iPhone이 처음 출시되었을 때만 해도 이런 변화가 닥칠 거라 예측한 사람은 아무도 없었죠. 스티브 잡스Steve Jobs조차 이런 엄청난 속도의 변화를 예상하지는 못했을 것입니다. '아이폰'이라는 이름으로 세상에 나온 스마트폰은 지난 10년 사이, 전 인류의 생활에 가히 '혁명'이라 부를 만한 변화를 불러온 도구가 되었습니다.

인류사에 기록될 새 역사

지금은 고인이 된 스티브 잡스 이야기를 하지 않고 넘어갈 수는 없을 것 같습니다. 지금부터 하려는 이야기의 거의 모든 부분이 그에게서 출발하기 때문입니다. 아시다시피 스티브 잡스는 21세기 최고의 혁명가입니다. 아이폰이 처음 등장했을 때 사람들은 그저 '휴대가 가능하고 게임도 할 수 있는 전화기' 정도로 생각했습니다. 하지만 이제 아이폰은 인류의 문명을 창조해 나가는 혁명의 도구가 되었죠. 탄생한 지 10년밖에 안 된 도구를 전 세계적으로 30억 명 이상의 사람들이, 즉 인류의 40퍼센트가 자발적인 선택에 의해 배우고 또 쓰고 있다는 것은 역사에 없던 놀라운 일입니다.

쉽게 말해, 스티브 잡스는 아이폰을 창조한 동시에 포노 사피엔스라는 '신인류'도 함께 탄생시킨 셈입니다. 스마트폰을 손에 든 신인류는 걷잡을 수 없는 엄청난 속도로 진화하면서 새로운 사회, 새로운 시장, 새로운 생태계를 만들어가고 있습니다.

평범치 않았던 잡스의 인생을 마지막인 셈치고 한 번 더 살펴보죠. 그는 미혼모의 아들로 태어나 입양되어 자랐고, 대학은 다닌 지 1년 만에 그만둔 뒤 컴퓨터의 세계에 빠졌습니다. 1976년, 스티브 워즈니악Steve Wozniak과 함께 애플Apple을 창업해 크게 성장시키다가, 1985년 이사회에 의해 축출되고 말았습니다.

청년 시절, 잡스는 당시 캘리포니아를 물들였던 사이키델릭 음악과 신비주의에 매료되어 있었고 명상에도 깊은 관심을 보였으며 인간의 본질에 대해 늘 관심을 갖고 있었습니다. 잡스가 디자인한 모든 제품과 비즈니스 모델은 그가 가진 인간에 대한 깊은 배려와 철학을 담고 있습니다. '사람이 좋아하는 것'에 대한 근본적인 성찰로부터 출발한 그의 비즈니스에는 영역도 경계도 없었습니다.

1985년 잡스는 넥스트Next라는 회사를 창업하고 픽사Pixar Animation Studios를 인수해 전혀 새로운 영역인 애니메이션 영화 사업에 뛰어들죠. 테크놀로지는 그를 만나면 항상 신화가 되었습니다. 유명한 애니메이션 '토이 스토리'를 빅히트시키며 영화사의 한 페이지를 장식한 잡스는 천만 달러에 인수한 픽사를 74억 달러에 매각하며 넥스트를 거대 기업으로 성장시켰습니다.

1996년 넥스트를 애플에 매각하면서 다시 최고경영자로 복귀한 잡스는 그 이후 인류사에 새로운 역사를 쓰기 시작합니다. 아이팟iPod의 성공으로 힘을 키운 뒤 새로운 시대의 창조를 위해 아이폰 개발에 착수합니다. 2004년 췌장암 판정으로 대수술을 받은 후에도 병마에 굴하지 않고, 2007년 드디어 아이폰을 탄생시킵니다. 그가 검은색 터틀넥과 청바지를 입고 나타나 했던 프레젠테이션은 이제 전설이 되었고, 아이폰은 세상을 바꾼 혁명 디바이스가 되었습니다.

기술에서 사랑으로

잡스는 기술만으로 세상의 혁명적 변화를 만들 수 있다고 믿지 않았습니다. 그래서 사람의 내면에 대해 깊이 성찰하고 인류에게 보편적으로 사랑받을 수 있는 제품을 만들길 꿈꾸었죠. 그리고 그 모든 것을 아이폰에 담아냈습니다.

잡스는 기술이 미래를 어떻게 준비해야 하는지를 보여주었습니다. 그의 메시지는 명료합니다.

"사람이 중심이다."

잡스는 실현 가능한 모든 테크놀로지를 이해하고 그걸 '사람 중심'으로 풀어낸 디자이너이자 엔지니어이면서, 세상을 바꾼 크리에이터이자 혁명가입니다. 이 책은 바로 이 스마트폰의 등장에서부터 시작합니다. 그래서 이를 탄생시킨, 스마트폰의 아버지 스티브 잡스에 대한 오마주로 이야기를 시작해보았습니다. 앞으로 기술하는 시대 변화의 관점도 잡스의 생각을 버무려 담았습니다.

"기술이 아니라 사람이 중심이다."

인간에 대한 깊은 성찰을 바탕으로 창조된 스마트폰은 결과적으로 인류를 급격하게 변화시켰습니다. 그 변화의 물결이 어떻게 시작되었으며 어디까지 변화시켰는지, 또 앞으로 얼마나 더 거센 변화를 가져올 것인지…. 그 모든 것에 대한 답을 알려줄 포노 사피엔스의 세계로 떠나보겠습니다.

정보 선택권을 쥔 인류의 등장

세계적으로 4차 산업혁명이 화두입니다. 최근 우리나라 역시 4차 산업혁명이 가장 핫한 이슈이죠. 4차 산업혁명은 '혁명'이 시작되었다고 할 만큼 세상의 변화가 엄청나다는 뜻입니다. 인공지능, 로봇, 사물인터넷, 빅 데이터, 드론, 자율주행차, 3D프린터 등이 4차 산업혁명을 이끌어갈 기술로 거론되고 있습니다.

다만 하도 많이 듣는 말들이라 이 기술들이 중요하다는 건 알겠는데, 아직 구체적으로 산업화된 건 없다 보니 막연하게 '앞으로 개발해야 할 미래 기술이구나.' 정도로만 여겨지고 있습니다. 사실상 대다수의 사람들이 4차 산업혁명을 두루뭉술하게 인식하고 있다는 것이죠. 하지만 우리의 일상을 잘 관찰해보면, 이 생소한 것은 이미 우리 생활 깊숙이 들어와 있습니다.

일상이 이미 혁명이다

먼저, 요즘 은행에 가는 일이 줄었습니다. 대부분의 은행 업무는 스마트폰으로 해결이 가능하기 때문입니다. 2018년 통계에 따르면 은행 거래 건수의 80퍼센트 이상이 자동화기기와 인터넷으로 이뤄지고, 지점 거래 건수는 10퍼센트 이하였습니다. 그러다 보니 지점이 많이 필요가 없죠. 실제로 한국씨티은행은 2017년 127개 지점 중 무려 90개를 폐쇄하고, 광역별로 통합 센터를 만들어 80퍼센트의 지점 폐쇄를 단행했습니다. 그리고 1년 만에 영업이익 7퍼센트 개선을 달성했다고 발표합니다. 이들뿐 아니라 많은 은행들이 10년 안에 지점 폐쇄를 할 것이라 예고하고 있습니다. 지점은 줄이고 인터넷 뱅킹은 강화한다는 것입니다.

유통산업은 어떤가요. 백화점이나 대형마트의 매출은 전체적으로 감소했으나 온라인 판매는 그 수도, 매출도 급격히 증가했습니다. 미국에서는 2017년부터 2018년 사이, 대형백화점의 3분의 1이 문을 닫았습니다. 미국 백화점의 상징이자 유통 혁신의 아이콘이었던, 125년 전통의 시어스Sears 백화점도 2018년 결국 파산하고 말았죠. 미국 경기가 초호황인데도 대형 백화점이 파산한 이유는 아마존Amazon으로 대표되는 온라인 유통 때문입니다. 유통에도 혁명의 바람이 분 것입니다. 우리나라도 2018년부터 온라인 거래가 매우 빠른 속도로 증가하며 연 매출 100조원을 돌파했습니다. 특히 모바일 쇼핑이 크게 늘고 있습니다.

방송산업은 더 심각합니다. 우리나라 지상파 방송사 광고 시장은 지난 10년 사이 무려 50퍼센트가 줄었습니다. 매년 매출이 5퍼센트씩 증가할 거라고 예상하며 5개년 운영 계획을 세웠는데, 5년 동안 시장 자체가 계속 줄어버리면? 회사가 망할 수밖에요. 우리는 어떻게든 버티고 있지만 미국은 이미 엄청난 M&A와 파산, 매각이 방송계를 한바탕 쓸고 지나갔습니다. 이름 있는 지상파 방송국과 신문사는 거의 주인이 바뀌었고, 100년 전통의 〈타임Time〉도 결국 파산 후 인수되었습니다. 그러고 보니 우리나라도 달라졌습니다. 여러분은 KBS를 많이 보시나요, 유튜브를 더 많이 보시나요? 그렇다면 앞으로 시청료는 어디다 내야 할까요?

그렇습니다. 생소하고 멀게만 느껴지는 혁명이라는 것은, 사실 우리가 살아가는 매일의 시장경제에 이미 깊숙이 들어와 있습니다. 인공지능, 로봇, 사물인터넷은 아직 이 혁명에 조금도 개입하고 있지 않은데 말입니다.

그렇다면 시장 혁명의 원인은 무엇일까요? 시장 혁명의 원인을 정확히 알아야 엄청난 변화를 대비해 준비를 제대로 할 수 있습니다. 기업은 생존 전략을 짤 수 있고 개인은 미래 계획을 세울 수 있죠.

생물학적 한계가 무너지다

사실 원인은 아주 명확합니다. 바로 스마트폰 때문이죠. 직접적인 원인은 스마트폰 사용 후 소비 행동이 바뀐 탓입니다. 은행에 가지 않아도 스마트폰으로 은행 업무를 볼 수 있으니 지점 폐쇄가 가능합니다. 백화점이나 마트에 가지 않아도 스마트폰으로 다양한 물건을 살 수 있으니 백화점 판매는 줄어들고 결국 문을 닫게 되는 것입니다. 방송도 마찬가지입니다. 방송은 텔레비전으로 보는 것이라 굳게 믿던 인류는, 이제 스마트폰으로 원하는 프로그램만 찾아보게 되었습니다.

이렇듯 스마트폰의 등장으로 인류의 소비방식이 바뀐 것이 혁명의 직접적인 원인입니다. 그런데 무서운 사실은, 이토록 빠르게 일어나는 변화가 모두 자발적 선택이라는 것입니다. 이미 전 세계 36억 명의 인구가 스마트폰을 사용하고 있고, 우리나라도 2018년부터 '1인 1 스마트폰 시대'가 시작되었습니다.

이 모든 일은 2007년, 아이폰이 탄생한 후 불과 10년 만에 벌어진 일입니다. 어떤 교육기관에서도, 방송사에서도, 스마트폰을 사용하라고 교육하거나 계몽하지 않았습니다. 그 많은 인구가 스스로 선택해 그 어려운 걸 굳이 배우고 익혔습니다. 이런 자발적인 선택에 의한 변화는, 다른 용어로 '진화'라고 할 수 있습니다.

진화가 무서운 것은 절대 역변이 없다는 데 있습니다. 2022년에는 전 인류의 80퍼센트가 스마트폰을 쓰게 될 거라고 하니 앞으로 스마트폰 문명은 무조건 더욱 거센 속도로 확산될 것입니다. 결국 미래사회는 답이 정해져 있습니다. 우리가 어떤 사회로 나아갈지는 아무도 알 수 없지만, 스마트폰과 인터넷을 기반으로 하는 디지털 문명사회로 발전할 것은 명백해 보입니다. 그래서 스마트폰 기반의 디지털 소비 문명에 대해 정확히 이해해야 합니다. 어떤 특징을 갖고 있고, 어떤 사람들에 의해 만들어지고 확산되는지에 대해 말이죠. 특히 이 문명에 익숙하지 않은 세대는 더욱 잘 알아야 합니다.

스마트폰이 만든 가장 큰 변화는 인류의 생각을 바꾼 것입니다. 생물학적 한계를 가진 인간이 생각을 만드는 방법은 정해져 있습니다. 인간이 어떻게 생각을 만드는지는 이미 많은 학자들이 이론적으로 정리한 바 있습니다. 대표적인 학습 이론이 바로 복제 이론Meme Theory입니다. 정보를 보고 그것을 뇌에 복제해서 생각을 만든다는 이론입니다. 카피copy가 학습의 기본이라는 거죠. 아기들은 태어나서부터 부모가 하는 모든 것을 보고 따라 하며 학습을 시작합니다. 성인이 되어서도 마찬가지입니다. 정보를 보고 뇌에 복제해 생각을 만들어갑니다. 따라서 보는 정보가 달라지면 생각이 달라집니다. 스마트폰이 등장한 뒤 사람들이 보는 정보는 달라졌고, 그래서 36억 인구의 생각이 달라져버렸습니다. 이 정보 전달의 변화가 개인과 사회가 바뀐 가장 큰 이유입니다.

　사회의 정보 전달 체계 역시 달라졌습니다. 지난 30년간 현대사회 정보 전달의 중심축을 담당하던 신문과 방송은 이제 그 힘이 현저히 줄어들었죠. 대한민국 통계청 자료에 따르면, 2007년 전체 가구 중 유료 종이신문 구독률은 무려 73퍼센트였습니다. 아침에 신문이 배달되면 73퍼센트의 국민이 같은 시간대에 모두 같은 걸 보고 복제하는 나라, 그래서 매일같이 유사한 생각을 함께 만들던 나라가 바로 우리나라였죠. 그래서 언론의 힘도 막강했고 사회 전체가 갖는 대중의식도 매우 견고한 사회였습니다. 길을 걷다 만나는 사람들 대부분이 비슷한 생각을 갖고 있다고 해도 크게 어긋나지 않는 말이었습니다. 방송이 갖고 있는 계몽의 힘도 사회 유지에 매우 중요한 역할을 해왔습니다. 대중의식의 복제는 우리나라 사회 유지의 근간이라고도 할 수 있었습니다.

　그런데 2009년 11월 애플의 아이폰이 대한민국에 상륙하고 10년 만에, 우리 사회의 정보 전달 체계는 엄청난 속도로 변해버렸습니다. 종이신문 구독률은 20퍼센트까지 추락했습니다. 피부로 느끼는 변화는 훨씬 더 거대합니다. 2018년 대기업의 신임 과장 교육을 맡게 되었을 때, 30대 중반인 교육생들 3,500명에게 종이신문을 보냐는 질문을 해보았는데요, 본다고 답한 사람은 단 9명뿐이었습니다. 이보다 어린 대학생들은 이미 거의 종이신문을 보지 않았습니다.

물론 신문 기사를 보지 않는 것은 아닙니다. 아니, 오히려 더 많은 기사와 정보를 봅니다. 통신사 통계에 따르면, 1인당 모바일 데이터 사용량은 지난 10년간 100배 이상 늘었고 LTE 시대에 진입하면서 콘텐츠의 전달 속도는 더 빨라지고 있습니다. 이제 막 첫걸음을 뗀 5G 시대가 본격화되면 이 속도는 더욱 빨라질 것으로 예상됩니다. 그러고 보니 그렇습니다. 사람들은 거의 무의식적으로 폰을 열어 정보를 봅니다. 뇌는 의식하든 안 하든 그걸 복제하고, 복제된 정보는 생각으로 저장됩니다. 그만큼 많은 생각을 하게 되었다는 뜻이죠. 그럼 도대체 무엇이 어떻게 달라졌을까요?

뉴 노멀, 역변 없는 진화

일단, 매일같이 반복되던 대중의식의 형성 과정이 사라졌습니다. 아침에 신문이 배달되어도 생각의 동시 복제는 일어나지 않고, 그래서 대중의식은 만들어지지 않습니다. 정보를 보는 패턴도 완전히 달라졌습니다. 스마트폰을 손에 든 인류는 정보의 선택권이 자신에게 있다는 걸 알아버렸고, 그에 따라 정보를 보는 방식도 진화한 것입니다. 뇌는 자기에게 즐거움을 주는 정보를 끊임없이 원합니다. 이것이 진화의 방향이죠. 그래서 스마트폰을 통해 자기가 좋아하는 정보만을 보고 복제하게 되었고, 이로 인해 생각은 모두 개인화되었습니다. 언론은 여전히 중요하긴 하지만 과거와 같은 절대적 권력을 더 이상 누리지 못하게 되었고 그 영향력은 갈수록 줄어들고 있습니다. 정보 선택권을 가진 인류가 새로운 권력으로 등장하면서 '선택받지 못하면 생존할 수 없다.'는 새로운 기준이 등장한 탓입니다.

이렇게 정보 전달 체계와 권력의 패러다임이 바뀌면서 우리 사회는 큰 혼란에 직면하게 됩니다. 달라진 사회 구성원들의 생각이 사회에 새로운 기준을 요구하면서 일어나는 혼란입니다. 과거에는 관행이라고 생각되던 일들이 이제는 받아줄 수 없는 범죄행위가 되는 것도 이러한 이유입니다. 개인화된 대중들은 더 이상 개인의 행복과 권익을 침해하는 어떤 불합리한 권력도 용인할 수 없게 된 것입니다.

사실 우리 사회는 조직의 안녕과 발전을 위해, 권력을 갖고 있는 사람의 불합리한 폭력적 행위를 '관행'이라는 이름으로 묵과했던 게 사실입니다. 하지만 사회의 발전과 개인화가 맞물리면서, 이 모든 불합리한 행위가 더는 용인될 수 없는 사회로 변화하고 있습니다. 더구나 스마트폰으로 이런 행위를 언제 어디서든 기록할 수 있게 되면서 지탄받아야 할 행동들이 드러나게 되었고, 더 이상 과거와 같은 방식으로는 묻어버릴 수 없게 되었습니다. 도덕의 새로운 기준이 시작되었다고 해도 결코 지나친 표현이 아닐 겁니다. 이런 환경에 익숙하지 않은 사람들이 혼란스러워하는 것도 당연한 일입니다. 사회가 진화하는 과정인 만큼 자연스러운 현상입니다. 이미 상식이 된 미투 운동이나 젠더 간의 갈등 문제 등이 대표적 현상입니다. 이런 변화는 사회 구성원의 의식 변화에 따른 자연스러운 현상입니다.

앞으로도 이런 변화는 계속될 겁니다. 사회 기준의 변화에 따른 많은 부작용이 나타날 수도 있지요. 그러나 분명한 것은 새로운 인류가 새로운 사회의 기준, 새로운 도덕의 기준, 새로운 상식을 요구하고 있다는 것입니다. 이런 변화가 익숙하지 않은 세대들에게는 힘든 일일 수 있겠지만 적응해야 하는 현실이기도 합니다.

'신세대'는 이미 '구세대'다

사회학자들은 인류를 세대 특징별로 구분해왔습니다. 가장 보편적인 구분방식에 따르면, 현재 기성세대들은 '베이비붐세대'에 해당합니다. 베이비붐세대의 정의는 다음과 같습니다.

'전쟁 후 또는 혹독한 불경기를 겪은 후 사회적·경제적 안정 속에서 태어난 세대.'

우리나라에서는 1955년부터 1963년까지 출생한 사람들을 의미하는데, 현재 우리 사회 대부분의 리더들이 바로 이 베이비붐세대입니다. 우리 사회 보편적 법질서와 사회 구성의 토대를 마련한 세대라고 할 수 있죠. 충분한 부를 축적하고 대량의 동시 은퇴를 앞두고 있는 세대이기도 합니다.

베이비붐세대 이후는 주로 'X세대'라 부릅니다. 그 정의는 이렇습니다.

　'무관심·무정형·기존 질서 부정 등을 특징으로 하는 1965년 ~1976년 사이에 출생한 세대.'

　1990년대 중반부터 탈권위적이고 자유로운 개인사회를 추구하는 신세대를 X세대라 불렀고, 이들이 새로운 문화를 만들어 냈다고 이야기합니다. X세대는 TV에 의한 대중문화를 거대 팬덤문화로 확대했고, 이후 등장한 인터넷에 심취하면서 온라인 기반의 사회 문명을 시작했습니다. 인터넷 문명을 즐기기 시작한 첫 세대이기도 합니다.

　그다음 세대가 바로 디지털 소비 혁명의 주역, '밀레니얼mil-lennial세대'입니다. 1980년부터 1996년 사이에 태어난 밀레니얼 세대는 가장 어린 나이이지만, 지금의 '포노 사피엔스 경제 체제'에서는 가장 능력 있는 리더세대로 활약 중입니다. 최근의 급격한 시장 변화를 '변화'라 정의하지 않고 '혁명'이라는 과격한 표현을 쓰는 것은, 시장을 움직이는 주력세대가 이처럼 매우 급격히 변화했기 때문입니다.

베이비붐세대와 X세대

베이비붐세대는 1970년~1980년대 일어난 세계 문명 발전의 주역입니다. 이때 과학기술의 발전을 바탕으로 새로운 상품들을 대량으로 쏟아내기 시작했고, 인류사회를 빠르게 변화시키면서 '현대 문명'이라 불리는 새로운 라이프스타일을 정착시켰죠. 이들은 엄청난 도시 문명을 건설하고 전 세계로 확대한 세대입니다. 그러니 자신들이 만든 문명에 대한 자부심도 엄청납니다.

특히 대한민국에서 이들이 경험한 Before/After는 엄청납니다. 국민소득 100달러 이하인 시대에 태어나 굶주리며 어린 시절을 보낸 그들은, 이후 자신들의 손으로 국민소득 2만 달러 그리고 이제는 3만 달러 시대를 만들어냈습니다. 또한 베이비붐세대는 우리나라를 현대의 모습으로 구축한 주력세대이기도 합니다. 미국은 이미 1930년대에 초고층빌딩 문명을 완성했고, 1960년대에 지금의 우리나라와 비슷한 수준의 도시 문명을 완성했습니다. 서유럽 국가들도 비슷합니다. 일본도 거의 비슷한 속도로 성장하며 1980년대에는 세계 최고의 부국으로 올라섰으니 우리와는 사실상 비교 대상이라고 할 수 없습니다. 그런데 그 격차를 단숨에 줄이고 전쟁으로 피폐한 나라, 세계 최빈국 중 하나였던 대한민국을 세계 최고의 국가들과 어깨를 나란히 하는 나라로 격상시킨 것이 바로 베이비붐세대의 업적인 것입니다.

그래서 베이비붐세대가 자신들의 판단이 옳다는 생각을 강하게 하는 것도 무리는 아닙니다. 그들은 대한민국의 발전 관점에서 보면 정말 위대한 업적을 완성한 세대임에는 분명합니다.

뒤를 이은 X세대는 대량 생산·대량 소비의 사회 체제에 적합한 정형화된 대규모 조직사회를 거부하면서 다양한 라이프스타일의 변화를 시도했지만, 큰 틀에서는 기존 사회가 구축한 비즈니스 체계를 대체로 수용하며 발전해왔습니다. 1990년대와 2000년대 초반까지의 발전을 책임진 X세대는 1990년대 중반 '닷컴기업' 창업을 선도하면서 인터넷 기반의 신세계를 창조하는 듯했으나, 2000년 닷컴 버블이 붕괴하며 기존 사회로 다시 회귀했다는 평가를 받습니다.

이로 인해 '인터넷이 모든 걸 해결해주는 새로운 시대의 시작'이라는 혁명적 변화는 중대한 위기를 맞게 되었습니다. 인터넷과 컴퓨터 문명의 창조자이자 소비자였던 X세대는 조용히 숨을 고르면서, 2000년대 초반 숨 가쁜 생존과의 전쟁을 벌여야 했습니다. 이후 글로벌시장은 다시 금융과 제조의 시대로 회귀했습니다. 많은 기업들은 신기술을 기반으로 새로운 상품들을 대거 쏟아냈고 더욱 강력해진 대중매체의 광고 파워에 힘입어 전 세계로 엄청난 양의 물건을 팔아낼 수 있었습니다. 시장의 확대와 거래량의 증가로 금융시장은 더욱 눈부시게 성장했고 이들이 서로 협력하며 제조와 금융의 시대를 활짝 열었습니다. 특히 중국, 인도, 아프리카, 아세안 등 거대 인구 시장이 폭발적으로 확대되면서 현대화에 필수적이라고 일컫는 '제조, 금융, 에너지(석유)' 중심의 글로벌 경제는 과거와는 비교할 수 없는 속도로 성장하게 됩니다.

거기에 비하면 휴대폰과 PC 판매에 의존하는 IT산업은 그저 그런 하나의 소비재산업에 불과했습니다. 우리 사회가 여전히 제조, 금융, 에너지를 중심으로 산업을 바라보는 이유도 바로 여기에 있습니다. IT는 거들 뿐, 여전히 비즈니스의 중심은 될 수 없다는 시각이 경험을 통해 축적된 것이죠.

기성세대가 된 X세대

제조, 금융, 에너지가 중심이 되는 사회는 베이비붐세대가 가장 능력을 펼칠 수 있는 사회이기도 합니다. 기술이 중심인 제조는 오랜 개발 경험과 축적된 지식이 필수적이고, 특히 대량 생산을 위해서는 노하우가 무엇보다 중요합니다. 우리나라 전자회사들이 일본의 소니SONY를 추격하기 위해 1980년대부터 엄청난 노력을 기울였지만, 30년의 시간 동안 절대 이길 수 없었던 것도 바로 이 때문입니다. 자동차산업도 마찬가지입니다. 100년이 넘도록 축적된 기술을 쉽게 따라잡기는 힘들었죠. 금융은 자본력과 규제에 의해서 움직이는 산업입니다. 영미를 중심으로 형성된 금융시장은 이미 막대한 자본력을 축적하고 자신들이 만들어놓은 룰에 따라 세계시장을 움직입니다. 우리나라 같은 후발주자는 기존 글로벌 시스템에 도전할 엄두조차 낼 수가 없는 게 현실이었죠. 전 세계 기축통화로 자리 잡은 미국의 달러화가 그 힘을 잃기 전까지는 판을 바꾸는 것 자체가 불가능한 영역입니다. 그러니 이 산업도 베이비붐세대가 구축한 질서와 네트워크가 가장 크게 힘을 발휘합니다. 반면, 신세대에게 기존 사회는 복종하지 않는 한 진입하기 매우 어려운 곳이었습니다. 석유로 대변되는 에너지시장도 그야말로 정해진 질서 안에서 움직입니다. 산유국은 힘을 갖고 그렇지 못한 국가는 이를 장기적으로, 안정적으로 확보하기 위해 안간힘을 써야 한다는 룰이 분명합니다. 또한 에너지시장은 국제 질서 유지에 전략적으로 가장 중요한 역할을 하는 산업이기도 한데, 석유가 없으면 인류는 멸망한다는 대전제가 존재하기 때문입니다. 그래서 인류가 존재하는 한 그 중요성이 절대 감소하지 않죠. 오래된 산업인 만큼 여기도 축적된 기술과 인적 네트워크가 성패를 좌우합니다. 노력한다고 갑자기 석유가 생기는 것이 아니니까 기성세대의 축적된 경험과 능력이 중요해질 수밖에 없습니다.

이처럼 2010년 이전까지, 글로벌시장의 핵심 산업은 '제조, 금융, 에너지'라고 불릴 만큼 과거와 대비해 큰 흔들림이 없었습니다. 따라서 베이비붐세대가 시장을 주도하고 부를 축적하며 사회질서를 결정하는 핵심세대로서의 역할을 하는 게 당연한 상식이었습니다.

X세대는 IT기술을 활용하여 대형화된 기업과 시장에 맞도록 기존의 시스템을 수정·보완하면서 베이비붐세대가 구축한 글로벌시장 시스템을 더욱 정교하게 만드는 데 주력하는 역할을 했습니다. 신산업의 소비자로 또는 신산업의 창조자로서의 역할보다는 기존 시장 생태계의 계승자로서의 역할을 충실히 수행해왔던 겁니다. 그래서 조직사회는 더욱 견고해졌고 서열이 높은 사람에게 예의를 표하는 건 여전히 유효한 예절이었습니다. 사회에서 축적된 경험과 실력이 바로 그 사람의 자리를 의미하는 것이기도 했습니다. 창조적인 사고가 중요하다고 교육했지만, 사실은 조직 내에서의 창조이지 그걸 벗어나는 것은 아니었습니다. 창조적인 아이디어로 성공하는 사람들이 있다고 하더라도 그건 사회 전반적인 현상은 결코 아니었습니다. 그래서 견고한 조직사회에 들어가는 것이 생존을 위해 중요한 일이 되었고 그 조직사회에서 잘 견디고 성장하는 것만이 현명한 사람이라고 평가받았습니다. 심지어는 조직의 안녕과 발전을 위해서는 불합리해 보이는 갑질 행위나 폭력도 '관행'이라는 말도 안 되는 명분을 달아 보호하고 감싸주는 게 이 사회의 상식이었습니다.

'질서 밖'을 달리는 사람들

우리나라의 주력세대였던 베이비붐세대와 X세대도 세계 문명과 같은 길을 걸어왔습니다. 우리나라는 제조 중심 국가입니다. 선택의 여지가 없었으니까요. 3대 핵심 산업 중, 우리가 할 수 있는 건 제조밖에 없었습니다. 오직 사람의 힘만으로 그나마 성공할 수 있는 유일한 분야이기도 합니다. 대한민국이 감히 위대하다고 이야기할 수 있는 건, 제2차 세계대전 이후 베이비붐세대를 거치며 아무런 인프라도 없던 국가에서 세계적인 제조 국가로 성장한 유일한 나라이기 때문입니다. 물론 갈등도 많고 사회적 혼란, 부조리도 많았지만 그 모든 혼돈의 시기를 뚫고 이제는 세계가 주목하는 '물건 잘 만드는 나라'가 된 건 명백한 사실입니다. 그 어렵다는 첨단기술의 집약 산업인 반도체, 디스플레이, 스마트폰은 세계 1위로 올라섰고, 지금은 좀 어렵다지만 철강, 조선, 중화학플랜트 등도 세계 1위를 오랫동안 유지한 바 있습니다. 자동차산업도 치열한 경쟁으로 미국 기업마저 부도가 나는 상황에 세계 5~6위를 자랑합니다. 최근에는 자체 기술로 어렵다는 우주 로켓엔진 개발을 성공한 국가에 7번째로 이름을 올렸습니다.

한마디로 대단한 나라입니다. 이 모든 것을 만들어낸 세대가 바로 베이비붐세대와 X세대입니다. 당연히 이들이 자부심을 가질 만하고 사회 시스템을 좌지우지할 만합니다. 엄청난 노력을 통해 세계가 놀랄 만한 기적을 만든, 이제는 누려도 될 만한 자격을 가진 세대입니다. 자본도, 자원도 없는 상태에서 전 세계 국가들이 만들고 싶어 하는 제조업의 세계적 경쟁력을 만들어내고, 30년의 세월 동안 이것을 발전시켜 지금에 이르게 했으니 당당하게 '내가 만든 나라'라고 그 권리를 이야기할 만합니다. 기성세대에게는 매우 당연한 논리입니다. 또한 베이비붐세대가 구축한 기틀 위에 X세대는 엄청난 노력을 얹어, 이미 글로벌 제조시대의 주력 기업들을 다수 성장시켰습니다.

기성세대, 즉 베이비붐세대와 X세대는 이렇게 말합니다.

"우리가 만든 길을 따라올 밀레니얼세대는 우리가 만든 시스템을 더욱 정교하게 만든 다음, 더 좋은 상품을 만들고 더 많은 매출을 올려 우리나라 발전의 축으로 키워가기만 하면 된다."

말하자면 큰길은 베이비붐세대가 열어놓았고, X세대가 2차선 도로로 포장까지 해주었으니, 4차선 고속도로 만드는 건 일도 아니라는 게 우리 사회 기성세대의 시각인 거죠. 그래서 정부의 정책, 일자리 창출, 사회 복지, 교육 등 대부분의 사회질서에 아직까지도 '제조' 중심의 일관된 시각이 자리 잡고 있습니다. 창업을 하겠다는 청년들에게 제조업으로 성공하는 비결을 교육시키기 바쁩니다. 일자리 창출은 당연히 공장을 짓고 해외 기업을 유치하는 것이 핵심이라고 생각합니다. 오로지 기술만으로 승부해야 한다고 가르치는 것입니다. 성공한 경험이 기술 혁신에 의한 것이니 기성세대에게는 어쩌면 당연한 생각일 테죠.

기성세대의 정치 성향은 다소 분명하게 대립되는 양측으로 갈려 있습니다. 제조업 중심의 기업으로 이루어진 사회는 경영자와 노동자로 구성되어 있다는 인식이 깔려 있기 때문입니다. 그래서 노동자의 편을 드느냐, 아니면 경영자의 편을 드느냐로 양분화된 정당들이 서로 목소리 높여 싸우는 게 익숙합니다. 이것이 지난 50년간 기성세대들이 만들어놓은 대한민국의 문명입니다. 정치, 경제, 산업, 시장, 사회가 전부 이것을 기준으로 운영됩니다. 그리고 이것이 앞으로도 계속될 우리의 발전 방향이라고 모두 믿고 살아왔습니다.

그런데 느닷없이 새로운 혁명이 시작되면서 모든 것이 바뀌기 시작한 것입니다.

요즘 애들이 세상을 이끈다

만약, 2007년 아이폰의 탄생이 가져온 시장 혁명이 없었다면 우리는 계속 그렇게 살았을 겁니다. 밀레니얼세대도 하라는 공부만 열심히 하고, 앞선 세대가 구축한 좋은 기업들에 들어가 천천히 일을 배우며, 그렇게 꽃길만 걸으며 살 수 있었습니다. 그런데 모든 것은 스마트폰 탄생 이후 꼬여버렸습니다. 적어도 베이비붐세대에게는 도무지 이해할 수 없는 변화가 시작된 것입니다.

"우리는 다른 문명으로 간다"

포노 사피엔스 시대가 본격적으로 도래하면서 밀레니얼세대는 새로운 문명의 창조자인 동시에 소비의 주력세대로 자리 잡았습니다. 반면 문명의 주력세대로 앉아 있던 베이비붐세대와

X세대는 그 자리를 내어놓게 되었습니다. 스마트폰으로 거래하고, 소비하고, 미디어를 보고, 금융 시스템까지 새롭게 정의하는 사회가 시작되면서 이런 문화에 익숙하지 않은 기성세대는 더 이상 문명을 주도할 수 없게 된 것이죠. 그들이 기존의 핵심 산업을 구축하면서 축적한 지식과 노하우는 그 중요성이 급격히 하락했습니다. 반면, 스마트폰과 SNS(Social Network Service) 일상에 익숙한 밀레니얼세대의 디지털 문명에 관한 아이디어는 작은 것이라도 그 가치가 급등했습니다. 아이폰의 탄생이 세상의 주인을 60대에서 30대로 바꿔버린 것입니다. 단, 10년 만에 말입니다.

　자본과 글로벌 경제의 관점에서 보면 이 시대의 리더는 이제 밀레니얼세대입니다. 새로운 사회는 그들의 관점에서 만들어지고 있습니다. 물론 기존 사회가 모두 사라진 것은 아닙니다. 다만, 디지털 소비 문명의 확산으로 기존의 소비 문명이 급격히 줄어든 것은 사실입니다. 그런데 이게 문제입니다. 늘 성장하던 시장이 급격히 줄어드는 반면, 새로운 디지털시장은 폭발적으로 확장되면서 한쪽은 위기를, 반대쪽은 기회를 맞이하게 된 것입니다. 투자 자본은 당연히 기회를 맞이한 쪽을 택하겠죠. 이 때문에 기존 시장은 매출도 줄고 투자도 줄어드니 위기가 더욱 가속화됩니다. 위기와 기회, 이것은 혁명의 두 얼굴입니다. 다시 말해, 기존 시스템에 익숙한 기성세대에게는 위기가, 밀레니얼세대에게는 기회가 온 것입니다.

베이비붐세대와 X세대에게는 참으로 억울하고 용납하기 힘든 일입니다. 이제까지 이런 일은 없었으니까요. 10년 만에 이런 변화가 일어날 줄 아무도 예측하지 못했기 때문에 더더욱 그렇습니다. 그런데 현실은 명백합니다. 시장 혁명은 다가올 미래가 아니라 이미 현실입니다. 베이비붐세대가 30대였던 시절, 대한민국은 무에서 유를 창조하는 혁명의 시대를 슬기롭게 살아내며 이 땅에 기적을 불러왔습니다. 우리는 여전히 충분한 잠재력을 갖고 있습니다. 세계 문명의 전환기를 우리가 싫다고 막아낼 수는 없습니다. 우리가 그들의 새로운 문명에 맞춰 변화해야 합니다. 그것이 혁명이 전하는 메시지입니다. 전 세계가 경악할 만한 놀라운 발전을 만든 대한민국의 베이비붐세대와 X세대가 새롭게 받아들여야 할 메시지입니다.

　　이제 또다시 새로운 문명을 배우고 익혀야 합니다. 그리고 새로운 시장의 주인이 된 밀레니얼세대와 함께 호흡을 맞추며 새로운 세계관을 머릿속에 담아야 합니다. 디지털 소비 시대의 부작용만 언급하며 막아내려 할 것이 아니라 그만큼의 노력을 기울여 새로운 시대로의 전환을 앞장서서 리드해야 합니다. 스마트폰으로 쇼핑도 하고 은행 업무도 보고 유튜브도 보면서 새로운 문명이 가져다주는 변화를 스스로 느끼고 체험해야 합니다. 어렵지만 그리 가야 합니다. 기적과 같은 발전을 이뤄낸 세대라면 이 어려운 일도 기어코 또 해내지 않겠습니까?

우리나라의 세대별 특징※

1950	**베이비붐세대** 1955년 – 1963년 사이(한국전쟁 이후) 출생
	• 국민 소득 100달러 이하의 시대적 상황
	• 대다수가 성장 과정에서 빈곤, 군사문화, 분단과 냉전을 경험
	• 마지막 주산세대, 컴맹 1세대
	• 현재 우리 사회 상위 리더 계층
1960	• 2019년부터 은퇴가 본격화하면서 경제활동 인구가
	줄어드는 추세
	X세대 1960년대 중반 – 1970년대 후반 출생
1970	• 청소년기에 6·10민주화 항쟁을 경험, 민주화 시기에 성장
	• 물질적·경제적 풍요 속에서 성장
	• 1990년대 오렌지족으로 불리는 독특한 문화 형성
	• 1993년 아모레화장품의 '트윈엑스' 광고로
	'X세대=신세대'로 널리 사용됨
1980	
	밀레니얼세대 1980년대 초반 – 2000년대 초반 출생
	• 대부분 베이비붐세대의 자녀들
	• IT에 능통하고 대학 진학률이 높음
1990	• 청소년기부터 인터넷을 접해 모바일과 SNS 이용에
	매우 능숙함
	• 고용 감소, 일자리 질 저하 등 악조건 속 사회 진출
	• 결혼과 내 집 마련을 포기하거나 미루는 경향
2000	

⊙ 세대를 가르는 기준과 정확한 경계선에 대해서는 많은 이견이 존재한다. 이 책에서는 특히 우리나라의 사회적 상황을 바탕으로 한 분석을 토대로 세대를 나누고 그 특징을 구분하였음을 밝힌다.

게임판 위로 올라간 택시

스마트폰을 쓰는 36억 명의 새로운 인류, 포노 사피엔스는 지금 새로운 문명을 창조하고 있습니다. 특히 시장의 변화는 가히 혁명적입니다. 혁명의 사전적 의미는 '기존의 시스템을 새로운 시스템이 급격하게 교체하는 현상'입니다. 지금의 변화 속도라면 시장은 명백한 혁명 상태라고 할 수 있습니다.

36억의 포노 사피엔스

스마트폰을 사용하는 인류를 표준으로 새롭게 등장한 디지털 소비 문명은 36억 명의 포노 사피엔스로부터 열광적인 선택을 받아 급격하게 성장하면서 엄청난 기회를 얻게 되었습니다. 반면 기존의 비즈니스 모델은 공동화 현상이 발생하면서 예상치 못한 위기를 겪게 되었지요. 그렇다면 포노 사피엔스는 어떤 사람들인지, 이들이 만들어가고 있는 디지털 소비 문명은 어떤 특징을 보이는지, 또 어느 정도로 파급되고 있는지를 정확히 이해해봅시다.

스마트폰을 사용하는 인구는 모두 포노 사피엔스라고 할 수 있고, 이는 전 세계 인구의 약 40퍼센트에 해당됩니다. 더 면밀히 말하자면, 그중에서도 소득 수준이 높은 사람들이라고 할 수 있습니다. 물론 스마트폰을 사용한다고 해서 모두가 같은 수준으로 쓰는 것은 아닙니다. 주로 통화하기 위한 '전화기' 개념으로 사용하고, 간단한 검색이나 메신저앱 위주로 사용하는 사람들은 포노 사피엔스 레벨1로 볼 수 있습니다. 이들은 스마트폰을 통해 지식을 검색하고 뉴스를 읽고 사람들과 네트워킹을 하지만 디지털 문명에 적극적인 참여자들은 아닙니다. 스마트폰 출시 때 기본적으로 탑재된 앱만 그냥 쓰고 다른 앱은 굳이 꼭 필요하다고 누군가 적극 권유하면 쓰는 정도입니다.

포노 사피엔스 레벨5 정도라면, 적극적으로 스마트폰앱을 사용하는 사람들입니다. 이들은 다양한 업무에 스마트폰을 활용하고, 은행 업무 등의 개인 비즈니스까지 스마트폰으로 해결합니다. 돈을 관리하는 중요한 업무를 앱으로 대신한다는 건, 스마트폰 전체 시스템에 대한 정확한 이해가 선행되어 있다는 의미이죠. 스마트폰이 컴퓨터라는 인식, 인터넷을 통해 프로그램을 다운받는다는 것, 시스템에 로그인하고 개인 정보를 인증해야 하는 것 등 복잡한 프로세스를 확실히 알고 있어야 사용할 수 있는 게 은행앱이기 때문입니다. 잘못 사용했다간 손해를 볼 수도 있어서 은행앱은 정확히 이해하지 못하면 두려워서 쓸 수 없습니다. 따라서 스마트폰 뱅킹을 하는 사람들은 이미 기술적 이해도가 충분한 사람들로서, 스스로 의지만 있다면 거의 모든 앱을 사용할 수 있는 소비자라고 볼 수 있습니다. 이들이 디지털 소비 문명의 적극적인 사용자이자 확산자입니다. 레벨5의 포노 사피엔스 비율이 높은 사회일수록 디지털 소비 문명으로의 확산 속도가 빠르다고 예상할 수 있습니다.

포노 사피엔스 최고의 수준을 레벨10이라고 한다면, 이들은 이 디지털 소비 문명을 만들어가는 창조자 그룹이라고 할 수 있습니다. 시스템을 개발하는 소프트웨어 전문가는 물론이고 디지털 소비방식이 익숙한 비즈니스 기획자, 마케터 등 디지털 비즈니스 모델 구축에 참여하는 모든 사람들이 여기에 해당됩니다. 디지털 문명으로의 전환기에 절실하게 필요한 인재들이죠. 그래서 이들이 어떤 사람들인지 잘 파악해야 합니다. 참, 여러분도 스스로 어느 레벨에 속하는지 한번 생각해보시기 바랍니다.

디지털 문명의 정체성

레벨10의 포노 사피엔스들은 기본적으로 컴퓨터와 인터넷

포노 사피엔스 레벨별 스마트폰 사용 정도

레벨1

전화

메신저

검색

카메라

레벨5

은행 업무

일정 관리

게임

SNS

레벨10

시스템 개발

비즈니스 모델 구축

을 기반으로 하는 디지털 문명에 매우 높은 이해도를 가진 사람들이며, 대부분 젊은 사람들입니다. 앞서 본 현대사회의 주력세대로 떠오르는, 밀레니얼세대라고 불리는 사람들이죠. 1980년 이후 태생이고 어려서부터 인터넷과 컴퓨터를 많이 써본 사람들, 특히 인터넷 게임을 많이 한 사람들입니다. 이들은 디지털 문명에 대해 그 이전의 기성세대와는 근본적으로 다른 이해도를 뇌 속에 축적하고 있습니다. 컴퓨터는 무엇이고, 인터넷은 무엇인지, 그것을 어떻게 다운받아 연결하고 활용하는지 등에 대한 기술적 이해도가 높습니다. 인터넷 게임을 즐기려면 알아야 했으니까요.

뇌 활동이 활발한 어린 시절부터 인터넷 게임을 많이 즐긴 이 세대들은 기술에 대한 이해도를 바탕으로 게임을하며 특별한 삶의 경험을 뇌에 축적했습니다. 가상의 환경에 들어가 운전도 해봤고, 전쟁도 경험했으며, 나라를 경영하는 경험까지 했습니다. 특히 인터넷 게임은 여러 사람이 서버에 함께 접속해 즐기는 특성을 갖고 있기에, 게임을 통해 많은 사람들을 만나고 대화하고 거래도 하는 등 소위 '문화'도 체험했습니다. 이 과정을 통해 자연스럽게 디지털 문명에서의 정체성을 갖게 되었죠. 가상현실이지만 사람을 만나 관계를 맺는 모든 행위는 중요한 교육이 됩니다. 그래서 디지털 문명에서는 어떤 예의를 갖춰야 하는지, 어떤 방식으로 거래를 해야 하는지, 어떤 대화를 나눠야 하는지를

'본능적'으로 인지하게 된 것입니다.

기술적으로 충분한 이해도를 갖고, 인터넷 문명에 대해서도 익숙한 밀레니얼세대는 스마트폰이 등장하자 바로 열광하며 별도의 교육 없이도 적극적으로 활용하기 시작합니다. 이들은 당연하게도 스마트폰을 휴대용 게임기로 인지합니다. 그리고 곧 스마트폰 게임 세계에 깊이 빠져듭니다. 스티브 잡스가 만든 앱스토어는 게임을 확산하는 생태계 구축의 신의 한 수가 되었죠. 수많은 게임 개발자가 업로드한 게임들이 전 세계로 확산되며 큰돈이 모였고 이로 인해 더 많은 게임 개발자들이 앱스토어에 유입되었습니다. 재밌는 게임들이 눈덩이처럼 늘어나면서 게임을 즐기는 사람들도 폭발적으로 증가했고, 이 즐거운 경험은 인터넷을 타고 퍼지고 또 퍼져 스마트폰의 확산에 크게 기여하게 됩니다. 즉, 이것이 스마트폰 문명의 출발점이라고 할 수 있는 것입니다.

두려움이 만들어낸 방어막

그런데 여기서 세대 간 갈등이 발생합니다. 어린 시절 인터넷과 컴퓨터를 경험하지 못한 기성세대(베이비붐세대, X세대)들에게는 스마트폰은 여전히 통화가 주 목적인 '전화기'였습니다. 전화기에 기본적으로 장착된 뉴스앱, 검색앱, 메신저앱, 이메일앱만 쓸 수 있어도 훌륭하다고 생각했습니다. 그러니 스마트폰을 게임기로 여기는 젊은 세대의 문명은 매우 이질적이었고 당연히 좋지 않은 현상이라고 생각했습니다. 일하고 공부해야 하는 젊은 세대들이 게임에 중독되어 할 일을 못하는 걸 사회적으로 큰 문제라 여기고 비판을 가하며 스마트폰의 부작용을 크게 부각시켰죠.

사실 자연스러운 현상입니다. 스스로를 이 사회의 주인공이라고 생각하는 기성세대는 자신들이 배우기 쉽지 않은 디지털 기기가 등장했으니 편리함을 즐기려는 생각보다는 우선 부작용을 문제 삼게 되었던 것입니다. 어른들보다 아이들이 더 좋아하는 문명에 대한 일종의 거부감 같은 것일 수도 있습니다. 특히 우리나라는 유교문화의 영향으로 가정부터 조직사회에 이르기까지 나이 많은 사람들이 대우받고 그들을 중심으로 돌아갑니다. 그래서 스마트폰의 등장은 기성세대 입장에서는 결코 반가운 현상이 아니었습니다. 시간이 가면서 부작용에 대한 사회적 비판은 더욱 거세졌습니다. 결국, 이 비판은 법과 규제에 반영되어 지난 10년간 대한민국은 디지털 문명에 대한 철벽의 방어막을 치게 되었습니다. 스마트폰 등장으로 인한 부작용을 최소화하기 위해서 말입니다.

이는 잘못된 일이 아닙니다. 사회가 법과 제도를 만드는 것은 사회 구성원이 공감하는 중요한 사회적 가치를 지키기 위한 정당한 행위이자 사회적 합의입니다. 따라서 사회의 주인이라고 생각하는 기성세대가 디지털 문명으로 인한 부작용을 최소화하기로 합의한 결과가 지금의 규제라고 할 수 있습니다. 민주주의 사회에서 자정작용을 일으킨 것이니 절대 잘못된 판단이 아닙니다.

그런데 우리는 아무 잘못도 하지 않았는데 문제가 발생했습니다. 우리가 부작용을 줄이는 데만 급급한 사이, 반대로 스마트폰의 혁신적인 기능을 이용해 새로운 문명을 만든 이들이 나타난 거죠. 바로 미국의 청년들이 스마트폰으로 새로운 문명을 창조하기 시작한 것입니다. 게임이나 하면서 희희낙락거리고 있는 줄 알았던 이들이 일반 소비 문명의 교체에 도전하기 시작했습니다. 그 결과 모든 사람들이 스마트폰을 쓰는 소비자라고 가정하고, 그들에게 익숙한 스마트폰 게임방식을 기존의 비즈니스 모델에 적용해 비즈니스의 패러다임을 바꿔보자는 기업이 탄생했습니다. 바로 '우버'입니다.

불편해도 재밌으면 선택한다

우버의 창업자 트래비스 캘러닉Travis Kalanick은 P2P서비스를 개발하기 위해 실리콘밸리에 회사를 차렸습니다. 창업 10년 만에 겨우 작은 성공을 거둔 캘러닉은 그 자금으로 아주 새로운 분야에 도전했습니다. 게임방식으로 택시회사를 만든 것이죠.

이 회사는 사실 곧 망할 회사로 여겨졌습니다. 일반적인 상식으로 봤을 때 단 하나의 성공 요인도 없었으니까요. 택시는 무려 100년이 넘게 큰 변화 없이 운영돼온 서비스입니다. 너무나 간단하고 편리해서 개선의 여지가 별로 없었던 탓입니다. 손만 들면 탈 수 있고 미터기에 나온 숫자에 따라 요금만 지불하면 되는 이 서비스는 교육도, 도구도 필요 없습니다. 반면 우버는 복잡합니다. 스마트폰을 가진 사람만 탈 수 있었으니, 일단 2010년 기준으로 봤을 때 고객이 될 수 있는 사람의 수가 택시의 10분의 1도 안 됩니다. 스마트폰이 등장한 지 불과 2년 만에 시작된 사업이니까요. 거기다 앱에 신용카드까지 연계해서 쓸 줄 알아야 합니다. 태산과 같은 규제도 앞을 막아설 게 분명했습니다. 그러니 애초에 기존 택시시장과 경쟁이 안 된다고 본 것입니다.

서비스의 본질도 차이가 거의 없습니다. 서비스는 목적지까지 가는 게 전부고 역시 마찬가지로 요금을 지불해야 합니다. 사업 초기 고객 유치를 위해 택시 요금에 비해 10~20퍼센트가량 낮게 요금을 책정한 게 유일한 차이입니다. 누군지도 모르는 사람에게 택시 서비스를 맡겨야 하는 위험한 일을 과연 미국 시민들이 얼마나 선택하겠느냐는 조롱도 팽배했습니다. 그래서 기존 택시업체들도 큰 걱정을 안 했습니다. 그런데 우버는 아주 미묘한 차이를 경쟁력이라고 강조합니다. 미묘한 경험의 차이, 게임 같은 즐거움을 주는 우버의 방식이 다른 결과를 만들 거라고 자신했습니다.

그 차이는 과연 어떤 걸까요? 우버가 강조한 게임의 경험이란 이런 겁니다. 우버는 서버에 샌프란시스코의 디지털 맵을 올려 '게임판'으로 사용합니다. '택시를 타고 싶은 게임 참여자'들은 앱을 다운받아 가고 싶은 위치를 표시합니다. 이때 게임판 위에 버튼이 올라옵니다. '택시 서비스를 제공할 게임 참여자'는 이 버튼을 눌러 게임을 시작합니다. 게임 용어로는 '득템'이 됩니다. 게임이 시작되면 내비게이션이 켜집니다. 내비를 보고 있으면 뇌는 게임으로 인지합니다. 그래서 가벼운 마음으로 손님을 만나러 갑니다. 마치 게임을 하는 기분으로 말이죠. 우버를 부른 사람도 마찬가지입니다. 가벼운 마음으로 차에 오릅니다. 그리고 게임하는 마음으로 대화하며 목적지로 갑니다. 이들은 아이폰 사용자들입니다. 당시 아이폰 사용자는 새로운 문명에 대한 호기심과 즐거움에 가득 찬 사람들이었습니다. 그러니 대화도, 차를 타는 방식도 모두 새롭고 신선합니다. 목적지가 어디인지 굳이 얘기할 필요도 없습니다. 게임하듯 내비만 따라가면 되니까요. 목적지에 도착하면 요금도 내지 않습니다. 게임 안에서의 결제는 게임기가 알아서 해줍니다. 목적지에 도착하면 그저 GG(Good Game) 하는 마음으로 내리면 됩니다. 우버가 물어봅니다. 이 기사님은 친절했느냐고요. 거기에 대답만 해주면 그뿐입니다. 달랑 이 차이입니다. 이 경험이 너무 재밌기 때문에 사람들이 택시

대신 우버를 탈 거라고 자신한 겁니다. 진짜 그랬을까요?

놀랍게도, '달랑 이 차이'가 소비자들 사이에 급속도로 확산되면서 너도나도 우버를 타기 시작했습니다. 스마트폰은 말도 안 되는 속도로 확산되기 시작했고, 그에 힘입어 우버를 타는 사람들도 엄청나게 증가합니다. 그렇게 우버는 3년 만에 기존 택시업자들에게 심각한 타격을 입혔습니다. 깜짝 놀란 택시업체들이 줄줄이 소송을 낸 건 어쩌면 당연한 일입니다. 택시영업에는 엄연히 면허가 필요한 만큼 면허 없이 택시 서비스를 제공하는 우버는 불법이라는 거죠. 2014년 미국 연방대법원은 이 소송에 대해 이렇게 판결을 내립니다.

"소비자의 입장에서 혁신적인 새로운 서비스가 등장했다면 서로 공정하게 경쟁해야 한다. 따라서 새로운 기술로 새로운 비즈니스 모델을 개발한 우버는 소비자 입장에서는 필요한 혁신으로 봐야 하고 그래서 합법이다."

말하자면, 마차를 파괴하고 선택받은 택시가 이제 와서 보호를 요청하는 건 말이 안 된다는 취지의 판결입니다. 항상 퍼스트 무버First Mover 산업을 만들어왔던 미국의 정신이 잘 반영된 결정이었습니다. 그러나 기존 택시산업의 입장에서 보자면 너무나 충격적인 판결이었습니다. 그리고 이 판결은 전 세계 택시업계, 아니 전 세계 소비시장의 혁명을 부르는 결정적인 계기가 되었습니다. 우버는 이후 세계 300개 도시로 확산되어 새로운 문명으로 자리하게 되었습니다. 공유경제 모델의 상징이 되기도 했고요. 저는 그냥 '포노 사피엔스 시대의 택시'라고 정의하고 싶네요. 재미와 경험을 추구하는 포노 사피엔스, 그들의 선택이 만든 새로운 교통문화라는 뜻입니다.

신인류의 자발적 선택

2014년 미국 연방대법원의 판결은 잘못된 결정이었습니다. 적어도 우리 문명의 기준으로 보았을 때, 명백한 사회 파괴 행위였습니다. 그래서 우리나라는 여전히 우버를 불법으로 규제하고 있습니다. 앞서 언급했듯 우리의 이러한 결정은 절대 잘못된 판단은 아닙니다. 업의 본질이 같은데 면허를 보유하지 않은 사람들이 택시업을 하는 건 불법이 맞으니까요. 그러니 우리 잘못은 아니고, 문명의 기준을 바꾼 나라가 대륙에 생겨났다는 것이 문제입니다. 100년간 유지되어온 택시의 기득권을 무시해버린, 미국 연방대법원의 판결이 문제였던 겁니다. 그리고 이 잘못된 결정은 그때부터 엄청난 속도로 전 세계에 퍼져나갑니다. 창업한 지 10년밖에 안 된 이 회사가 무서운 속도로 성장하게 된 것이죠. 현재 주식시장 상장을 준비 중인 우버의 기업가치는 1,200억 달러(약 136조 원)에 달할 것으로 전문가들은 내다보고 있습니다. 특허도 없고, 공장도 없고, 기존 택시와 별다른 차이도 없는 이 회사가 이렇게 놀랍게 커버린 것이 제일 큰 문제이자 잘못입니다. 물론, 우리 사회의 기준에서 보면 그렇다는 이야기입니다.

이 회사가 성장한 이유는 명백합니다. 2017년 기준 우버앱으로 결재된 금액은 30조 원에 달하고, 운전자에게 분배된 22조 원을 제하고도 8조 원이 남았습니다. 더 놀라운 것은 그럼에도 3조 원을 적자를 봤다는 사실입니다. 이 작은 회사가 엄청나게 투자를 확대하여 11조 원을 썼다는 겁니다. 그럴 만도 한 것이, 2017년 4/4분기 매출 성장률이 전년 대비 61퍼센트였다고 하니 투자자들이 더 규모를 키우라고 한 것이죠. 이 숫자들이 우버의 기업 가치를 여실히 보여줍니다. 2018년이 되자 우버는 더욱 기세등등하게 성장합니다. 최근에는 우버이츠(우버 기사가 식당에서 포장 음식을 주문해 배달해주는 서비스)의 수익이 우버택시의 수익을 넘어서기 시작했다고 합니다. 새로운 도전이 또 다른 성공을 만들어내고 있다는 증거입니다.

100년 동안 견고했던 택시 서비스가 불과 9년 만에 이렇게 추락하게 된 이유는 뭘까요? 그 대답은 간단합니다. '새로운 인류의 자발적 선택' 때문입니다. 우버를 타본 포노 사피엔스들은 더 이상 택시를 이용할 필요를 못 느낍니다. 머릿속에서 어디로 가야겠다는 생각을 떠올릴 때, 자연스럽게 우버앱을 켤 뿐이죠. 거대한 자본으로 중소 택시업체를 전부 사들여 자본 중심 경영으로 이들을 파괴한 것이 아니라, 소비자의 선택이 자발적으로 옮겨갔다는 겁니다. 마치 마차를 버리고 자동차를 택한 것처럼요. 이것이 법적으로 우버를 막을 수 없었던 가장 중요한 이유입니다.

역변 없는 진화

우리 사회에서 우버는 여전히 불법입니다. 우리 벤처인 풀러스, 카카오 카풀서비스 등 기존 법을 준수하며 어떻게든 도전해보려던 벤처기업들의 도전은 모두 좌절되었습니다. 대규모 자본과 기술로 택시회사를 운영해 영세한 기존 택시사업자들을 망하게 하는 건 비도덕적이라는 주장도 사실 일리 있어 보입니다. 국민들도 정부도 그래서 깊은 고민 중입니다. 어느 편도 잘못되었다고 할 수 없으니까요.

그렇습니다. 택시사업을 지금처럼 법으로 막아줄 수도, 보호해줄 수도 있습니다. 그런데 우버에 의한 택시산업의 파괴가, 포노 사피엔스라는 새로운 인류의 자발적 선택에 의한 것이라면 과연 얼마나 오래 막아낼 수 있을까요? 우버의 성장이 포노 사피엔스 시대의 시작을 알리는 상징이라면, 이 모든 걸 규제로 막아낼 수 있을까요? 새로운 인류의 선택이 은행의 지점을 폐쇄하게 하고, 백화점의 문을 닫게 하고, 방송국의 일자리를 절반으로 줄이게 하는 원인이라면 우리는 이 모든 것을 규제의 강화로 막아낼 수 있을까요?

답은 '불가능하다'입니다. 우리는 역사적으로 이미 같은 경험을 여러 번 해왔습니다. 중국에 새로운 무기와 문명이 발생할 때마다, 서구 대륙에서 탄생한 과학기술이 엄청난 힘을 발전시킬 때마다 변방의 작은 나라였던 우리는 엄청난 좌절과 고통을 맛봐야 했습니다. 이미 대륙은 새로운 문화와 문명을 선택을 했습니다. 미국에서 시작된 이 문명은 중국을 휩쓸고 동남아로 번진 지 오래입니다. 그리고 그 신문명은 우리 시장에도 깊숙하게 들어와버렸습니다. 해외에서 신문명을 경험한 사람들은 이제 소비자에게 새로운 선택권을 달라고 강력하게 주장하고 있습니다. 역사의 발전에는 예외가 없고 인류의 자발적 선택에 기반한 진화에는 역변이 없습니다. 그것이 글로벌시장 변화가 전하는 혁명의 메시지입니다.

우리는 우버와 택시를 함께 써본 적이 없으니 '우버가 있다고 택시를 그렇게 쉽게 버릴까?' 의아해합니다. 하지만 생각해보면 우리는 이미 관련한 경험을 했습니다. 스마트폰앱을 자주 쓰시는 분들께 질문해보겠습니다. 처음 스마트폰으로 송금을 했던 날, 기분이 어떠셨는지요? '이건 영 찝찝하네. 역시 돈을 보내는 일이라면 은행을 직접 방문해서 해야지, 이건 아닌 거 같아.' 혹시 이런 생각을 하셨습니까? 아니면 딱 한 번의 편리하고 새로운 경험을 한 후부터는, '송금해야겠네.'라는 생각과 동시에 스마트폰의 은행앱을 열고 있지 않았습니까? 저는 30년을 은행에 가서 직원을 만나거나 ATM을 이용해 송금을 해온 '기성세대'입니다. 그런데 단 한 번의 압도적인 편리함을 경험한 이후, 그 30년의 오래된 습관이 뇌에서 거짓말처럼 지워짐을 경험했습니다. 안타깝지만 이게 인간입니다. 이것이 진화의 속도입니다. 포노 사피엔스 시대가 이토록 빨리 오게 된 것도 바로 이 때문입니다.

이제 포노 사피엔스 문명 시대의 확산은 정해진 길, 인류의 선택입니다. 그러니 이들이 얼마나 다른지, 무엇을 좋아하고 어떤 문명을 만들어가고 있는지도 잘 알아야 합니다. 이들을 조금 깊이 살펴보겠습니다.

유희 본능

'낭비' 자체가 '부'가 되다

　　스마트폰의 대중화는 2010년부터 본격화되었습니다. 2007년 미국에서 탄생한 아이폰은 2009년부터 글로벌시장으로 진출하기 시작했고(대한민국에도 2009년 최초 판매 개시), 2010년 최초의 안드로이드폰 갤럭시S가 출시되면서 대대적인 스마트폰의 보급이 이루어졌죠. 탄생 10년 만에 전 세계 스마트폰 사용자 수는 2018년 현재, 36억 명을 돌파한 것으로 알려졌습니다. 세계 최초로 휴대전화가 출시된 이후(1983년 시카고에서 아메리테크Ameri-tech가 최초의 휴대전화celluar phone 상용 서비스 개시. 대한민국은 1984년 최초 서비스 개시) 사용자 20억 명을 돌파하는 데 22년이 걸린 것에 비해, 스마트폰 사용자는 출시 8년 만인 2015년에 이미 사용자 20억 명을 넘어섰습니다. 스마트폰시장 생태계의 확대 속도가 얼마나 빠른지를 알 수 있습니다.

　　스마트폰은 출시 이후 혁명적인 속도로 확산되었을 뿐 아니라, 인류의 라이프스타일에도 거대한 변화를 촉발시켰습니다. 스마트폰 사용 이후 정보 습득의 플랫폼을 바꾼 인류는 연쇄적으로 심리 변화를 일으켰고, 이는 소비 행동 변화로 이어져 글로벌시장을 충격에 빠뜨렸죠. 특히 디지털 문명에 익숙한 젊은 세대는 스마트폰 문명을 새롭게 창조하며 과거에는 경험할 수 없었던 새로운 시대의 주역이 되었습니다.

게임 문명의 신新세계관

포노 사피엔스 시대의 문명을 선도하는 계층은 앞서 이야기했듯 밀레니얼세대입니다. 밀레니얼세대는 유소년 시절부터 인터넷과 컴퓨터를 이용해 게임을 즐긴 세대입니다. 이들을 심층 인터뷰해보면 대부분 어린 시절 인터넷 게임에 대한 즐거운 추억을 갖고 있죠. 자발적 학습 효과가 가장 뛰어난 시기에 경험한 인터넷 게임의 재미는 이들에게 새로운 세계, 새로운 생각을 아주 깊이 각인시켰습니다. 또한 이전 세대가 경험하지 못했던 새로운 디지털 세계를 함께 공유하게 되었고 그 경험은 이후 엄청난 사회 변화의 밑바탕이 되었습니다.

"인간은 유희적 동물이다."

네덜란드의 역사가 요한 하위징아Johan Huizinga는 유희를 즐기는 인류를 '호모 루덴스Homo ludens(유희의 인간을 뜻하는 용어. 인간의 본질을 유희로 파악하는 인간관이다. 여기서의 유희는 단순히 '논다'는 의미가 아니라, 정신적인 창조 활동을 가리킨다.)'로 정의한 바 있습니다. 재미에 대한 욕구는 인간의 기본적인 본능이고 그렇기 때문에 게임은 중독성이 매우 강합니다.

그래서 인간에 대한 깊은 고찰을 바탕으로 새로운 인류의 디바이스를 연구한 스티브 잡스가 음악을 통해 사람들을 사로잡는 데 성공한 다음으로 선택한 것이 바로 게임입니다. 애플이 아이폰 출시 초기 앱스토어를 통해 다양한 게임 생태계를 구축한 이유이기도 하죠. 게임의 엄청난 중독성과 확산력으로 스마트폰이라는 생소한 기기의 대중화를 시도한 것인데, 그 결과는 대성공이었습니다. 이미 인터넷 게임에 심취해 있던 밀레니얼세대에게 아이폰은 최고의 게임기로 각인되었고 앱스토어를 통해 다양한 게임을 경험하면서 무서운 속도로 퍼져 나갔습니다.

잡스는 스마트폰의 제품 디자인에 머무르지 않고 앱스토어라는 플랫폼을 더해 애플, 게임 개발자, 소비자가 함께 즐기고 공생하는 생태계 자체를 새롭게 디자인한 셈입니다. 초연결사회의 특성에 정확히 맞아 떨어진 이 비즈니스 모델은 자생적으로 성장하며 글로벌시장의 생태계에 변화를 일으키는 거대한 엔진이 되었습니다. 이 성공을 벤치마킹한 구글은 2010년 삼성전자와 손잡고 이와 유사한 안드로이드 생태계를 출범시켰습니다. 애플에 비해 보다 개방적인 안드로이드 생태계는 많은 기업들과 사용자의 참여로 더욱 빠르고 거대하게 성장하며 인류의 변화를 촉진시켰습니다. 스마트폰 생태계 구축에 힘입어 폭발적으로 성장한 게임은 이제 인류사회의 보편적 레저산업으로 자리하고 있습니다.

밀레니얼세대가 유소년 시절 축적한 인터넷 게임에 대한 경험은 그들의 부모세대인 베이비붐세대와는 매우 다른 특별한 생각의 체계를 만들게 됩니다. 빅히트를 기록한 인터넷 게임들은 대부분 연결성에 기반하고 있는데요, 대표적인 게임이 엔씨소프트의 '리니지'입니다. 리니지는 만화가 신일숙의 동명 만화를 원작으로 만들어진 게임입니다. 10세기 전후 유럽의 이미지를 딴 가상의 세계 '아덴왕국'을 배경으로 그 세계의 사회경제적 제도를 따라 기획되었죠. 리니지에 접속한 사람들은 가상의 세계에 접속해 왕과 영주와 기사가 영토로 계약을 맺는 봉건제도를 따르며 생활하게 됩니다. 이 가상 세계에서의 경험은 마음속에 새로운 세계관을 만들어냅니다. 게임을 오래한 사람일수록 현실 세계와 가상 세계를 동시에 경험하며 두 개의 신분identity을 오가는 게 익숙한 인류로 변화하게 되었죠. 1998년 출시된 리니지는 폭발적인 인기를 누리며 엔씨소프트를 거대 기업으로 성장시킵니다. 동시에 엄청난 숫자의 밀레니얼세대에게 가상 세계를 기반으로 한 게임의 재미로 중

1장

독시키는 데 성공합니다.

새로운 변화는 항상 두 가지의 관점을 만들어냅니다. 엄청난 속도의 신산업이 만들어진 반면에, 게임 중독이라는 사회적 문제가 등장한 것이죠. 사실 게임 중독은 매우 큰 문제가 맞습니다. 사람들이 환상적인 디지털 가상 세계와 답답한 현실 세계 중 게임 속 세상을 더 중시하게 되는 현상이 심각해질 경우, 현실 부적응자들이 생겨날 수 있으니까요. 특히 자아 형성이 미흡한 청소년에게는 더욱 큰 문제가 됩니다. 그래서 우리나라의 게임산업은 엄청난 성공을 거두었음에도 불구하고, 지속적인 규제 대상으로 지목됩니다. 긍정적인 면보다 부정적인 면에 더 민감한 우리 사회의 특성이 반영된 결과이기도 합니다.

디지털 게임의 파괴적 도약

인터넷 게임을 즐기는 것이 일상이 된 세대에게, 2007년 출시된 스마트폰은 전화기가 아니라 더할 수 없이 매력적인 게임기였습니다. 이때부터 디지털 게임문화는 또 한 번 거대한 도약을 합니다. 기성세대에게 스마트폰이 그저 전화기에 검색과 메신저가 더해진 제품이었다면, 밀레니얼세대에게는 PC를 통해서만 접속할 수 있던 가상 세계를 24시간 일상으로 끌어들인 '마법의 통로'였습니다. 당연히 밀레니얼세대들은 더욱 깊숙이 게임의 세계로 빨려들어갔고, 게임 개발자들이 만들어낸 다양하고 새로운 가상 세계에서 많은 시간을 보내게 됩니다.

기성세대는 밀레니얼세대의 이러한 양상을 마약 중독과 같은 엄청난 부작용으로 인식하기 시작합니다. 기존의 PC는 사용에 있어 장소가 제한적이었기 때문에 중독에도 한계가 있었지만, 이제는 24시간 중독이 가능한 시대가 열린 것이니까요. 그래서 스마트폰 등장 이후의 문명을 기존 가치를 파괴하는 부작용의 관점에서만 자꾸 보게 된 것입니다. 대표적인 게 SNS죠. '게임은 마약, SNS는 인생의 낭비.' 대체로 이런 게 어른들의 생각이었습니다. 그래서 나라는 이를 법으로 규제하고 확산을 막았습니다. 밀레니얼세대는 아직 성숙하지 못했고 그래서 스마트폰의 확산에 따른 부작용은 막아야 하는 것이 당시의 어른들의 합의된 상식이었습니다.

하지만 여기서 기성세대가 이해하지 못한 것이 있습니다. 그것은 가상 세계에서의 경험을 통해 축적된 '디지털 문명의 세계관'입니다. 밀레니얼세대는 나이가 어리다고 해서 언제나 그렇게 바보처럼 게임만 하고 시간만 낭비하는 존재가 아니었습니다. 게임을 통해 축적한 경험을 바탕으로 새로운 의미의 창조적인 일들을 찾아내기 시작한 것이죠. '세상의 모든 사람들이 인터넷 게임기를 들고 있다면 어떤 사업을 할 수 있을까?'라는 생각은 새로운 비즈니스를 만들어내는 출발점이 되었습니다. 그래서 가상의 세계관이 없는 기성세대의 머리로는 만들 수 없는 다양한 비즈니스 모델을 밀레니얼세대가 만들어냅니다. 그 대표적인 사업이 바로 앞서 언급한 우버입니다. 모든 사람들에게 휴대형 인터넷 게임기가 있다면, 게임의 방식으로 택시사업을 할 수도 있겠다는 게 출발점이었던 겁니다.

2008년 창업한 에어비앤비도 출발점이 같습니다. 에어비앤비의 시작엔 '모든 사람이 스마트폰을 갖고 있다면 여행을 어떻게 바꿀 수 있을까? 집에서 놀고 있는 방을 새로운 수익원으로 만들 수 있지 않을까?'라는 고민이 있었습니다. 포노 사피엔스라는 새로운 인류의 사고방식과 생활방식이 적용될 수 있는 모든 것을 고민하며 시작된 사업인 것입니다. 그러니 기성세대에게 에어비앤비는 기획부터 이해할 수 없는, 어렵고 상식적으로는 말도 안 되는 사업으로 들렸습니다.

우버는 스마트폰 기반의 디지털 문명을 이해하는 자만을 위한 서비스입니다. 스마트폰이 없는 사람은 여전히 이용할 수 없죠. 어찌 보면 기존 택시에 비해 독선적이고 불공평합니다. 그럼에도 포노 사피엔스들은 우버에 열광합니다. 아니, 아예 택시 문명을 지워버리고 있습니다. 아직도 우리 사회에서는 전 세계가 단결해서 막아내면 우버가 망할지도 모른다고 이야기합니다. 물론 망할 수 있습니다. 하지만 우버가 망했다고 해서 그 자리를 예전의 콜택시가 다시 차지하게 될까요? 이미 경쟁 기업인 리프트lyft의 기업 가치가 2017년 115억 달러(약 13조 원)에 달할 만큼 이 분야 비즈니스 생태계는 성숙해 있습니다. 우버의 등장 이후 중국에는 디디추싱滴滴出行이, 동남아에는 그랩Grab이 새로운 택시로 자리를 굳건히 하고 있습니다. 이것이 우리가 직면한 세계 소비 문명의 엄정한 현실입니다.

밀레니얼세대들은 자기의 세계관과 더 부합하는 서비스를 압도적으로 선택하며 소비시장의 혁명을 이끌고 있습니다. 그들의 소비력이 이전의 X세대를 넘어 시장에서 최고의 위치를 갖게 되었습니다. 밀레니얼세대를 잇는 Z세대가 디지털 소비 문명에 더욱 익숙해지는 건 굳이 언급할 필요도 없겠죠. 세계 소비 문명의 트렌드가 디지털 시대로 본격화되는 건, 가는 세월과 함께 절대 막을 수 없는 변화의 방향입니다.

혁 명 의 두 얼 굴

진화는 숙명이다

　　우리 사회는 포노 사피엔스 세대가 만든 새로운 문명에 익숙하지 않습니다. 아니, 아주 많이 불편해합니다. 유교문화가 깊이 뿌리내린 사회 특성상 젊은 세대가 만드는 새로운 변화에 대해 발 빠르게 대응하기보다는 어른 세대가 만들어놓은 사회 체제를 존중하려는 경향이 훨씬 강합니다. 그러다 보니 스마트폰에 기반한 새로운 문명과 변화를 바라보는 사회의 시각도 매우 보수적이고 불만투성이입니다. 스마트폰의 등장으로 기업이 파괴되고 있다는 건 물론이고, 피폐해진 인간관계에 대한 이야기, 일자리가 줄어드는 이야기, 잃어버린 많은 것들에 대한 이야기를 언론을 통해 아주 흔하게 접할 수 있습니다.

　　반면 스마트폰의 등장으로 좋아진 것들에 대한 이야기는 대중매체에서 찾기가 쉽지 않습니다. 어쩌면 이미 고령화 시대로 진입한 우리 사회가 새로운 디지털 문명을 두려워하는 건 당연한 일이고, 그 사회 심리가 반영된 결과이기도 합니다. 그럼에도 전 세계에서 젊은 층이 스마트폰을 가장 활발히 쓰는 나라로 평가받는 것 또한 우리나라입니다. 이것은 곧, 다른 어떤 나라보다 기성세대와 신세대 간의 문명 차이가 크게 벌어졌다는 것을 의미하겠죠.

무한 확대되는 인류의 능력치

스마트폰 시대의 부작용은 일단 접어두고, 혁신적으로 좋아진 점은 무엇인지 한번 짚어봅시다. 사실 인류가 포노 사피엔스 시대로 진화하면서 얻게 된 변화의 에너지는 엄청납니다. '스마트폰을 신체의 일부처럼' 사용하게 되면서 일어난 변화를 긍정적인 관점에서 몇 가지만 이야기해보겠습니다.

우리나라 10대에게 가장 큰 관심사는 대학 진학입니다. 어느 대학에 가느냐에 따라 인생이 결정된다고까지 이야기하죠. 그래서 모든 수험생들이 수능을 준비하느라 여념이 없습니다. 그런데 이 수능 시험을 보면서 스마트폰으로 모든 것을 검색할 수 있게 해준다면 어떻게 될까요? 수능 점수는 그야말로 폭등할 것이고 변별력조차 갖기 힘들게 될 것입니다. 그런데 앞으로의 인류가 스마트폰 사용을 제한받게 될 경우는 얼마나 될까요? 그러고 보니 암기된 지식만으로 자기 업무를 처리하고 문제를 해결해야 하는 시대는 이미 지났습니다. 스마트폰을 손에 쥔 36억 명의 인류는 거의 실시간으로 구글에, 위키피디아에, 유튜브에 있는 지식 모두를 자기 것처럼 활용할 수 있습니다. 그것도 스마트폰 탄생 불과 10년 만에 말이죠. 호모 사피엔스 역사 7만 년 동안 이렇게 수십억 인구의 지적 능력이 집단적으로 급격하고도 동등하게 상승한 적은 없습니다. 이것만으로도 인류가 응축한 혁명의 에너지는 어마어마합니다.

또 하나는 문명 복제의 속도입니다. 《이기적 유전자》의 저자 리처드 도킨스Richard Dawkins는 '밈meme'을 문화 유전자라고 정의하고 생물학적 유전자 DNA와 비교하며 설명한 바 있습니다. 인간은 뇌를 통해 정보를 복제하고 이를 다시 다른 사람에게 전달해 확산하는 방식으로 문명을 창조해왔다는 것이죠. 전 세계가 지역별로 다른 언어, 다른 문화, 다른 생각을 갖게 된 원인이기도 합니다. '사람vs사람'으로 일어나던 문화의 복제는 현대사회에 진입하면서 대중매체 중심의 대규모 복제로 변화했습니다. 신문, TV, 라디오 등의 대중매체를 중심으로 유사한 생각의 대량 복제가 실시간으로 이뤄지며 문명의 발전 속도를 크게 끌어올리게 되었고, 현대 국가들은 유사한 문명 체계를 갖게 됩니다. 특히 1990년대 이후 대중매체에 더해 인터넷 서비스가 확산되면서 지식의 확산 속도와 범위는 빠르게 증가했습니다.

2010년 이후 이루어진 스마트폰의 대중화와 무선통신 서비스의 발전은, 과거와 비교도 안 될 만큼 밈의 전파 속도와 범

위에 있어 혁명적인 '퀀텀 점프Quantum Jump'를 일으켰습니다. 포노 사피엔스는 실시간으로 서로 교감하며 중요 정보를 습득하고 복제해 동시에 수십만, 아니 수천만 명에게 다시 확산합니다. 단기간 내에 수십억, 수백억의 조회 수를 올리는 음악이나 동영상이 이제 흔한 현실이 되어버린 겁니다. 어떠한 정보가 30억 명의 인구에게 전파되기 위해 필요했던 시간이 10년 전에 비해 얼마나 단축됐는지 생각해보면, 포노 사피엔스 시대의 위력을 실감할 수 있습니다.

호모 사피엔스의 '사피엔스'는 '슬기로운'이라는 뜻인데요, 현생 인류가 생존한 비결은 '슬기로운 생각'을 할 수 있었기 때문이라고 판단해 붙인 이름입니다. 그만큼 우리 인류에게 '생각'은 가장 중요한 자산입니다. 인류가 생각을 만드는 데 반드시 필요한 '밈'의 복제방식이나 속도 그리고 확산의 범위가 포노 사피엔스 시대를 맞아 거의 무한대로 확장되었으니, 그야말로 혁명적인 능력의 확대가 일어난 것입니다.

물론 여기에 부작용이 없다고 할 수는 없습니다. '개인의 프라이버시가 없어졌다, 텍스트가 전하는 깊은 감동이 사라졌다, 문명이 너무 즉흥적이고 인기 영합에 치우치게 되었다.' 우리가 문제 삼는 것들이 이런 것이죠. 모두 맞는 말입니다. 그런데 이런 부작용만큼이나 강력한 새로운 가능성들이 생겼다는 걸 되새겨보자는 겁니다. 스마트폰에 의한 부작용이 떠오를 때마

1장

다, 그만큼 좋아진 것은 무엇일까를 다시 한 번 생각해보자는 겁니다. 그래야 위기만 보이는 현실 속에서 기회를 발견할 수 있으니까요. 기회와 위기는 혁명의 두 얼굴입니다. 기회를 무시하면 위기만 남습니다.

위키피디아에 보관된 지식을 스마트폰을 통해 언제든 습득할 수 있는 인류, 새로운 정보가 발생하면 거의 하루 만에 30억 명 인구에게 복제할 수 있는 시스템을 가진 인류, 이것이 포노 사피엔스 시대의 정의입니다. 엄청난 사회 변화가 수반될 수밖에 없는 인류의 변화가 이미 시작되었습니다. 그 변화의 소용돌이 속에서 인류가 새롭게 갖게 된 엄청난 능력을 부작용으로 볼 것이냐, 순작용으로 볼 것이냐 이것이 남은 문제입니다.

진화의 방향은 이미 정해져 있습니다. 부작용을 최소화하기 위해 노력하는 것도 중요하겠지만 그것만으로 미래를 준비할 수는 없습니다. 이제 새로운 문명 시대를 함께 한마음으로 준비해야 합니다. 이것이 '혁명의 메시지'입니다. 서구에서 전해준 지금의 문명을 지키기 위해 급급할 것이 아니라, 아프고 힘들더라도 미래사회를 위해 새로운 문명의 기준을 받아들이기 시작해야 합니다. 고통은 서로 힘을 합쳐 나누고 새로운 기준에 맞춰 변화를 모색해야 합니다. 그것을 주도해야 하는 사람들은 당연히 이 사회의 어른들입니다. 이제 어른들이 배워야 할 때입니다. 힘들지만 꼭 새로운 문명을 배워야 할 때입니다.

'가상 세계'가 비즈니스가 되는 법

포노 사피엔스의 비즈니스 모델링은 출발점이 다릅니다. 우버나 에어비앤비에서 확인할 수 있듯이 달라진 뇌 구조를 반영하여, 가상의 세계를 기반으로 디지털 비즈니스를 설계하기 때문입니다.

신인류가 이끄는 '룰 체인지'

2008년 8월, 호텔 비즈니스를 게임방식으로 전환한 에어비앤비가 출범했습니다. 스마트폰 탄생 1년 만의 일이었죠. 세계 지도가 게임을 위한 맵이 되고 그 위에 서버가 탑재됩니다. 게임 참여자는 게스트와 호스트로 나뉩니다. 호텔 서비스로 제공할 수 있는 방이 있는 사람은 호스트로 등록하고 게임에 참여합니다. 디지털 맵에는 전 세계 호스트들이 등록한 방이 모두 버튼으로 표시됩니다. 여행을 계획하고 있는 사람은 게스트로 게임에 참여하고, 익숙한 디지털 맵에 들어가 게임하듯 필요한 방의 버튼을 누르면 그만이죠. 여행 중 굳이 주인을 만나지 않아도 필요한 것들은 채팅을 통해 주고받을 수 있습니다. 여행이 끝나면 게임도 끝나고 호스트에게는 현금이 입금됩니다.

이렇게 호텔 플랫폼으로 성장한 에어비앤비는 불과 10년 만에 기업 가치 310억 달러(약 35조 원)를 훌쩍 넘어 세계 1위의 호텔기업이 되었습니다. 기존의 호텔체인기업들은 얼떨결에 가치가 떨어져버렸습니다. 동시에 여행사들도 어려움을 겪게 되었습니다. 여행시장은 폭발적으로 성장했는데 기존 기업들에게는 위기가 찾아오고, 새로운 기업들에게는 다양한 기회가 찾아옵니다. 시장 섹터별로 유사한 플랫폼들이 등장하며 새로운 방식의 여행사들도 나타나기 시작했습니다. 여행산업에는 지금 거대한 포노 사피엔스 생태계가 형성 중입니다. 신인류의 달라진 여행 문화가 시장의 판도를 바꾸고 있죠.

우버와 에어비앤비, 이들은 파괴적 혁신을 만들어낸 기업들입니다. 기존의 택시사업을 우버로, 기존의 호텔사업을 에어비앤비로 재정의하면서 새로운 소비자, 포노 사피엔스의 선택을 받은 기업들입니다. 당연하게도 이들은 기존의 사회 시스템과 갈등을 빚고 부작용을 낳고 있습니다. 그러나 달라진 문명을 되돌릴 수 없다는 것은 데이터가 이미 보여주고 있습니다. 이들이 지속적으로 서비스를 확대하고 다양한 산업 생태계를 키우고 있으며 더욱 많은 소비자들과 자본의 선택을 받고 있다는 것을 비즈니스 데이터가 명백히 증명합니다.

상식의 교체가 필요하다

우리가 우리 아이들의 손에서 스마트폰을 빼앗고 인터넷을 지워버릴 수 없다면, 이들의 선택 역시 막을 수 없는 도도한 변화의 흐름입니다. 소비의 주력세대가 포노 사피엔스로 전환되는 것은 명백합니다. 그렇다면 이들의 사고방식, 이들의 생활방식, 폰을 들고 있는 사람들이 만들어낸 디지털 문명에 기반한 비즈니스 모델링이 필요해졌다는 뜻입니다. 가장 진부하면서도 더 이상의 혁신이나 효율화는 어려울 것이라고 생각했던 택시사업, 호텔사업이 교체되는 속도를 본다면 다른 영역은 말할 필요도 없습니다.

그렇기 때문에 '내 상식의 교체'가 필요합니다. 내가 속해 있는 모든 비즈니스 영역에서 포노 사피엔스 소비자들의 새로운 생활 습관이 가져올 변화를 고려해보고 이에 맞는 새로운 방식의 사업을 기획해야 합니다. 나를 성공으로 이끈 모든 상식과 경험을 일단 내려놓고 이들의 문명에 눈높이를 맞춰야 합니다. 저마다 스마트폰을 손에 들고 있는 소비자는 과거와는 비교할 수 없는 속도로 이동하고 또 새로운 방식을 선택하고 있습니다. 그들의 선택을 받을 수 있는 기업만이 생존하는 시대로 소리 없이 진입해버린 겁니다. 상식을 바꿔야 하는 건 엄청나게 어렵고 불편한 일이지만, 이것은 지금의 현실이 우리에게 전하는 메시지입니다. 새로운 문명에 우리의 눈높이를 맞춰야 합니다.

소비의 표준이 바뀐다

포노 사피엔스의 일상은 과거와는 많이 다릅니다. 안드로이드 발표에 따르면 우리나라 사람들은 평균 4시간가량 스마트폰 앱을 사용하는 것으로 나타났습니다(2018년 1분기 기준). 40세 이하의 연령층은 이보다 더욱 많은 시간을 스마트폰 사용에 할애하고 있죠. 디지털 기기가 신체의 일부처럼 활용되면 디지털 문명에 대한 적응 속도도 높아집니다.

이미 생각의 프로세스가 달라졌습니다. 이제 무언가 궁금한 게 있으면 누구에게도 묻지 않고 바로 스마트폰을 켜고 검색합니다. 뇌는 어느새 지식의 습득 방법을 바꿔버렸습니다. 과거에는 지리 정보와 도로에 대한 공간 인지 능력 없이 운전하는 건 매우 위험한 행위였습니다. 그래서 빠른 시간 내에 승객을 목적지에 데려다줘야 하는 택시기사는 전문 직종에 속했고, 이를 국가가 면허를 통해 관리하는 것도 당연했습니다. 그런데 이제는 지리에 대한 정보와 도로의 상태를 스마트폰이 제공해줍니다. 오랜 시간의 경험을 통해서만 얻을 수 있었던 전문성을 스마트폰이 해결해준 것이죠. 내비게이션이라는 신기술과 스마트폰이 없었다면 우버나 에어비앤비 또한 결코 성공할 수 없었습니다. 아니, 아예 생겨나질 않았겠죠.

이 문화에 익숙해진 인류는 이제 누구나 스마트폰만 있으면 어디든 운전해서 갈 수 있다고 생각합니다. 아니, 스마트폰의 기능을 당연한 신체 기능의 일부로 착각하기까지 합니다. 그래서 스마트폰의 배터리가 방전되는 순간, 신체 기능의 일부가 마비되는 정도의 심각한 당황스러움을 느낍니다. 스마트폰의 다양한 기능은 인류가 갖고 있는 기본 기능을 크게 확대했습니다.

포노 사피엔스는 은행에 가지 않아도 다양한 금융 업무를 해결할 수 있다고 믿게 되었습니다. 한국은행의 조사에 따르면 우리나라 국민 중 46퍼센트가 모바일 뱅킹을 사용하고 있다고 합니다(2017년 기준). 특히 20대와 30대는 인구의 70퍼센트 이상이 모바일 뱅킹을 적극 활용하고 있고 이 비율은 가파르게 증가하고 있습니다. 모바일 뱅킹에 익숙해진 인류는 조금만 더 간편한 서비스가 출시되면 광속으로 이동합니다.

스스로 변화와 이동을 선택한다

2017년 첫 선을 보인 카카오뱅크는 이용의 편리함과 귀여운 UI에 힘입어 1년 만에 680만 명의 고객을 끌어들였습니다. 업에 대한 개념이 가장 보수적이고 그래서 이동을 꺼려한다는 은행 비즈니스에서, 금융업에 축적된 경험이 거의 없던 카카오뱅크가 보여준 성과는 상당한 메시지를 가지고 있습니다. 이 시대가, 특히 20~30대가 얼마나 포노 사피엔스 생활방식에 깊이 접속되어 있는가를 보여주는 명백한 데이터이기 때문입니다.

다른 분야의 소비들도 많이 달라졌습니다. 듣고 싶은 음악이 있으면 테이프, CD라는 완제품을 구매해 듣기보다는 폰을 열어 멜론이나 지니, 유튜브 같은 디지털 플랫폼에 접속하는 것이 상식이 되었죠. 옷도 생활용품도 디지털 플랫폼에 접속해 구매하는 비중이 빠르게 늘고 있고, 이에 따라 백화점과 대형마트의 고객 수는 점점 감소하고 있습니다. 전 세계 공통의 소비 현상입니다. 스마트폰에 익숙해진 소비자들이 스스로 변화를 선택해 이동하고 있는 것입니다. 데이터가 입증하는 '팩트'들입니다.

사람들은 변화를 별로 좋아하지 않습니다. 그래서 디지털 기기를 활용해 새로운 비즈니스를 만들기는 정말 어렵습니다. 우선 소비자에게 생경한 기기를 소개하고 교육시켜야 하기 때문에 빠른 확산과 성과 창출이 거의 불가능하다는 게 상식이죠. 예

를 들어 은행에 가서 해결해야 하는 업무를 인터넷과 컴퓨터라
는 도구를 배워 해결할 수 있다고 얘기하면 '인터넷과 컴퓨터를
배워야 한다.'는 전제가 장애물로 작용합니다. 이 새로운 도구
를 이해하는 것이 은행을 찾아가는 것보다 더 어려울 수도 있겠
다고 생각하면 사람들은 학습을 포기합니다. 그래서 인터넷 뱅
킹이 확산되는 데에는 매우 오랜 시간이 필요했습니다. 2000년
대 초반 장밋빛 꿈을 꾸던 닷컴기업들이 모두 쓰러진 것도 바로
이런 어려움 때문이었습니다. 생각보다 소비자들의 이동 속도가
그리 빠르지 않았다는 거죠.

　　그런데 스마트폰이 이 개념을 바꿔버린 겁니다. 스마트폰
이 기기가 아니라 신체의 일부가 되었다고 인식하면서, 사람들
은 관련 서비스를 적극적으로 배우기 시작합니다. 언제 어디서
나 배우고 카피할 수 있고, 그 효용성은 PC와 비교할 수 없을 만
큼 놀랍습니다. 그러니 활발한 복제가 일어나게 된 거죠. 엄청
난 속도로 퍼져나간 이 문명은 이제 소비의 표준이 되었습니다.
스마트폰을 손에 쥔 인간의 능력은 이미 금융 서비스의 실시간
해결을 당연시합니다. 당연한 일상이 된 업무는 최적의 조건을
제공하는 서비스를 찾아 또 빠르게 이동하죠. SNS를 통해 촘촘
하게 연결된 초연결사회는 신문명의 전파 속도를 상상을 초월할
만큼 빠르게 만듭니다. 새로운 서비스의 등장은 소비자들의 폰
을 타고 순식간에 전파되어 고객을 모으고, 잘나가던 기업을 퇴

출시킵니다. 결국 달라진 인류의 생활방식과 인간의 능력에 대한 새로운 정의가 시장의 급격한 변화를 만들고 있는 것입니다.

이로 인해 스마트폰을 신체의 일부로 받아들이기 어려운 세대는 시간이 갈수록 디지털 소비 문명과 더욱 큰 격차를 보이게 됩니다. 연령대가 높을수록, 소득 수준이 낮을수록 모바일 뱅킹에 대한 사용률이 떨어지고 신뢰도도 떨어진다는 조사 결과는 베이비붐세대와 X세대가 새로운 문명에 얼마나 낯설어하고 있는지를 잘 보여줍니다.

포노 사피엔스 시대는 인류의 운명이다

사실 스마트폰이 배우기 어려운 기기는 아닙니다. 꼭 필요하다고 생각하고 시작하면, 비교적 쉽게 배울 수 있습니다. 실제로 60세가 넘은 세대들도 포노 사피엔스 문화를 즐기는 분들이 꽤 많습니다. 그런데 우리 기성세대 중에는 '일부러라도 안 배우려는' 생각을 가진 분들이 꽤 많이 계십니다. 그동안 우리는 인터넷과 스마트폰 문명을 두고 부작용만 일으키는 나쁜 물건이라고 믿어왔습니다. 아이들에게는 쓸데없이 스마트폰 게임이나 하고, SNS로 시간을 낭비한다고 잔소리를 해왔고요. 지하철에서 책은 멀리하고 폰만 보고 있는 현상을 한탄해왔습니다. 부작용 덩어리를 굳이 배운다는 건 결코 바람직한 일이 아니니, 조금이라도 불편하다 싶으면 멀리한 게 사실입니다. 한편으로 '나는 여전히 2G폰을 쓴다.'라고 자랑하기도 했고요. 사는 데 불편한 게 없으니 애써 어려운 걸 배울 이유도 없었습니다.

그런데 채 10년도 지나지 않아 문명의 기준이 바뀐 겁니다. 여전히 스마트폰 없이도 살 수 있기는 하지만 그들에 비해 왠지 불편하고 어려운 일이 많아집니다. 익숙하던 시장이 파괴되고 사라지고 있으니 살기 어려워진다는 불만도 당연히 제기됩니다. 일상이 바뀌면서 내 일자리에도 위협이 찾아옵니다. 혁명이 번지기 시작한 것이죠. 정신을 차려보니 세상이 온통 디지털 문명으로 가득 차버렸습니다. 그리고 이 모든 변화는 나에게 심각한 위기일 뿐입니다.

인류가 급격한 변화를 겪을 때마다 우리는 늘 같은 경험을 해왔습니다. 특히 산업혁명의 시대마다 기존 산업들이 엄청나게 반발했던 것은 지나온 역사에 잘 적혀 있습니다. 영국에서 일어난 러다이트운동이 대표적인 사례로 꼽힙니다. 일자리가 날아가는 생존의 문제가 걸린 만큼, 기계를 부수는 운동은 거의 필사적이었죠. 그러나 그것도 인류의 선택을 막을 수는 없었습니다. 뉴욕에서 가장 번성했던 마차산업이 자동차의 등장으로 몰락할 때도 같은 일이 벌어졌습니다. 자동차의 등장은 마차, 마부, 말산업까지 어마어마한 기존 생태계를 파괴시키는 위협이었죠. 그러나 그 엄청난 혼란의 와중에도 인류는 결국 혁신을 선택했습니다. 그것이 인류 진화의 방향이었기 때문입니다.

인류는 스마트폰의 탄생과 함께 새로운 문명의 시대를 열었습니다. 이제 그 시대로 전진해야 합니다. 우리가 만들어놓은 문명도 훌륭했지만 이제 새로운 세대는 새로운 문명을 선택하고 있습니다. 전 세계 50퍼센트의 인구가 선택한 문명이라면, 그리고 앞으로 지속적으로 확대될 문명이라면 받아들여야 합니다. 억울하고 안타까운 마음을 내려놓고 새로운 문명을 즐겁게 학습해야 합니다. 이것이 4차 산업혁명이라고 불리는 시장 혁명의 본질이자 대륙이 우리나라에 전하는 메시지입니다. 이제라도 늦지 않았습니다. 폰을 든 인류가 10년간 만들어낸 새로운 문물을 학습하고 거기서 새로운 길을 찾아야 합니다. 이것이 우리의 운명입니다. 포노 사피엔스 시대가 시작되었습니다. 이제 새로운 문명을 찾아 길을 떠나야 합니다.

새로운 문명,
'열광'으로 향한다

PHONO SAPIENS

2

음악의 소비 패턴은 곧 다른 소비 문명으로 확산된다.

최근에는 이 변화 속도가 더욱 빨라지고 있다.

오프라인 기반의 소비 문명이 디지털 플랫폼으로 옮겨간 것도

그리 오래된 일이 아닌데,

이제 그에 더해 팬덤이 소비를 주도하는 시대로 이동 중이다.

이로 인해 기존 비즈니스 생태계의 힘은 점점 줄어들고

새로운 소비 문명은 급속히 확장된다.

수비하는 입장에서 보면 엄청난 위기지만 공격하는 입장에서

보면 과거에는 상상도 할 수 없던 기회가 열린 셈이다.

팬덤 기반의 소비 문명은 앞으로 1~2년 사이

또 다른 모습으로 변화할 것이다.

문명의 교체

소니는 사라지고 애플, 그리고…

지금부터는 새로운 디지털 소비 문명이 어떤 것인지 구체적으로 알아보겠습니다. 우리에게는 오랫동안 익숙한 일상이 있었습니다. 아침에 일어나면 신문을 읽고 아침 식사를 한 후 모두 일터로, 학교로 나섭니다. 이동하는 차 안에서 라디오를 듣고 집에 돌아오면 TV 앞으로 가족들이 모여앉아 이런저런 이야기를 나눕니다. 30년 이상 관습처럼 살아오던 모습이죠. '응답하라 시리즈' 같은 인기 드라마들을 보고 있으면 과거의 일상이 그림처럼 펼쳐집니다.

문명 교체의 대가

그런데 스마트폰 등장 10년 만에, 즉 포노 사피엔스 시대가 되어 삶의 방식이 완전히 달라졌습니다. 우리는 신문을 보거나 라디오, TV를 보는 대신 스마트폰을 보며 살고 있습니다. 새 시대에는 인간의 한계도 재설정되었습니다. 금융도, 쇼핑도, 결제도, 검색도, 모두 인간의 기본 능력에 포함되기 시작한 것입니다. 이런 문명의 변화는 시장의 거의 모든 분야에서 현실이 되고 있습니다. 문명의 교체가 본격화되고 있다는 뜻이자, 우리가 생각하는 인류 문명의 표준이 바뀌었다는 뜻입니다.

문명의 교체란, 쉽게 말해 청동기 시대에서 철기 시대로 넘어가는 것을 생각하시면 됩니다. 우리가 특별히 잘못한 게 없는데도 대륙의 문명이 급격하게 변했을 때, 항상 위기가 옵니다. 한반도에서 오순도순 청동기 문명을 멀쩡히 누리며 살고 있는데, 대륙에서 철기병들이 내려오면 문명의 교체가 시작되는 것처럼요. 그때 우리는 철기의 엄청난 위력 앞에 절망과 고통을 경험해야 했습니다.

조선 왕조 500년 말에도 비슷한 일이 있었습니다. 조선은 500년 동안 하나의 정권으로 버텨온, 역사적으로 매우 드문 국가입니다. 큰 잘못이 있었다면 그리 못했겠지요. 백성을 대상으로 학정을 하거나 큰 실정을 하지도 않았습니다. 대원군은 500년간 유지되어온 조선 왕조를 어떻게든 지켜보려 했을 것입니다. 조선이 망한 이유는, 대륙에 거대하고 강력한 신문명이 도래했다는 것을 모른 채 우리끼리만 잘하면 된다고 생각했기 때문입니다. 이미 서구 대륙에는 거대한 격차의 과학기술 문명이 등장한

지 오래였습니다. 우리와 가까운 중국도 이 점을 간과한 탓에 몰락의 길을 걸었습니다. 반면, 우리나라나 중국보다 조금 먼저 신대륙의 문명을 받아들인 일본은 아시아의 패자가 될 수 있었고, 지금은 세계 최고의 선진국 반열에 있습니다. 이 모든 게 200년 전의 선택이 만들어낸 차이입니다.

이렇게 우리 문명이 대륙과 큰 격차를 보일 때 우리는 항상 엄청난 대가를 치러야 했습니다. 이것은 역사로부터 얻을 수 있는 일관된 교훈이기도 합니다. 호모 사피엔스가 아프리카에서 출발해 유럽의 호모 네안데르탈인을 섬멸하고, 아시아의 호모 에렉투스를 아우르게 된 과정도 바로 문명의 격차가 그 원인이였습니다. 그래서 항상 대륙 문명의 변화를 주의 깊게 살펴야 합니다. 곧 우리에게 다가올 문명이기 때문이죠. 인류의 표준 문명이 바뀔 때마다 그 변화가 어떻게 일어나고 있는지를 정확하게 이해해야 지속 가능할 수 있다는 게 인류 역사의 교훈입니다.

빅 데이터가 보여주는 실체

시장의 변화는 지금이 바로 문명의 교체 시기, 표준 문명의 전환기라고 말하고 있습니다. 구글이 제공하는 빅 데이터 서비스를 통해 인류 문명의 변화를 한번 살펴보도록 하죠. 시장 혁명은 인류의 대규모 변화에서 시작됩니다. 데이터로 보면 스티브 잡스가 남긴 아이폰이 바로 혁명의 출발점입니다. 평온하고 일상적이던 현대사회에 아이폰이 일으킨 파문은 구글 데이터를 통해 명백히 볼 수 있습니다. 구글 트렌드 사이트에서 'iphone', 'samsung', 'sony', 'nokia'를 검색해봅시다. 구글 사이트에서 얼마나 많은 사람들이 각각의 회사 이름을 검색했는지 보여주는 단순한 빅 데이터 자료입니다. 사람들이 검색했다는 건 그만큼 관심이 있다는 뜻이고, 그만큼 대중에 대한 브랜드 파워가 반영된 결과라고 볼 수 있습니다. 이 데이터를 보면 대중심리의 변화를 알 수 있습니다.

2004년에서 2008년까지의 데이터를 보면 미디어의 막강한 영향력과 대중심리의 견고함을 확인할 수 있습니다. 워크맨 탄생 이후 IT브랜드 세계 최강을 지켜오던 소니는 2004년 이후에도 여전히 세계인의 사랑을 받으며 최고의 브랜드 파워를 유지합니다. 인터넷의 시대, 휴대폰의 시대에 진입한 지 오래되었는데도 대중들은 여전히 소니 제품에 열광하고 있었다는 뜻입니다. 휴대폰 시장 점유율 40퍼센트를 기록하던 노키아의 약진도 소니를 넘어서진 못했고, 삼성은 소니 검색 빈도의 3분의 1에 불과합니다. 이 트렌드는 아이폰 탄생 이전까지 지속됩니다.

미디어 광고의 영향력도 거의 철옹성에 가까운 걸 확인할 수 있습니다. 매년 신제품이 쏟아지는 CES(Consumers Electronic Show, 세계 가전 전시회)에 맞춰 미디어 광고가 폭발하고, 소비자

2장

반응도 정확히 거기에 맞춰 1년에 한 번씩 최고의 검색량을 기록합니다. 매년 기업들이 수천억에서 수조 원씩 광고비를 쏟아부었던 이유는 사람들의 라이프스타일이 결코 변하지 않아왔기 때문입니다. 브랜드 파워를 키운 모든 대기업들은 소비자의 마음을 사기 위해 미디어 광고에 집착해왔습니다. 방송 광고의 위력도 엄청났다는 뜻이죠.

이후로도 30년은 절대 변하지 않을 것 같았던 이 트렌드로 인해 삼성은 20년 안에 소니를 추격하기 어려울 것이라는 예상이 당연시되었습니다. 인류의 표준 소비생활은 TV를 통해 광고를 보는 것, 그리고 매년 광고를 통해 신제품을 소개받고 그것을 오프라인 매장을 통해 구매하는 것이었습니다. 인터넷이 널리 퍼졌다고는 하나 그 영향력은 표준 문명을 바꾸기엔 어림도 없었다는 게, 2010년 이전 소비자 검색 데이터의 증언입니다.

그러나 30년간 평온하게 유지되던 소비시장에 2007년, 아이폰이 등장하면서 거대한 변화가 시작됩니다. 아이폰은 2007년 탄생 직후 엄청난 돌풍을 일으켰지만 많은 전문가들은 이를 게임기와 유사한 상품으로 폄하했습니다. 실제로 지난 30년간 소비자 트렌드에서 아이폰 같은 상품이 혜성처럼 등장했다가 사라진 경우가 많았기 때문입니다. 더구나 아이폰의 인기를 만든 엔터테인먼트 기능(게임, 음악, 비디오)은 일시적으로 인기가 폭발한다 해도 곧 진정되는 것이 상식이었습니다. 그래서 세계 휴대폰 시장 1위 노키아와 3위 모토로라Motorola는 아이폰을 카피하는 스마트폰시장 진출보다 자체 브랜드 강화로 전략을 수립합니다. 굳이 순간적인 유행에 편승하지 않겠다는 것이었죠. 사실 그 당시 노키아와 모토로라의 비즈니스방식은 모든 기업들의 벤치마킹 대상이 될 만큼 모범적이기도 했고, 그래서 나름 자신도 있었습니다. 그러는 가운데, 미국시장이 주력이던 삼성전자만 혹시나 하는 마음으로 아이폰과 경쟁이 가능한 스마트폰 개발에 착수합니다. 구글의 자회사였던 안드로이드와 손을 잡고 아이폰과 유사한 형태의 안드로이드 스마트폰 개발을 시작한 것입니다.

2009년이 되면서 아이폰의 인기는 태풍으로 바뀌기 시작합니다. 거의 모든 것을 삼켜버리기 시작하죠. 전 세계가 아이폰의 태풍 영향권에 진입하면서 가히 혁명적 변화가 현실이 되기 시작합니다. 삼성은 발 빠르게 갤럭시S라는 최초의 안드로이드 스마트폰을 출시하고 태풍을 일으킨 거인, 애플의 어깨에 올라 탑니다. 그리고 놀라운 일이 일어납니다. 삼성의 구글 검색량이 처음으로 소니를 앞서기 시작한 것입니다. 그렇게 꿈꾸던 일이 현실이 된 것이죠. 일시적일 수 있다고 생각했던 이 현상은 그대로 혁명으로 이어집니다. 불과 2년 만에 삼성은 소니를 2배 이상 앞지르기 시작했습니다. 최고의 IT브랜드라면 오직 소니라고 생각하던 소비자 10억 명이 집단적으로 심리 변화를 느꼈고, 어느새 소니보다는 삼성을 검색하게 되었습니다. 지난 30년간 시

2010년 이후, 기업의 성장과 몰락

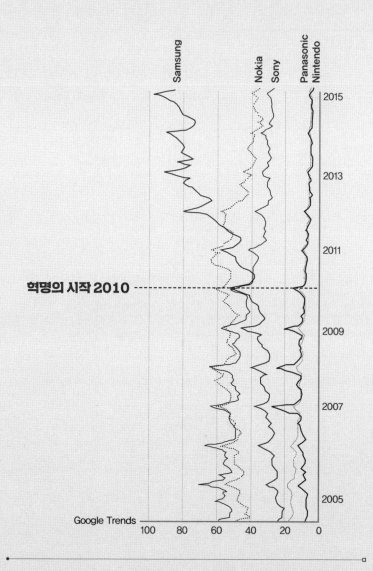

Samsung

Nokia
Sony

Panasonic
Nintendo

2015

2013

2011

혁명의 시작 2010 --------

2009

2007

2005

Google Trends

100   80   60   40   20   0

장을 지배해왔던 법칙들, 절대 불변이라 여겨지던 강력한 브랜드 파워, 막강한 미디어 광고의 힘, 그에 따른 견고한 대중심리가 스마트폰 등장 이후 급격히 무너져 내린 걸 데이터가 증명한 셈입니다.

그림에서 볼 수 있듯, 2010년 이후에는 전혀 다른 트렌드를 보입니다. 이 혁명적 변화는 많은 기업을 무너뜨립니다. 2011년 모토로라의 매각을 시작으로 2013년 노키아, 2016년 샤프Sharp, 도시바Toshiba, 제이브이씨JVC, 산요Sanyo 등 거대한 IT기업들이 대거 몰락하며 새로운 시대가 열렸습니다. 2013년 애플은 아이폰의 태풍에 힘입어 세계 1위 기업(시가총액 기준), 황제의 자리에 등극합니다. 아이폰을 출시한 지 불과 6년 만에 말이죠. 이 혁명은 지금도 진행 중입니다. 스마트폰을 손에 쥔 인류는 새로운 세상으로 빠르게 진화하며 기존의 시장 생태계를 완전히 바꾸고 있습니다.

"CD가 필요한 소비자는
떠나주십시오"

시장경제의 혁명적 변화는 기업 시가총액의 변화를 통해 확인할 수 있습니다. 2017년을 고비로 세계 자본시장은 본격적인 문명 교체를 이룹니다. 포노 사피엔스를 위한 서비스를 제공하는 기업들이 '세계 10대 기업'에 대거 이름을 올리기 시작한 거죠. 그리고 이 현상은 2018년 5월에 명백해집니다. 2018년 5월 22일 시가총액 기준 세계 10대 기업 중, 무려 8개가 포노 사피엔스를 기준으로 새로운 사업을 성공시킨 기업들이었습니다. 우버나 에어비앤비처럼 벤처에만 머물던 문명이 메이저시장까지 완전히 확산되었음을 보여주는 지표입니다.

자본이 선택한 표준

우선 1위는 애플입니다. 스마트폰 창조 기업이자 이 새로운 문명을 탄생시킨 근원지죠. 2013년 이후 거의 1위 자리를 놓치지 않고 유지하고 있는 기업입니다. 아이폰 판매를 통한 영업 이익률이 40퍼센트에 달하고, 현금 보유고만 300조가 넘습니다. 스마트폰 문명 생태계를 창조한 기업의 위엄이기도 합니다.

2위는 유통기업 아마존입니다. 기존 문명의 상식대로라면 유통은 '오프라인 거래'가 핵심입니다. 그래서 얼마나 많은 백화점이나 대형마트를 갖고 있느냐가 관건입니다. 그런데 아마존은 아예 매장이 없습니다. 무슨 장난치는 것도 아니고, 서버에 올려 놓은 이미지 몇 개를 보고 물건을 고르라고 합니다. 전형적인 게임방식이죠. 물론, 물건은 매장에 없습니다. 애당초 상품들은 공장에서 물류센터까지만 가기로 되어 있습니다. 상품들은 물류센터에서 로봇 키바를 타고 고객의 주문을 기다리고 있습니다. 고객이 게임하듯 선택을 하고 주문을 마치면, 그 데이터가 곧장 키바에게로 날아갑니다. 거래가 완료되었는데 그걸 가장 먼저 알아차리는 게 직원이 아니라 놀랍게도 로봇인 겁니다. 키바는 주문을 받자마자 포장을 담당한 직원에게로 움직입니다. 직원은 그 물건을 집어 포장을 완료하고 택배로 보냅니다. 앞으로 10년 내에 택배 물건 중 80퍼센트는 드론이나 무인차를 통해 보내겠다는 게 아마존의 전략입니다. 이런 기업이 투자 자본이 선택한 세계 2위 기업, 유통의 대표 기업입니다. 물건의 유통 경로도 구매방식도 완전히 달라졌죠. 그렇다면 누구를 기준으로 바뀐 방

2장

식일까요? 바로, 포노 사피엔스입니다.

3위와 5위는 더욱 황당합니다. 구글과 페이스북입니다. 사람들은 구글과 페이스북이 무언가 새로운 서비스를 통해 매출을 내고 있는 게 아닐까 생각하곤 합니다만, 결론은 아닙니다. 이들도 우버나 아마존처럼 기존의 비즈니스 모델을 '파괴'하는 기업입니다. 바로 신문과 방송의 광고 비즈니스를 파괴하는 기업이죠. 2018년 기준 구글의 광고 매출은 전체 매출의 86퍼센트, 페이스북은 무려 99퍼센트에 이른다고 밝혔습니다. 두 기업은 전 세계 신문사와 방송사의 광고비를 모두 잠식하면서 세계 3위, 5위에 오른 기업들입니다.

여기서 주목할 점은, 이들이 거대 자본을 투자해서 기존의 신문사와 방송사를 무너뜨린 게 아니라는 겁니다. 자연스러운 고객의 선택으로 성장했다는 것이죠. 10년 사이 변화한 인류는 아침에 읽던 신문은 끊어버렸고, TV보다는 유튜브를 더욱 많이 보고 있습니다. 우리나라에서 구글과 페이스북은 그 흔한 TV광고 한번 크게 한 적이 없습니다. 그럼에도 수많은 사람들이 스스로 선택했습니다. 비슷한 서비스를 내놓은 수백 개의 기업들 중 선택받은 기업이기도 합니다. 이들은 오로지 포노 사피엔스만을 고객으로 생각하는 기업입니다. 소비자의 표준이 누구인지가 명확한 기업이죠.

4위를 차지한 마이크로소프트는 특히 주목할 만합니다. 마이크로소프트는 스마트폰 등장 이전에도 꽤 오랫동안 전성기를 구가한 기업입니다. 그럼에도 아직도 높은 순위를 기록하고 있는 걸 보면 기존 기업이 어떻게 해야 포노 사피엔스 시대에 생존할 수 있는지 그 답을 알려줄 것 같습니다. 그런데 놀랍게도 이유는 같습니다. 마이크로소프트는 장기간에 걸친 대규모 구조조정을 통해, 자신들의 주 소비자군을 호모 사피엔스에서 포노 사피엔스로 전환하는 데 성공했습니다.

2017년까지 완료한 마이크로소프트의 대규모 구조조정 방향은 명백합니다. 우선, 오프라인 영업 조직을 대폭 축소하고 클라우드 서비스 조직을 크게 확대했습니다. 그리고 보니 요즘 판매되는 노트북에는 CD 리더기 자체가 없습니다. 그러니 CD를 판매하러 다니는 영업 조직을 해체하는 건 당연한 수순이겠죠. 그런데 이것이 의미하는 바는 무섭습니다. '나는 인터넷도 사용할 줄 모르지만 컴퓨터는 써야겠으니 윈도우와 MS오피스 CD를 달라.'는 소비자에게 이제 그만 떠나달라고 선언한 것이나 마찬가지인 거니까요. 앞으로는 거대한 클라우드 서비스를 기반으로 모든 소프트웨어를 제공할 테니 소프트웨어 설치부터 업그레이드, 요금 지불까지 인터넷 문명을 잘 아는 사람만 쓰라고 선언한 것과 같습니다. 쉽게 말해, '앞으로 우리는 포노 사피엔스만 상대하겠다.'고 발표하고 그걸 실천했고 성공한 겁니다. 이것이 마이크로소프트가 기존 기업들에게 전하는 생존 전략입니다.

실제로 마이크로소프트는 2018년 12월 클라우드 서비스 애저Azure의 시장 점유율이 크게 늘면서 16년 만에 애플을 꺾고 시가총액 세계 1위 자리에 복귀했습니다. 소비자를 호모 사피엔스에서 포노 사피엔스로 바꾸고 거기서 성공을 거두자, 자본은 지체 없이 이들에게 쏟아졌습니다. 어찌 보면 문명의 교체기에 당연한 일인지도 모르겠습니다.

이상 살펴본 5개 기업은 세계 최고의 기업이자 미국 대륙 문명의 상징입니다. 미국이 포노 사피엔스 시대의 리더 국가라는 것을 자본이 입증한 사례이기도 합니다. 자본이 선택한 문명의 표준은 '포노 사피엔스 시대'입니다.

"고객은 오직 포노 사피엔스다"

이제 아시아로 가보겠습니다. 세계 10대 기업에 이름을 올린 아시아의 1, 2위 기업은 알리바바와 텐센트입니다. 알리바바는 1999년 영어강사 출신 마윈馬雲이 알리바바닷컴을 출범하며 시작한 그룹입니다. 이 회사는 B2B 온라인 상거래를 시작으로 중국 온라인 커머스의 근간으로 성장합니다. 2010년 이후엔 폭발적인 성장을 거치며 엄청난 부를 축적하고 다양한 분야로 진출합니다. 특히 알리페이를 기반으로 금융업에 집중합니다. 최근에는 오프라인 유통회사 인수는 물론, 금융업부터 보험업에 이르기까지 거의 모든 분야로 비즈니스를 확대하고 있습니다.

텐센트는 더욱 놀라운 기업입니다. 1998년 마화텅马化腾이 창업한 텐센트는 PC용 메신저앱 '큐큐QQ'로 사업을 시작했습니다. 이후 카카오톡을 모방한 메신저 앱 '위챗'을 출시하며 큰 성공을 거두죠. 여기서 번 돈을 모두 게임산업에 투자했습니다. 2015년 이후, 게임산업이 폭발적으로 성장하면서 거대 기업으로 성장한 텐센트는 이제 방송, 금융, 보험 등 거의 전 분야로 사업을 확대하고 있습니다. 2017년 매출의 50퍼센트를 게임으로 올린 텐센트는 여전히 세계 최고의 게임기업입니다. 어른들이 게임을 마약처럼 유해 물질로 규정하고 있는 우리 문명에게는 생소한 팩트입니다.

두 중국 기업은 이렇게 정의할 수 있습니다.

'중국의 거의 모든 비즈니스에 관여하는 기업. 단 오로지 포노 사피엔스만을 대상으로 비즈니스를 하는 기업.'

이 두 기업이 아시아에서 포노 사피엔스를 대상으로 비즈니스를 실천하는 대표적인 기업입니다. 아시아도 포노 사피엔스 문명이 표준이라는 것, 이것이 자본이 전하는 혁명의 메시지입니다.

아시아 10대 기업 중 유일하게 랭크된 우리나라 기업은 10위의 삼성전자입니다. 삼성전자는 10대 기업 중 유일하게 공장을 보유하고, 직접 상품을 제조하는 제조기업이기도 합니다. 삼성은 제조기업으로는 이제 벤치마킹할 기업이 없을 정도로 세계 최고입니다.

그럼 삼성전자의 성장 비결을 풀어보겠습니다. 삼성전자의 주력 생산품은 메모리 반도체입니다. 2018년 3분기 이익의 77퍼센트를 반도체에서 냈습니다. 메모리의 영업이익은 무려 70퍼센트, 즉 100원에 팔아 70원을 남긴 셈이죠. 이런 수익률은 오직 하나의 상황에서만 가능합니다. 수요는 폭발하고 공급이 못 따라간 경우입니다. 세계 7대 플랫폼 회사들은 갈수록 늘어나는 고객들로 인해 더 많은 서버가 요구되고, 이로 인해 메모리 수요가 폭발하고 있습니다. 메모리 가격이 떨어질 거라 예상했지만, 포노 사피엔스 마켓이 확대되어 예상 외로 수요가 크게 늘어난 것이죠. 스마트폰과 디스플레이사업 부문에서도 큰 이익을 냈습니다. 모두가 포노 사피엔스 마켓 관련 분야입니다. 삼성전자의 성공이 전 세계 제조기업에 전하는 메시지 또한 명확합니다. 포노 사피엔스 시대에 수요가 급증하는 분야에서 '초격차'의 기술력을 보이라는 것, 그리고 문명의 표준을 다시 생각해보라는 것입니다.

유튜브를 하고 SNS도 더 해라

이 시대의 세계 투자 자본이 선택한 기업은 포노 사피엔스 시대의 리더 기업들입니다. 앞서 언급한 세계 7대 플랫폼기업들(애플, 아마존, 구글, 마이크로소프트, 페이스북, 알리바바, 텐센트)의 시가총액 합계는 무려 4조 4천억 달러(약 5천조 원)를 넘었습니다. 불과 1년 전 3조 5천억 달러(4천조 원)이 채 안 되었는데, 1년 사이 무려 1조 달러(약 1천조 원) 이상이 이 기업들에게 추가 투자되었습니다. 우리나라 코스피, 코스닥기업들의 시가총액은 모두 합해야 2천조 원에 불과합니다. 우리나라 기업 전체 가치의 2배가 넘는, 무려 4조 4천억 달러의 자본이 오직 이 7개의 포노 사피엔스 중심 기업들에 집중된 것입니다.

자본의 메시지는 분명합니다. 포노 사피엔스 소비 문명을 따라가는 기업들에게 투자하겠다는 것입니다. 이것이 우리 기업들이 명심해야 하는 가장 중요한 전략 수립의 방향입니다. 미래를 준비하는 청년들도 포노 사피엔스 시대의 문명에 집중해야 합니다. 이제 과거와는 다른 패러다임의 새로운 생각이 필요한 시대입니다.

앞서 이야기했지만, 우리 사회의 보편적 상식을 감안한다면 이건 참 어려운 일입니다. 그동안 스마트폰으로 인한 부작용에 대해서만 민감하게 언급하던 우리 사회에서 그 생각을 완전히 반대로 돌려야 하기 때문입니다.

우리의 상식이 가장 잘 드러나는 분야는 바로 교육입니다. 교육에 관한 상식을 보면 디지털 문명에 대한 우리의 생각을 읽어볼 수 있습니다. 우리 사회는 아이들 교육에서 스마트폰을 기반으로 하는 문명을 지나치게 배제합니다. 가장 좋은 교육은 수능 보기 전까지 스마트폰을 못 쓰게 하는 것이라고까지 이야기합니다. 그리고 암기 교육, 객관식 문제풀이 교육에 매달립니다. 스마트폰도 못 쓰게 하고, 유튜브도 못 보게 하고, 페이스북이나 인스타그램도 못하게 합니다. 마약처럼 취급되는 게임은 절대 '접근 금지'입니다. 그래서 열심히 암기 위주의 공부를 하면 좋은 대학에 들어갑니다. 그렇게 대학에 가서도 어른들이 정해놓은 틀 안에서 공부하며 포노 사피엔스 문명에 대해 저급한 문명이라고 폄하합니다. 이후 모두가 좋다고 하는 스펙을 가지고 대학을 졸업합니다. 그런데 말이죠, 안타깝게도 이렇게 만들어진 인재는 세계 7대 기업에 입사할 수 없습니다. 포노 사피엔스 시대의 문명을 모르는 사람을 뽑을 리가 없기 때문입니다. 이제는 디지털 문명으로의 전환이 필수적인 우리 기업들도 새로운 문명에 대한 이해도와 기획 능력이 뛰어난 인재들을 뽑고 싶어 합니다.

세계 문명을 생각한다면 아이들에게 이렇게 이야기해야 합니다.

"스마트폰은 앞으로 필수니까 적절하게 잘 사용할 줄 알아야 한다. SNS는 이제 기본 커뮤니케이션 수단이니 어려서부터 활발하게 잘 쓸 줄 알아야 한다. 유튜브는 검색뿐 아니라 직접 방송도 해보고 경험을 많이 쌓아야 한다. 이제 게임은 하나의 스포츠란다. 어려서부터 인기 있는 게임은 좀 배워두고 방송도 볼 줄 알아야 한다."

이렇게 말하고 실천할 수 있을까요? 어렵지만 그렇게 해야만 한다고 말씀드리고 싶습니다. 나의 생활도, 나의 업무도 이런 각도에서 다시 바라봐야 합니다. 회사에서도 SNS 활동을 잘 할 수 있도록 KPI(Key Performance Indicator, 핵심성과지표)에 반영해줘야 하고, 페이스북이나 인스타그램, 유튜브 활동을 잘하는 사람에게 가점을 줘야 합니다. 고객을 모르고서는 그들을 사로잡을 수 없습니다. 포노 사피엔스 시대를 표준으로 삼고 그에 맞는 세계관을 가져야 합니다.

"우리는 움직이며 소비합니다"

포노 사피엔스는 스마트폰을 신체의 일부로 여기며 삶의 방식을 재정의한 사람들입니다. 스마트폰이라는 디지털 커넥터가 손에 붙으면서 전혀 새로운 방식의 삶을 살기 시작했죠. 뉴욕대 스턴 경영대학원Stern school of Business의 스콧 갤러웨이Scott Galloway 교수는 이 새로운 인류의 삶에 지대한 영향을 미친 4개의 기업에 관한 책을 썼습니다. 2017년 출간한 《플랫폼 제국의 미래》입니다. 그가 책에서 'The Four'라 언급한 4개의 기업은 애플, 구글, 아마존, 페이스북입니다.

인류의 삶을 바꾼 4대 기업

4개의 기업은 사실 인류의 삶을 바꾼 기업들입니다. 애플은 10년간 30억이 넘는 사람들이 스스로 스마트폰을 사용하게 만든 기업입니다. 아이폰의 창조자 스티브 잡스는 순식간에 인류를 스마트폰 문명으로 이동시켰습니다. 갤러웨이 교수가 아이폰의 성공 요소로 꼽은 것은 유희에 대한 욕망입니다. 아이팟이라는 제품을 탄생시켜 음악이라는 인류 공통의 소비재를 장악한 애플은 진정한 괴물, 아이폰을 만들어 비디오와 게임도 장악합니다. 거기에 모든 사람들이 실시간으로 연결해 즐길 수 있는 '앱'이라는 생태계를 조성했습니다. 인류는 엄청난 속도로 아이폰과 앱의 생태계에 빠져들며 새로운 방식의 유희에 몰입합니다. 유희에 관한 모든 욕망을 차지한 애플은 견고한 '아이폰 생태계'를 구축하고 강력한 팬덤에 힘입어 새로운 디지털 문명의 창시자가 된 것입니다. 또한 'The Four'의 근간을 만든 기업이기도 하죠.

스마트폰이 인류의 손에 들리자 구글은 인간의 뇌 활동을 재정의합니다. 검색을 통해 세상의 거의 모든 지식을 실시간으로 파악할 수 있게 된 인류는, 더 이상 많은 지식과 숫자를 암기할 필요가 없게 되었습니다. 학습의 방식도 텍스트 위주에서 동영상으로 전환합니다. 구글의 유튜브는 이제 거의 모든 것의 학습을 동영상으로 가능하게 합니다. 실제로 유튜브 학습에 익숙해진 세대들은 이미 지식 검색을 유튜브로 하고 있고, 텍스트 기반 학습에서 영상 기반 학습으로 교육 문명을 바꾸고 있습니다. 영상 기반 학습은 속도가 빠르고 뇌에 각인되는 과정도 다릅니다. 벌써 이 세대들이 보여주는 학습의 속도는 기존과는 다른 경향을 나타냅니다. 능력의 격차도 엄청나게 벌어지기 시작했죠. 생각의 프로세스, 뇌가 지식을 찾는 방법을 바꾼 기업이 바로 구글입니다.

페이스북은 인류의 심장, 관계와 애정을 재정의합니다. 페이스북을 통해 인간관계를 맺고 감정을 표현하며 인스타그램으로 자신의 일상을 표현합니다. 대화의 절반 이상이 메신저앱을 통해 이루어지는 사회, '좋아요' 버튼을 눌러 감정을 공유하는 사회, 타인과의 교감을 SNS로 만들어가는 사회, 그런 새로운 인류 사회를 만드는 회사가 페이스북입니다. 페이스북뿐 아니라 인스타그램, 위챗, 카카오톡 등 다양한 SNS 관계망이 만들어지고 또 발전하고 있습니다. 이 경험을 바탕으로 인류는 새로운 인간관계를 정의하고 있습니다. 새로운 관계는 새로운 상식을 만들고 새로운 비즈니스의 기회도 만들어갑니다.

아마존은 소비생활을 바꾼 기업입니다. 갤러웨이 교수는 아마존을 인류의 소비에 대한 욕망을 바꾼 기업, 사고 싶다는 생각이 들면 구매하도록 바꾼 기업이라고 말합니다. 이제 아마존은 소비자의 숨겨진 소비 욕망을 각자의 클릭 기록에서 찾아내어 원하는 제품을 추천해줍니다. 전 세계 어디에서 만들어지든, 전 세계 어디에서 구매를 원하든 생산자와 소비자를 연결해 그들의 욕망을 해결해줍니다. 마치 게임을 하듯, 소비자는 버튼을 눌러 구매를 하고 달라진 소비생활을 즐깁니다. 우리나라의 소비 문명도 급격하게 바뀌고 있습니다. 온라인 소비의 대부분은 스마트폰 기반으로 옮겨갔고 최고 매출을 올리는 시간대도 퇴근 시간대로 나타납니다. 퇴근 시간에 스마트폰을 보면서 머릿속에 떠오르는 상품을 실시간으로 구매하는 것이 보편적인 소비 패턴이 된 것입니다.

세계 최고의 인공장기 회사

그런데 주목할 것은 'The Four'의 성장을 견인하는 최고의 하드웨어기업이 우리나라 기업이라는 것입니다. 애플의 최고 제품 아이폰X의 얼굴에는 삼성의 OLED 디스플레이가 붙어 있습니다. 내부의 많은 부품도 삼성반도체 제품입니다. 삼성의 갤럭시는 이제 세계에서 가장 많은 사람들이 손에 들고 있는 스마트폰이 되었습니다. 스마트폰을 신체의 일부로 여기는 사람들에겐 세계 최고의 인공장기 판매회사가 된 셈입니다. 사람들은 삼성 스마트폰의 카메라로 영상을 찍어 유튜브와 인스타그램에 올리고 페이스북에서 방송을 합니다. 그 엄청난 데이터를 저장하는 서버에도 역시 삼성의 메모리가 가득합니다. 알리바바와 텐센트의 서버에도 엄청난 규모의 삼성 메모리가 매일매일 쏟아지는 수천억 개의 소비자 빅 데이터를 처리하고 있습니다. 삼성전

세계 5대 기업과 포노 사피엔스

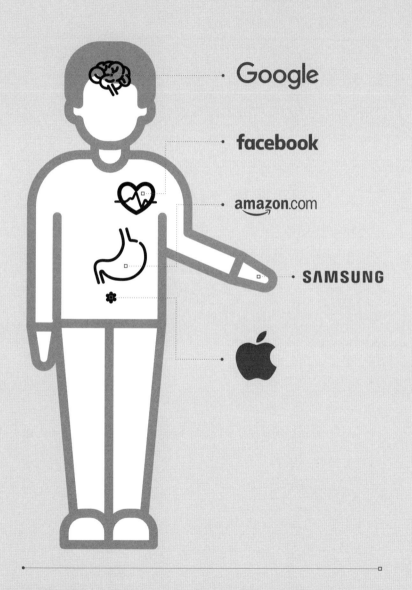

Google

facebook

amazon.com

SAMSUNG

자가 제조기업 중에서 최고의 기업으로 자리 잡은 건 바로 새로운 인류의 디지털 문명 확산에 필수적인 제품을 완벽하게 만드는 기술력을 가졌기 때문입니다.

이는 곧, 제조업 역시 포노 사피엔스 문명의 발전에 따라 새로운 생태계로 재편되고 있다는 증거입니다. 그러고 보니 'The Four'가 아니라 'The Five'라고 해야 정확할 것 같네요. 삼성이 압도적인 기술력으로 제품의 성능과 가격을 낮추지 않았다면 'The Four'의 성장은 없었을 테니까요. 우리 제조업이 포노 사피엔스 시대에도 막강한 경쟁력을 갖고 있다는 것은 참으로 다행입니다. 한편으로는 스콧 갤러웨이 교수의 'The Four'에 언급되지 못했다는 것이 아쉽습니다. 그만큼 스토리가 부족하다는 뜻이기도 하니까요. 우리 제조 기업들이 앞으로 눈여겨볼 대목입니다. 퍼스트 무버가 되기 위해서는 이제 매력 있는 스토리가 필수입니다.

2018년, 영국의 브랜드 가치 평가기관인 '브랜드 파이낸스'가 조사한 TOP5 브랜드는 아마존, 애플, 구글, 삼성, 페이스북의 순으로 나타났습니다. 모두 스마트폰과 관련된, 즉 포노 사피엔스 시대의 대표 기업들입니다. 기성세대에게 익숙한 세계적인 기업이라고 하면 코카콜라, 맥도날드 정도였습니다. 이들이 브랜드 파워에서 밀려난 이유도 생활방식의 변화 때문입니다. TV의 노

예였던 기성세대에게 광고의 힘은 막강했습니다. 아침저녁으로 TV를 켤 때마다 코카콜라 광고가 나왔습니다. 당연히 코카콜라라는 브랜드는 소비자의 머릿속에 새겨질 수 있었고 마트에 가면 자연스레 코카콜라를 선택하게 했죠. 그걸 마시면서 또 한 번 뇌에 브랜드를 새깁니다. 이렇게 해서 코카콜라는 세계 최고 브랜드로 소비자의 뇌리에 남게 됩니다. 누가 질문하든 최고의 음료 브랜드는 코카콜라라고 대답했습니다.

그런데 삶의 방식에 변화가 생겼습니다. 사람들은 TV를 켜지 않게 되었고 자연스레 코카콜라가 머릿속에 새겨질 기회도 줄어들었습니다. 마트에 가도 코카콜라를 떠올리지 않게 되었죠. 요즘 젊은 세대가 찾는 음료는 그들 사이에 유행하는 '어머, 이건 꼭 마셔봐야 해.'입니다. 그러다 보니 코카콜라라는 브랜드는 점차 사람들의 머릿속에 새겨질 기회를 잃게 됩니다. 그래서 설문조사 때에도 더 이상 좋아하는 브랜드가 아니라 그냥 조금 아는 브랜드에 머물게 됩니다. 그 맛도 광고도 뇌에 새겨지지 않는 한, 브랜드 이미지는 자연스럽게 사라져가는 것입니다.

지금의 TOP5 브랜드가 의미하는 바는 포노 사피엔스 시대가 이미 우리의 생각 깊숙이 들어왔다는 겁니다. 생각의 변화는 거의 모든 것의 변화를 만들어냅니다. 그래서 내가 갖고 있는 상식을 다시 돌아보아야 합니다. 과연 나의 오래된 상식, 경험에 의한 지식들이 새로운 표준 문명, 포노 사피엔스 시대에도 유효

한 건지 끊임없이 묻고 재정의해야 합니다. 이 시대가 변해가는
과정에 맞춰 우리의 상식도 변해야 합니다. 그것이 이 시대, 우
리의 숙제입니다.

트럼프가 아마존을 공격하는 이유

세계 7대 플랫폼기업에 축적된 투자 자본 5조 달러는 디지털 문명 전환의 속도를 더욱 빠르게 만드는 힘입니다. 이들의 수익 구조는 저마다 다릅니다. 애플은 제품 판매, 아마존은 유통 매출, 구글과 페이스북은 광고 수익, 마이크로소프트는 소프트웨어 판매를 통해 거대한 수익을 창출합니다. 알리바바는 아마존처럼 유통에서 큰돈을 벌고, 텐센트는 여전히 게임산업이 가장 큰 수입원입니다. 각 기업들은 다른 방식으로 수익을 올리고 있지만 근본적으로 포노 사피엔스들의 자발적 선택에 의존한다는 공통점을 갖고 있습니다. 따라서 포노 사피엔스 문명이 확산되지 않는다면 계속된 성장은 어려워집니다. 그래서 이들 기업에 투자된 5조 달러의 자본은 포노 사피엔스 소비 문명의 생태계 확장에 재투자됩니다. 엄청난 투자의 선순환이 이루어지고 있다는 뜻입니다.

혁명은 위기로 찾아온다

디지털 소비 문명의 확산으로 성공을 거두는 기업은 아마존이 최고입니다. 투자와 매출이 함께 상승하는 선순환의 구조도 가장 안정적입니다. 도서 판매로 시작한 아마존은 일반 상품의 온라인 판매로 확장하더니 비디오사업까지 진출합니다. 가장 많은 수입은 아마존웹서비스AWS라 불리는 클라우드 서비스에서 만들어지고 있습니다. 2017년에는 패션 부문에서 괄목할 만한 성과를 내며 대형 백화점 3분의 1을 폐점하게 하는 위력을 발휘합니다. 토이저러스Toysrus라는 최고의 장난감 체인점도 아마존의 공격을 못 견디고 파산하고 맙니다. 이어 아마존은 알렉사라는 음성인식 어시스턴트가 탑재된 인공지능 블루투스 스피커 에코까지 판매해 제조업까지 성공적으로 진출합니다. 에코는 2017년 아마존에서 가장 인기 있는 상품으로 등극하기도 했죠. 2017년에는 오프라인 유통 기업 홀푸드 마켓Wholefoods Market을 137억 달러(약 15조 원)에 인수하면서 오프라인 유통업계에 충격을 줍니다. 그리고 무인점포 아마존고Amazon Go를 실제로 일반인에게 오픈하면서 앞으로 오프라인 유통이 어떻게 바뀔 것인지 예고합니다. 2018년 백화점 시어스가 파산한 가장 큰 원인으로 아마존에 의해 바뀐 소비 패턴이 거론됩니다. 그 덕분에 트럼프 대통령이 아마존의 CEO 제프 베조스Jeff Bezos를 '잡 킬러Job Killer'

라고까지 비난하기에 이릅니다. 아마존은 지난 10년간 미국 유통의 생태계 자체를 바꾸는 엄청난 도전을 실천했고 그리고 성공적으로 그 변화를 이뤄낸 셈입니다.

많은 투자를 받은 기업은 당연히 다양한 분야로 사업을 확장합니다. 그렇지만 항상 성공하는 것은 아니죠. 오히려 실패할 때가 더 많습니다. 그런데 아마존은 정말 특이한 기업입니다. 진출한 거의 모든 분야에서 의미 있는 매출 신장을 보여주며 엄청난 속도로 성장해왔습니다. 2013년 이후, 불과 5년 사이 주가도 8배 가까이 올랐습니다. 이 데이터가 의미하는 건, 아마존이 지향하는 디지털 소비 문명으로의 전환이 성공적으로 진행되고 있다는 겁니다. 아마존의 비즈니스방식에 만족한 많은 소비자가 몰려가면서 매출이 증가한 것이니까요. 거대한 자본의 투자가 성공적인 성과를 내고 있으니 더 많은 자본이 몰리는 건 당연합니다. 아마존처럼 디지털 소비 문명에 도전하는 기업을 찾아 투자가 확산됩니다. 그리고 투자 자본에 힘입어 디지털 문명의 확산은 더욱 거세게 가속화가 일어나고 있습니다.

안타깝게도, 기존 기업들은 순식간에 파산의 위기에 몰리게 되었습니다. 디지털 소비 문명의 리더 기업에게 몰린 자본의 투자와 매출 증가가 서로 맞물리면서, 투자자와 기업들이 꿈꾸는 선순환의 상승세가 제대로 형성된 것입니다. 아마존 성공의 근본 원인은 소비자의 자발적 선택입니다. 5조 달러의 자본은 거대한 포노 사피엔스 생태계를 만들어가는 에너지원입니다. 미국과 중국의 시장은 이 에너지원을 통해 엄청난 속도로 변화 중입니다. 투자 자본의 메시지를 우리 산업에 적용해보면 왜 우리에게는 이 혁명이 오직 위기로만 다가오는지를 이해할 수 있습니다.

카피캣, 텐센트의 성장

알리바바와 텐센트는 사업의 영역을 문어발식으로 확장하며 자회사 설립 또는 기존 벤처에 대한 지분 투자의 방식으로 중국시장 전체를 디지털화하는 데 앞장서고 있습니다. 두 회사는 한쪽에서는 경쟁하고(알리바바와 징둥닷컴), 또 한편으로는 서로 힘을 합쳐 같이 회사를 설립하기도 합니다. 시장이 성숙하면 다양한 방식으로 사업을 세분화합니다. 알리바바는 B2B 중심의 알리바바닷컴이 성공을 거두자 소비자를 대상으로 하는 오픈 마켓 타오바오몰을 오픈해 성공시키고, 기존 강자였던 이베이e-bay를 중국시장에서 밀어냅니다. 이후 티몰Tmall을 설립해 신뢰할 수 있는 상품을 찾는 사람들을 위한 비즈니스를 추가합니다. 2016년 이후에는 오프라인 유통을 포함하는 거대한 새로운 유통 시스템을 제안하고 이를 '신소매'라고 정의하며 중국을 바꾸는 유통업을 창조하겠다고 선언합니다. 그리고 2년 만에 오프라인 유통(허마셴성)에서도 높은 매출을 올리며 안정적으로 시장에 진입합니다. 이제 중국 유통 문명은 알리바바가 새 길을 열어간다고 해도 과언이 아닙니다.

텐센트의 선전도 놀랍습니다. 위챗이라는 메신저앱으로 돈을 벌어 게임기업들에 투자해서 성공한 텐센트는 게임에서 번 돈으로 인터넷 방송, 은행, 금융까지 대폭 사업 범위를 넓혀가며 중국 문명을 바꾸는 기업으로 성장했습니다. 텐센트는 카피캣으로 유명합니다. 그러나 전혀 부끄러워하지 않습니다. 오히려 미국에서 성공한 디지털 소비방식을 도입하되 중국문화에 맞게 디테일을 가미하는 사업방식으로 많은 중국 소비자들을 열광하게 만들었죠. 그리고 소비자의 선택에 힘입어 중국의 콘텐츠문화와 소비 문명을 바꾸는 대표적 기업이 되었습니다. 이들은 지금도 새로운 벤처에 거액을 투자하며 중국 문명의 디지털화를 가속하고 있습니다.

아시아의 소비 문명을 바꾸는 거대한 힘도 바로 이들 디지털 플랫폼기업에 투자된 엄청난 자본에서 나옵니다. 우리 기업들이 사업 전략을 수립할 때 가장 중요하게 생각할 부분도 바로 이것입니다. 세계의 투자 자본이 매력을 느낄 수 있는 비즈니스 모델, 바로 포노 사피엔스 시장 중심의 사업 기획입니다.

공장을 부수고
무인택시에 투자하다

물론 지금의 비즈니스 모델을 모두 버리고 갑자기 포노 사피엔스 비즈니스로 전환하는 것은 절대 바람직하지 않습니다. 모든 것은 고객 중심으로 이루어져야 합니다. 따라서 시장에서 형성되는 데이터를 바탕으로 디지털 플랫폼으로의 비즈니스 전환이 어떻게 진행되는지 정확히 파악하고 여기에 맞춰 미리미리 준비해야 합니다. 대신 조금은 앞서가야 합니다. 내가 속해 있는 산업군에서 끊임없이 데이터를 확인하는 일은 그래서 매우 중요합니다.

모빌리티 컴퍼니로의 유혹

택시산업을 한번 보겠습니다. 2009년 등장한 우버는 이제 전 세계로 퍼지며 새로운 문명의 상징이 되었습니다. 동시에 '기존 시장 생태계와의 갈등'이라는 상징이 되기도 했습니다. 아직도 우버는 우리나라를 비롯한 세계 곳곳에서 기존 택시회사와 충돌하며 많은 문제를 일으키고 있습니다. 그러나 우버는 돌이킬 수 없는 새로운 비즈니스 모델로 완전히 자리를 잡았습니다. 미국에서는 우버 외에도 경쟁기업인 리프트가 크게 성장했고, 중국에서는 디디추싱이, 동남아에서는 그랩과 고잭Go-jek이 새로운 택시 문명의 상징으로 이미 자리를 잡았습니다. 디디추싱은 하루에 2,500만 건의 거래를 처리할 만큼 성장하고 있습니다. 상장을 준비 중인 디디추싱의 기업 가치는 2017년 기준 560억 달러(약 63조 원)였습니다.

이들의 성장에 따라 다급해진 곳은 오히려 자동차회사입니다. 소비자 데이터 변화에 따라 자동차회사들은 생존 전략을 다시 정리해야 합니다. GM은 2016년 우버의 경쟁 기업인 리프트에 5억 달러(약 560억 원)를 투자했습니다. 그리고 2017년 우리나라 군산공장을 폐쇄해버렸습니다. 우리의 상식으로 보면 심각한 배신입니다. 어마어마한 일자리가 날아가고 생태계가 부서지는 심각한 문제이니까요. 그런데 소비 변화의 데이터를 보면 GM의 행보가 충분히 이해가 갑니다.

지난 10년간 우버와 리프트의 성장으로 미국의 택시시장은 무려 1.5배 성장했습니다. 편리한 서비스에 매료된 소비자가 뜨겁게 반응하면서 만들어낸 변화죠. 이 변화는 엉뚱하게도 자동차산업을 어렵게 만들었습니다. 차량 공유택시와 공유서비스에 익숙해진 미국의 10대와 20대가 차를 구매하지 않는 겁니다. 여기에다 친환경 차에 대한 수요가 늘면서 일반 자동차를 생산하는 GM의 입지가 급격히 줄어들었습니다. 다급해진 GM은 리프트에 거액을 투자해 2025년까지 무인택시를 공동 개발하겠다고 선언합니다. 자동차 제조기업에서 이제는 이동 서비스를 제공하는 모빌리티기업으로 전환하겠다고까지 이야기한 것입니다. 생존의 전략이 무엇인지를 분명히 밝힌 셈입니다.

이 전략을 세계 최고의 자동차기업 토요타가 이어받습니다. 2018년 세계 최대 전자제품 전시회에 토요타의 CEO가 나와 "우리는 이제 모빌리티 컴퍼니Mobility Company."라고 선언합니다. 실제로 토요타는 그랩에 10억 달러를, 또 그 이상을 디디추싱에 투자했습니다. 이들과 함께 인공지능이 운전하는 자율주행 서비스를 선도하는 기업이 되겠다고 발표한 것이죠. 들고 나온 미래의 차 이팔레트e-pallette도 자율주행차량입니다. 부르면 오고, 오면 사용하고, 사용한 후 다시 보내면 스스로 돌아가는 차량입니다. 이것이 미래의 자동차 트렌드임을 세계 1위의 자동차 회사가 제시한 것입니다.

다급해진 현대자동차는 우리나라 카셰어링 스타트기업 풀러스를 포기하고 동남아의 그랩에 3,600억 원을 투자합니다. 세계 자동차회사들의 전략을 감안할 때, 모빌리티 컴퍼니로의 전환이 안 되면 생존은 어렵다고 판단한 겁니다.

2018년 GM은 추가적으로 5개의 공장을 더 폐쇄하겠다고 선언합니다. 그만큼 기존방식의 자동차 수요가 줄어들고 있다는 뜻이겠죠. 우리에게는 극히 유감스러운 일이지만 자동차업계의 모든 전략 수정은 소비자의 선택에 따른 생태계 변화를 반영한 생존 전략입니다. 더 확대해서 크게 성장하겠다는 것이 아니라 자동차문화의 변화에 대응해 적어도 멸종되지는 않겠다는 위기 대응 전략이죠. 자동차 회사들이 2025년까지 정말 완벽한 무인택시를 개발하기는 쉽지 않아 보입니다. 기술이 그리 만만하지 않기 때문입니다. 그러나 다양한 무인 모빌리티 서비스는 지금 수준을 잘 다듬어도 만들 수 있을 것으로 예상하고 있습니다. 그때가 되면 새로운 택시 문명은 기존 택시 문명과 더욱 큰 차이를 보일 게 분명합니다.

공장은 지키면서, 우버는 몰아낸다?

구글 웨이모Waymo는 세계 최고의 기술을 자랑하는 무인자동차입니다. 이미 미국에서 1,600만 킬로미터(약 1,000만 마일) 무인운행 실험을 성공적으로 수행했고 이에 힘입어 2019년부터는 무인운행 시범 서비스를 허가받았습니다. 새로운 협업 비즈니스도 발표했습니다. 월마트와 손잡고 무인자동차를 이용한 고객 서비스를 시작하겠다는 것입니다. 운전이 어려운 고객이 버튼을 누르면 무인자동차가 고객을 방문해서 가까운 월마트 매장으로 직접 모셔가는 서비스입니다. 멀고 복잡한 길을 운행하는 건 어려운 일이지만 이 정도라면 해볼 만합니다. 우리나라 최고의 자율주행차 전문가인 서울대학교 전기정보공학부 서승우 교수는 2015년 제자들과 자율주행차기업 '토르드라이브'를 설립해, 2017년 미국 팰로앨토로 거점을 옮기고 무인택배 실용화 사업을 시작했습니다. 이미 이들이 만든 자율주행차 스누버는 여의도를 비롯해, 복잡한 서울 도심을 3년간 6만 킬로미터 이상 무사고로 시험운행해 성공한 바 있습니다. 다만, 안타까운 건 이 회사가 미국으로 거점을 옮긴 이유입니다. 한국에는 무인자동차에 대한 규제가 너무나 많아 앞을 가로막았고 도저히 풀릴 기미도 보이지 않아, 어쩔 수 없이 미국으로 떠나야 했던 것입니다. 무인자동차에 기반한 택배 서비스가 상용화된다면 그 파급 효과는 어마어마할 텐데 아직 우리 사회의 상식으로는 받아주기 요원한 기술이라고 판단한 것입니다.

포노 사피엔스를 문명의 표준으로 본다면 크게 성공할 기술을 보유한 기업들이 하나둘 우리나라를 떠나는 걸 보면 안타깝기 그지없습니다. GM은 우리 정부에게 다른 제조 공장까지 폐쇄하겠다며 으름장을 놓고 산업은행에서 7억 5천만 달러(약 8천 400억 원)의 투자를 약속받는 한편, 다른 쪽에선 무인택시 개발에 엄청난 돈을 투자합니다. 우리나라는 한쪽으로는 공장이 아쉬워 비싼 세금을 쏟아붓고 한쪽에서는 투쟁을 벌이며 우버방식 서비스의 도입을 막아냅니다. 눈을 돌려 미국, 중국, 동남아의 택시 문명을 보고 있으면 우리 문명은 거대한 대륙 사이의 외딴 섬, 갈라파고스 같은 느낌입니다.

한국의 우버라 할 수 있는 벤처기업 풀러스, 카카오의 카풀 서비스 등 새로운 서비스에 대한 도전은 거대한 시위가 막아서고, 이를 정부는 모른 척 눈감아줍니다. 규제의 만리장성은 점점 더 난공불락이 되고 경쟁 없는 시장을 원하는 기존 산업들은 규제 장벽을 더욱더 강력한 철옹성으로 만들고 있습니다. 공장 폐쇄를 직접 겪으면서도 여전히 연례행사처럼 파업은 준비 중이고 경영진들도 세계시장 경쟁력 확보를 위한 근본적인 혁신보다는 현실 방어에 여념이 없습니다. 대륙이 주도하는 디지털 소비 문명은 이미 세계시장을 혁명적 변화로 이끌고 있는데, 우리만 혼란 속에 기회를 잃어가고 있습니다.

우리가 시장의 기준을 잡지 못하고 우왕좌왕하는 사이 글로벌 경제와의 격차는 점점 더 벌어지는 중입니다. 세계 최고의 디지털 플랫폼기업들이 주력하는 사업 분야도 우리나라에 오면 모두 불법입니다. 빅 데이터를 클라우드에 모으고 이걸 가공해 인공지능을 개발하는 모든 일은 대부분 개인정보보호법 위반에 해당됩니다.

우리 축구가 월드컵 경기에서 독일을 이긴 기적을 두고 앞으로도 이렇게만 하면 된다고 하는 사람은 아무도 없습니다. 시스템을 근본적으로 바꾸고 K리그부터 혁신해야 한다고 말합니다. 축구를 양성하는 시스템부터 달라져야 한다고 말합니다. 이렇게 기준이 높아진 이유는 매일 세계 최고의 축구를 국민 모두가 감상하고 있기 때문입니다. 경제도 다를 바가 없습니다. 글로벌기업들의 시장 쟁탈전을 관심 있게 쳐다보면 우리가 가야 할 길이 보입니다. 세계시장에서 성장하는 기업들이 어떤 시스템을 갖추고 있는지, 인재들은 어떻게 양성하고 있는지, 사회를 운영하는 시스템은 이에 맞춰 어떻게 변화하고 있는지 늘 깊은 관심으로 지켜봐야 합니다. 그러면 알 수 있습니다. 우리의 잘못은 무엇이고, 우리가 생각하고 있는 시장경제와 글로벌시장경제의 차이가 눈에 명확하게 보이기 시작합니다. 우리가 적어도 월드컵 무대에서 존재감을 보여주고 싶다면 세계적인 축구 양성 시스템을 벤치마킹하고 그런 생태계를 구축해야 하듯, 세계시장에서 우리 기업들이 경쟁력을 갖추려면 선진국들이 만들어놓은 새로운 기준을 받아들여야 합니다. 지금 우리에게 필요한 건 바로 새로운 시장의 기준입니다. 그동안 익숙했던 상식을 내려놓고 글로벌시장의 새로운 기준이 된 포노 사피엔스 소비 문명을 받아들여야 합니다. 그것이 글로벌시장경제가 우리에게 전하는 혁명의 경고입니다.

문명의 전환은 모든 국가에 절대적 기회다

알리바바는 중국의 유통을 바꾸는 기업입니다. 자세히 보면 이들의 성공 비결은 포노 사피엔스 시대에 맞춰 고객이 원하는 걸 철저히 실천하는 데 있습니다. 알리바바가 오픈한 오프라인 유통점 허마셴성盒马鲜生은 대형마트시장을 뒤흔드는 돌풍의 주인공입니다. 기존 마트의 평당 매출보다 4배를 올리는 힘은 그동안 축적한 빅 데이터와 빅 데이터 사용법을 적용한 '고객 중심 사업 기획'에 있습니다. 허마셴성 고객의 65퍼센트는 25세에서 35세 기혼 여성층(밀레니얼세대)이라고 하는데요, 그들이 원하는 소비를 그들의 방식대로 해주기 위해 최고의 시스템을 가동 중이라고 합니다. 아마존의 CEO 제프 베조스는 '데이터는 고객의 마음이다.'라고 했습니다. 말하자면 '빅 데이터'라고 쓰고 '소비자의 마음'이라고 읽는 것입니다. 허마셴성의 성공은 이 금언을 제대로 실행한 알리바바의 힘이라고 느껴집니다.

'소비자가 왕'인 시대

데이터에 의한, 데이터를 위한, 데이터의 비즈니스는 다른 말로 '고객이 왕인 비즈니스'라고 할 수 있습니다. 사실 포노 사피엔스가 주도하는 디지털 문명의 가장 큰 특징은 '기업이 왕'인 시대에서 '소비자가 왕'인 시대로 바뀌었다는 것입니다. 손에 쥔 스마트폰 덕분에 어느 기업이든 나를 만족시키는 서비스만 제공하면 순식간에 이동 가능한 시대이기 때문이죠.

어느새 중국은 디지털 문명에 기반하여 소비자에 의한, 소비자를 위한, 소비자의 나라로 변모하고 있습니다. 그래서 중국이 무섭습니다. 중국 공산당은 디지털 문명에 관한 거의 모든 혁신을 선도하며 불과 몇 년 사이 알리바바, 텐센트, 디디추싱과 같은 혁명의 전위병을 키웠고 15억 명의 스마트한 디지털 소비자 군단을 확보했습니다. 이대로라면 2030년경에는 정말 미국과 한번 붙어볼 만하다는 게 세계 경제의 상식입니다. 최근 미국이 중국을 강력하게 견제하는 것은 중국이 미국을 위협할 만한 라이벌로 성장했기 때문이라는 의견이 지배적입니다. 그만큼 중국의 성장은 무섭습니다. 그리고 그걸 만든 건 '소비자가 왕'이라는 정책을 적극 실천한 중국 공산당이라는 걸 명심해야 합니다.

미국과 중국이 디지털 소비 문명을 근간으로 패권 다툼을 하고 있는 지금 우리 문명은 어디에 있을까요? 경제 이슈를 보면 대기업 및 자본가와 노동자 간의 권익 다툼만 한창입니다. 이런 이슈를 다른 나라에서는 정말 찾아보기 힘든데 말이죠. 자본주의와 사회주의의 충돌은 미중 간에도 사라진 이슈입니다. 이념의 충돌이 아닌 시장의 충돌, 무역전쟁만이 뜨거운 상황입니다. 지금 글로벌경제에서는 점점 스마트해지는 소비자를 사로잡기 위한 플랫폼 선점 경쟁이 더욱 치열해졌고 국경도, 정부 역할도 퇴색해가는 현상이 뚜렷해졌습니다. 동시에 글로벌시장경제는 대혼돈의 시대로 진입하고 있죠. 그야말로 시장 혁명의 상황입니다.

우리의 문명 시계는 1980년대에 멈춰선 듯합니다. 기존 시장의 절대 강자인 대기업들과 근로자, 약소기업 간의 불평등관계를 빌미로 정치권의 패권 다툼이 극에 달해 있습니다. 좌파든 우파든, 정치인들은 이 땅에서 장사하려면 소비자가 아니라 정치권력에 잘 보여야 한다는 구시대적 사고를 유지하기에 여념이 없습니다. 그동안 몇몇 기업들이 권력에 잘 보여 부당한 이득을 취했으니 이젠 권력의 힘으로 '기울어진 운동장'을 바로잡겠다는 이야기를 합니다. 여전히 중심은 정치이고 권력입니다. 그래서 화두가 되는 경제 정책을 보면 대기업의 계열사 매각, 중소기업과의 이익공유제, 최저임금 50퍼센트 인상, 주 52시간 근무제한, 소득주도성장 등 온통 정치권력을 이용해 시장을 이념적으로 컨트롤하겠다는 이야기뿐입니다. 혁명 시대의 생존 전략은 한마디도 없습니다.

세계 문명을 리드하는 미국이나 세계 최대 소비시장 중국을 보면, 가장 큰 경제 이슈는 소비자 중심 시장으로의 전환과 디지털 트랜스포메이션에 따른 위기관리 및 기회 창출입니다. 그러나 이들 이슈는 우리 언론 어디에도 언급 한 줄 없습니다. 대륙의 시계가 팽팽 돌아가는 사이 우리는 멈춰진 시계 앞에 모여 부지런히 구호 대결을 펼치고 있습니다. 우리 국민들은 1980년대의 정치적 이념에 매어 있는 사람들이 아닙니다. 이미 전 세계를 다니며 급격하게 달라진 문명을 경험하고 새로운 시대를 맞아 생존의 전략을 준비하는 사람들입니다. 젊은 세대는 새로운 디지털 문명에 대한 욕망이 더욱 강하고 간절합니다. 그들에게는 엄청난 기회이기 때문입니다.

미국과 중국이 선택한 기준

디지털 소비 문명을 즐기는 소비자가 이미 전 세계 50퍼센트에 이르렀습니다. 이들에게는 국경의 의미도 사라지고 있죠. 유튜브는 이미 카카오, 네이버를 꺾고 우리나라 소비자에게 최고의 미디어 플랫폼으로 등극했고 아마존이나 알리바바를 통한 국내 소비자들의 해외 직구도 급격히 증가하고 있습니다. 젊은 소비자들은 우리나라 자동차 노조와 경영진 모두에 염증난다며 같은 값이면 외제차를 구매합니다. 지점도 없는 불편한 카카오뱅크에 680만 명이 넘게 몰리는가 하면 에어비앤비를 이용해 해외여행을 떠나는 인구는 매년 폭증합니다. 그들은 세계 곳곳에서 우버와 디디추싱 같은 서비스를 경험하며 점점 우리 시장에 대한 불편함과 분노를 쌓아가고 있습니다. 우리 기업들이 정치권력 눈치 보느라 소비자를 외면하는 사이, 세계의 기업들은 '왕이 원하는 것은 무엇이든 한다.'는 자세로 혁신을 거듭 중입니다. 그걸 경험한 우리의 소비자들은 이제 국내 기업들을 본격적으로 외면하고 있습니다. 스마트한 이들은 소비자에게 권력이 있다는 걸 깨달았습니다. 늘어나는 해외 소비와 해외 직구 관련 데이터가 그걸 증명합니다.

미국과 중국의 정치권은 지금 문명의 기준을 재설정하는데 가장 큰 힘을 쏟아붓고 있습니다. 급격한 변화로 인한 충격은 최소화하면서 새로운 기회는 최대한 보장하기 위해 온갖 다양한 전략을 구사합니다. 또 디지털 문명의 최고 기업들을 유치하고 양성하는 데 전력투구 중입니다. 세계의 패권을 노리는 두 국가로서는 당연한 전략입니다. 반대로 상대방 기업을 걸고 넘어지는 것도 다반사입니다. 중국이 미국의 플랫폼기업들을 교묘하게 억압하자 미국이 결국 화웨이에게 칼을 빼 듭니다. 최고의 전장은 디지털기업들의 격전장입니다.

문명의 전환은 모든 국가에게 혁신의 절대적 기회입니다. 디지털 문명 시대로의 전환도 위기인 동시에 기회입니다. 혁신의 방향도 매우 바람직합니다. 디지털 문명에서 자기 이익을 위해 소비자의 이익을 무시하는 기업은 자연스레 퇴출됩니다. 권력이 소비자에게로 이동했기 때문입니다. 과거에는 정치권력이 이들의 생존을 보장했지만 지금은 소비자가 직접 생사를 결정합니다. 물론 법적으로 신규 기업의 진입과 경쟁을 보장해야 가능한 일입니다. 이것이 미국과 중국이 선택한 새로운 기준입니다.

이제 스마트한 소비자는 과거와 달리 많은 정보를 습득하고 있습니다. 소비자 입장에서 본다면 자기 이익을 위해 머리띠 두른 노조나, 택시사업자나, 소비자를 무시하는 갑질 경영주나 다 이익집단일 뿐입니다. 과거처럼 특별히 누군가를 보호해줄 이유가 없는 거죠. 좋은 차가 싼 가격에 나오면 사고, 좋은 택시 서비스가 싼 가격에 나오면 선택합니다. 이론적 배경도 탄탄합니다. 대륙에서 일반화된 문명을 왜 우리는 거부하느냐는 겁니다. 기존 자동차와 택시가 외제차나 우버보다 빨리 혁신을 해 나아진다면 물론 더 많은 선택을 받아 살아남겠죠. 그러나 소비자는 안중에도 없이 이념이라는 가면을 쓰고 자기 이익 보호에 눈먼 '깃발'들에게 지갑을 열어줄 바보 소비자는 이제 거의 없다는 걸 인지해야 합니다. 기업 이익에만 눈이 멀어 권력과 손잡고 소비자는 개돼지 취급하는 일부 몰지각한 기업인들도 생각을 바꿔야 합니다.

피할 수 없는 선택

소비자는 더 이상 우물 안 개구리들이 아닙니다. 언제든지 더 나은 서비스를 향해 떠날 준비가 되어 있습니다. 스마트폰을 손에 든 소비자는 선택권을 갖게 되었고 강력한 권력을 손에 쥐었습니다. 그리고 이미 그 권력을 자유의지대로 사용하고 있습니다. 자유경제에 따른 부작용에 대해서도 자정작용을 할 만큼 현명합니다. 일부 정치인들이 영세한 택시기업은 몰락하고 대규모 플랫폼기업들이 성장한다고 문제 삼지만 댓글을 보면 어려운 기업들과 사라져가는 직종은 국가적 지원을 통해 연착륙하도록 지원하자고 목소리를 높입니다. 변화는 수용하되 어려운 곳도 살피자는 것이죠. 소비자가 권력을 갖게 되면 오히려 포용력도 커지고 합리적인 판단도 가능합니다. 세계적인 플랫폼기업들이 늘 소비자가 원하는 바를 살피고 세심하게 배려하는 이유는 소비자들의 비난이 폭발하는 순간, 고객이 대거 이탈하고 이로 인해 심각한 타격을 입기 때문입니다. 그래서 소비자의 권력이 정치권력, 자본권력보다 바람직하다고 이야기할 수 있습니다.

스마트한 소비자들은 이미 좋은 상품과 서비스를 제공하는 외국 기업에게로 옮겨가고 있고 기존방식에 의존하던 우리 기업들은 점점 어려워지는 중입니다. 정치권력의 힘으로 최저임금, 근로시간 같은 법적인 문제만 바꾸면 문제가 해결될 거라는 착각은 이제 내려놔야 합니다. 문제는 높은 지식수준을 갖춘 데다 선택권까지 가진 소비자입니다. 점심 한 끼를 먹을 때도 맛집을 찾아 골라가는 소비자입니다. 마음에 드는 물건을 만나도 검색하고 찾아내어 최저의 가격으로 구입하는 소비자입니다. 이러한 소비 패턴이 급격하게 늘어난 건 데이터가 증명하고 있습니다. 이렇게 나날이 스마트해지는 우리 소비자들에게 이념의 낡은 옷을 입히려는 시도가 계속되는 한 우리 경제의 미래는 어둡기만 합니다. 미국 대륙도, 중국 대륙도 오로지 소비자만 생각하는 패러다임의 전환을 선택해서 판을 흔드는 데 성공했고, 그걸 본 일본과 독일도 새로운 시대로의 전환을 시도 중입니다.

물론 갑자기 한꺼번에 모든 것을 내려놓고 급격하게 바꿀 수는 없습니다. 겨우 확보한 안정된 생계 수단을 쉽게 포기하는 사람은 없습니다. 그것은 어느 시대에나 늘 일어났던 일입니다. 그리고 나라마다 상황에 따라 모두 다른 양상으로 전개되었습니다. 그러니 미국처럼, 중국처럼, 일본처럼 따라 하자고 해서 해결될 문제는 절대 아닙니다. 그래서 생각의 공감대가 더욱 중요합니다. 우리는 더 이상 우리끼리만 잘하면 되는 나라가 아닙니다. 수출이 경제에서 차지하는 비중을 감안할 때, 글로벌 경제에서의 경쟁력은 우리 사회의 지속 성장을 위해 필수적인 요소가 되었습니다. 새로운 일자리를 만들고 산업을 살찌우려면 글로벌경제를 정확하게 이해하고 이를 바탕으로 사회 구성원 모두가 합의할 수 있는 새로운 기준과 공감대를 형성해야 합니다.

지금처럼 기업과 노동자의 대결 구조로 해결될 문제가 아닙니다. 시장의 생태계가 바뀌는 혁명의 시대, 우리는 포노 사피엔스 시대 문명의 기준을 함께 돌아봐야 합니다. 진보와 보수, 모두가 함께 공감할 수 있는 새로운 기준을 마련해야 합니다. 우리는 민주주의 국가입니다. 누구나 다양한 생각과 주장을 펼 수 있는 사회입니다. 좌로 우로, 생각을 달리하는 건 아무 문제가 없습니다. 그러나 사회 구성원이 공감할 수 있는 문명의 기준은 반드시 필요합니다. 기준은 세계와 맞춰야 합니다. 거기서 진보와 보수를 다시 정의해야 합니다. 세계와 동떨어진 문명 기준으로는 어떤 정치 체계로도 번영할 수 없다는 사실을 우리는 이미 역사를 통해 뼈저리게 경험해왔습니다. 더 이상 실수를 반복할 수는 없습니다. 세계의 대륙 문명과 어깨를 나란히 하는 디지털 문명 시대를 향한 혁신, 그것은 우리의 생존을 위한 피할 수 없는 선택입니다.

기술 혁신보다 사람의 변화가 먼저였다

디지털 트랜스포메이션Digital Transformation의 시대냐, 4차 산업혁명The Fourth Industrial Revolution의 시대냐 논쟁이 뜨겁습니다. IT기술의 혁신적인 발전과 그에 따른 상품들이 새로운 시대를 만들어낸 것이냐, 아니면 스마트폰으로 새로운 디지털 문명을 만들어낸 인류에 의해 제조업의 혁명이 뒤따르게 된 것이냐 이런 이야기입니다. 닭이 먼저냐 달걀이 먼저냐의 논쟁처럼 쉽게 풀기 어려운 숙제입니다. 생각해보면 별로 중요한 문제 같지 않은데, 그럼에도 이 이야기를 꺼낸 것은 혁명적 시대를 바라보는 시선과 철학 때문입니다. 우리는 어떤 변화의 선상에 있고 어디로 가는지를 예측하려면, 무엇이 먼저인지는 확실히 살펴봐야 하겠습니다.

다보스 포럼의 의장 클라우스 슈밥은 기술의 혁신이 오늘의 디지털 문명을 만들었다고 하지만, 아무래도 이번에는 사람의 변화가 먼저인 것 같습니다. 모든 데이터들이 그것을 입증하고 있죠. 물론 시작은 인터넷과 스마트폰입니다. 그러니 사람의 변화도 디지털기술이 그 시작이라는 데에는 이론의 여지가 없습니다. 그러나 이번에는 1, 2, 3차 산업혁명 때처럼 제조기술의 혁신이 시장의 혁명을 이끈 것이 아니라 인류 소비 문명의 변화가 혁명을 만들어냈다는 점에서 방향성의 차이가 명백합니다. 말하자면, 기술은 거들었을 뿐인데 소비자들이 스스로 새로운 디지털 문명을 창조하면서 소비시장을 통째로 바꾼 것입니다. 그런 관점에서 본다면 이번 혁명은 산업혁명이 아닌 소비자시장 혁명이라고 부르는 게 더 잘 맞는 듯합니다.

이렇게 되면 과거 산업혁명 때처럼 신기술 도입이 중요한 게 아니라 소비자시장에 대한 명확한 이해가 가장 중요해집니다. 그래서 꼭 짚고 넘어가야 합니다. 인류는 스마트폰을 사용하면서 자발적으로 소비 행동을 바꿨습니다. 이러한 예상치 못한 급격한 행동 변화는 연쇄적으로 시장 생태계 전반에 혁명적 변화를 불러일으켰습니다. 그 변화가 원인이 되어 제조업까지 영향을 받게 되는데, 그것이 슈밥이 언급한 4차 산업혁명입니다. 그렇다면 혁명 시대의 생존 전략은 분명해집니다. 소비시장부터 대륙의 문명, 디지털 문명에 맞춰 시장 기준의 변화를 시도해야 합니다. 과거에 만든 기준들을 디지털 신문명에 맞춰 다시 바라보고 새로운 기준을 생각해봐야 합니다. 대륙에 등장한 새로운 문명 기준들을 잘 살펴보고 우리 문명에 도입하는 것을 적극적으로 검토해야 합니다. 개인도 마찬가지입니다. 이미 대륙에서 창궐한 문명이라면 당연히 내 생각도 바꿔야 합니다. 내 문명의 기준은, 내 상식의 기준은 어디에 있는지 심각하게 짚어봐야 합니다.

팬덤이 소비 혁명을 주도한다

역사가 가장 오래된 세계 공통의 소비재, 음악의 소비 패턴을 보면 소비 문명 변화의 방향과 세기를 읽을 수 있습니다. 그런 측면에서 최근 우리 아이돌 BTS(방탄소년단)의 세계적 인기는 자발적인 '팬덤 소비'가 소비시장에 얼마나 무서운 변화를 가져오는지 확인할 수 있는 매우 특별한 데이터입니다. 시대를 막론하고 10대의 소녀들은 항상 멋진 아이돌 가수들에게 열광합니다. 그러니 BTS를 향한 열광이 특이한 현상이라고 할 수는 없습니다. 달라진 점은 바로 열기의 확산 과정과 그 파괴력입니다.

BTS가 무너뜨린 성벽

데이터를 보겠습니다. 2018년 BTS는 빌보드200 차트 1위를 무려 두 번이나 차지합니다. 기존 미국 음악산업계에서는 BTS

가 5월에 'Fake Love'라는 곡의 인기에 힘입어 1위를 차지할 때만 해도, 충격적이긴 하지만 일시적 인기라고 생각했습니다. SNS를 기반으로 하는 온라인상의 인기가 영향력이 커지긴 했으나 여전히 TV, 라디오, 콘서트 등 기존 음악 유통망의 영향력이 더 막강하다고 믿었기 때문입니다. 테일러 스위프트, 비욘세 등 미국 내 최고의 가수들도 새로운 음반을 내고 나면 거의 한 달간 미국 전역을 돌면서 콘서트부터 방송까지 엄청난 활동을 소화하며 인기 몰이를 하는 게 상식이었습니다. 그게 당연한 마케팅 패턴이었습니다.

빌보드200 차트는 앨범 판매 금액(음원 판매 금액은 환산 합산)을 집계한 것으로 핫트랙과 함께 진정한 음악의 왕좌를 결정 짓는 메이저 차트입니다. 모든 데이터를 앨범 판매량으로 환산해 집계하기 때문에 SNS상의 인기만으로 1위를 차지하기 어렵고 수익에도 큰 영향을 미치는 차트입니다. 그래서 기존 미국의 음악 비즈니스업계는 외국 노래가 SNS상의 인기만으로는 쉽게 허물 수 없는 거대한 성벽과도 같았습니다. 오랜 빌보드 역사에서도 외국어 노래가 이 차트 1위를 차지한 건 10번이 채 안 되고 그나마 마지막 1위도 2006년이었다고 합니다. 그런데 BTS가 그 거대한 성벽을 일거에 허물어버린 것입니다, 유튜브에 뮤직비디오만 올렸을 뿐인데 아무 오프라인 활동 없이 메이저 차트를 점령해버린 것입니다. 그것도 3개월 사이 두 번씩이나요.

기존 음악 비즈니스 유통망의 도움 없이 이런 성과를 냈다는 것 자체가 미국 음악계에 엄청난 충격을 주었습니다. 이것이 팬덤 소비의 위력입니다. 천만 명이 넘는 BTS의 팬클럽 ARMY는 신곡 뮤직비디오가 발표되자마자 전 세계로 영상 링크를 실어 나르며 무려 70개국에서 아이튠즈 다운로드 순위 1위를 차지하게 합니다. 그들의 전파력은 기존 음악 유통망에 비해 훨씬 빠르고 강력합니다. 천만 명의 자발적인 온라인 마케터가 24시간 비상 대응 체계를 갖추고 활동하기 때문입니다. 뮤직비디오만이 아닙니다. 신곡 뮤직비디오를 처음 보면서 감동하는 리액션 영상이 순식간에 유튜브를 타고 전파되면서 조회 수가 곧 수십만에 이릅니다. 이 열기는 곧 전 세계로 확산되고, BTS 뮤직비디오는 10대라면 꼭 봐야 하는 콘텐츠로 각인됩니다. 그 덕에 많은 팬들이 새롭게 생겨나고 BTS 콘텐츠는 유행처럼 번집니다. 이로 인해 음원의 다운로드는 폭발적으로 증가하고, 이 현상은 다시 음반 판매로 이어집니다. 심지어는 관련 기념품까지 엄청난 판매를 기록하게 되죠. 팬덤은 자본이 만드는 마케팅과는 비교할 수 없는 효과를 발휘합니다. 바비인형을 판매하는 세계적인 완구기업 마텔이 2019년에 BTS 멤버를 바비인형처럼 만들어 판매하겠다고 발표했습니다. 그리고 당일 이 회사의 주가가 7.8퍼센트 폭등했습니다. BTS의 팬덤이 어느 정도의 위력을 갖고 있는지 보여준 사례입니다.

물론 이 모든 건 BTS의 음악과 밴드의 매력이 뛰어났기 때문에 가능한 일입니다. 거대한 글로벌 팬덤을 만들 만큼의 강력한 킬러콘텐츠가 있었기에 소비자들이 자발적으로 확산시킨 것이죠. BTS의 성공은 이제 온라인에서의 히트가 음악시장 자체를 장악하는 힘이 생겼다는 걸 보여줍니다. 음악을 유통하는 비즈니스 생태계에 작은 영향력으로 인식되던 SNS에서의 인기와 유튜브, 아이튠즈, 스포티파이 등 디지털 플랫폼의 역할이 이제는 기존의 오프라인 유통을 위협하는 거대한 세력이 되었음을 BTS가 입증한 셈입니다. 음악 유통에 가장 강력한 힘을 갖고 있던 TV와 라디오 등 방송 매체는 이미 절대권력을 상실했고 그 자리는 디지털 플랫폼이 차지했습니다. 디지털 플랫폼에서의 음악 인기는 소비자가 정합니다. 진정으로 소비자가 왕이 된 셈이죠. 이로 인해 팬덤은 새로운 권력이 됩니다. 얼마나 많은 팬을 갖고 있느냐가 얼마나 많은 광고비를 쓸 수 있느냐보다 훨씬 더 중요한 가수의 성공 요인이 되었습니다.

ARMY는 위대했다

BTS의 성장 과정은 바로 이 현상을 증명해낸 세계 대중 음악사의 새로운 기록입니다. 대한민국에서 아이돌로 성공하기 위해서는 YG, SM, JYP 소속이 아니고는 어렵다는 것이 정설이었습니다. 이유도 명확합니다. 아이돌을 키워내기 위해서는 오랜 기간 동안 엄청난 투자가 필요하고 음악을 확산시키는 데도 많은 마케팅 비용이 필요하기 때문입니다. 방송국, 광고계, 음반업계 등 기존 음악 네트워크와의 관계도 매우 중요하죠. 그래서 대기업이 아니고는 이런 투자를 감당하기 어렵고 반짝 인기가 있더라도 오래 유지하기 어렵습니다.

그런데 BTS는 벤처기업 빅히트엔터테인먼트 소속입니다. 방시혁 대표는 JYP의 박진영 대표와 함께 일하다 독립해 이 회사를 차립니다. 좋은 곡을 만들고 좋은 가수를 만드는 데 자신이 있었던 그는, 음악만 좋고 가수만 좋다면 대규모 투자 없어도 성공할 수 있다고 굳게 믿었습니다. 그렇게 발굴한 보이밴드가 바로 BTS입니다. 자본도 네트워크도 취약했던 벤처 기획사의 신인 가수가 팬들을 확보할 수 있는 방법은 오직 디지털 플랫폼밖에 없었습니다. TV, 라디오, 방송 매체에 자주 나올 수 없었던 BTS는 데뷔부터 유튜브 방송을 이용합니다. 그 유명한 유튜브 '방탄TVBANGTAN TV'입니다. 또한 BTS는 팬들과의 소통은 오로지 디지털 플랫폼에서 하겠다는 전략을 취하죠. 자신들의 춤과 음악이 매력적이라면 팬들이 저절로 생길 거라고 믿은 겁니다. 거대한 음악 비즈니스계의 상식으로 본다면 참으로 순진하고 어리석은 생각이었죠. 그런데 반전이 일어납니다.

오로지 유튜브 방송을 통해 팬들을 키워나가던 BTS는 그들이 열광할 만한 음악과 군무를 보여주며 해외로부터 엄청난 팬층을 만들어갑니다. 국내보다 해외에서 먼저 그들의 매력을 알아본 열광적인 팬들이 SNS를 기반으로 빠르게 확산됩니다. BTS의 데뷔 때부터 팬들은 ARMY라는 팬클럽을 결성하고 보다 조직적으로 BTS를 위한 온라인 팬덤 활동을 하기 시작합니다. 결성 초기에는 아이돌의 팬덤인 만큼 국내 경쟁 아이돌 팬클럽과의 충돌로 과격한 행동도 많이 했고 부작용도 있었지만, 시간이 가면서 국내보다는 미국과 해외에서 더 큰 팬덤을 형성하며 조직적 마케팅을 시작합니다. 특히 2017년 이후에는 전 세계로 거대한 팬덤 네트워크가 형성되면서 이들이 BTS 인기 전파의 핵심 역할을 담당합니다. BTS의 트위터는 이제 팔로워만 1,800만 명(2019년 1월 기준)에 이릅니다. 2017년 세계에서 가장 많은 트윗을 만들어내면서 〈타임〉이 선정한 미래의 세계 리더 50인에도 선정되었죠. 방탄TV의 구독자 수도 이미 1,400만 명(2019년 1월 23일 기준)을 넘어섰습니다. 이 네트워크는 BTS의 신곡들이 발표와 함께 전 세계로 확산되는 데 엄청난 힘을 발휘합니다. 과거 전통적인 방송과 콘서트가 갖고 있던 파워를 이제는 SNS를 통해 연결된 팬덤이 갖게 된 것입니다.

소비자가 남긴 데이터

프랑스의 미래학자 자크 아탈리Jacques Attali가 이야기했듯이, 음악의 소비 패턴은 곧 다른 소비 문명으로 확산됩니다. 최근에는 이 변화의 속도가 더욱 빨라지고 있습니다. 오프라인 기반의 소비 문명이 디지털 플랫폼으로 옮겨간 것도 그리 오래된 일이 아닌데 이제는 그에 더해 팬덤이 소비를 주도하는 시대로 이동 중입니다. 이로 인해 기존 비즈니스 생태계의 힘은 점점 줄어들고 새로운 소비 문명은 급속히 확장됩니다. 수비하는 입장에서 보면 엄청난 위기지만 공격하는 입장에서 보면 과거에는 상상도 할 수 없던 기회가 열린 셈입니다. 팬덤 기반의 소비 문명은 앞으로 1~2년 사이 또 다른 모습으로 변화할 것입니다. 미처 새로운 비즈니스 모델을 파악하기도 전에 새로운 모델이 등장하는 형국입니다. 그것이 디지털 문명의 특성입니다. 그래서 열심히 학습해야 합니다.

안타깝게도 이 변화는 어디에서도 가르쳐주지 않습니다. 확인할 수 있는 방법은 오직 하나, 소비자가 남기는 데이터를 통해 과거를 읽어내고 미래를 예측하는 것입니다. 음악이라면 뮤직비디오의 조회 수, 트윗 수, 음반 판매량, 음원 판매액, 팬 커버 영상 수 등 가능한 한 모든 데이터를 다 수집하고 이를 분석하여 소비자들이 만들어가는 새로운 소비 생태계를 이해하는 작업이 필요합니다. 그리고 새로운 생태계에 맞춰 음악산업을 새롭게 정의하고 가수와 팬덤을 육성하는 전략이 필요합니다.

음악 소비 변화가 내가 속한 산업 분야에 찾아온다면 어떤 일이 벌어질지 생각해보시기 바랍니다. 그리고 현재까지 얼마나 그런 일들이 현실이 되었는지 데이터를 통해 확인해보세요. 데이터를 바탕으로 새로운 생태계를 이해하십시오. 이러한 분석에 기반해 새로운 비즈니스 모델을 만들어내는 작업이 바로 퍼스트 무버가 되는 길입니다. 모든 답은 이미 데이터가 알고 있습니다. 단지 우리가 보고 있지 않을 뿐입니다. 이래서 디지털 플랫폼 비즈니스에서는 빅 데이터의 분석 능력이 가장 중요합니다. 데이터를 읽는 힘을 가지면 새로운 세계가 보이기 시작합니다.

저도 ARMY입니다. 특별히 활동은 안 하지만 뮤비도 열심히 보고 더욱 성공하기를 온 힘을 다해 응원합니다. 세종대왕의 한글 창제 이후 이렇게 많은 사람들에게 한글을 전파한 영웅은 없었습니다. 이렇게 멋진 음악을, 이렇게 환상적인 콘서트를, 이렇게 건강하고 아름다운 메시지를 만들어 세계를 감동시킨 우리의 청년들을 사랑하지 않을 수가 없습니다. 대규모 자본 투자나 네트워크의 도움 없이 유튜브를 통해 5년 만에 세계적인 가수가 될 수 있다는 걸 보여준 BTS. 기존 사회의 통념을 넘어 새로운 팬덤 소비를 창조한 그들이 앞으로는 또 어떤 새로운 퍼스트 무버의 지평을 열어갈지, 벌써부터 너무 궁금하고 설렙니다.

8천만의 롤드컵

올림픽의 8배 시장효과로 증명한 것

2017년 베이징에서 개최된 롤드컵(리그오브레전드 월드컵챔
피언십) 결승전. 우리나라의 SKT T1 팀과 삼성 갤럭시 팀이 맞붙
은 이 경기의 시청자 수는 몇 명이었을까요? 온라인으로만 방송
되었던 이 게임의 시청자수는 무려 8천만 명에 달했습니다. 세
계 스포츠 시장에서 하나의 이벤트로 8천만 명의 시청자를 만들
어낼 수 있는 종목은 그리 흔하지 않습니다. 전 세계 겨울 스포
츠의 꽃이라고 불리는 2018 평창 동계올림픽 개막식 시청자 수
도 천만 명에 불과했으니까요. 숫자로 보자면 게임산업은 이미
엄청난 스포츠산업으로 성장했습니다. 북미에서는 시장 규모로
추산할 때 미국 4대 프로 스포츠 중 하나인 아이스하키를 이미
넘어섰다고 합니다. 그만큼 e-스포츠는 전 세계인이 즐기는 스
포츠가 되었습니다.

축구는 스포츠고 게임은 마약이다?

이렇게 게임이 여가를 즐기는 새로운 문명이 되었건만 우리나라 어른들의 시선은 아직도 싸늘하기만 합니다. 국회에서는 틈만 나면 게임산업을 마약이나 도박산업으로 분류하겠다고 벼르고 있습니다. 아직도 이들의 눈에는 게임은 건전한 스포츠가 아니라는 것이죠. 롤드컵 결승전에 8천만 명이 몰렸다는 데이터를 우리나라 국회에 제시한다면 틀림없이 이렇게 얘기할 것 같습니다. "그것 봐라. 이렇게 중독된 사람들이 많다. 그러니 마약이 아니냐. 규제를 더욱 강화해야 한다." 이것이 대한민국 국민을 대표하는 사람들의 생각입니다. 가슴이 콱 막힙니다.

청년들의 이야기를 들어보겠습니다. 저는 학생이 게임을 즐기는 것을 허락하는 쪽입니다. 과거에는 같이 게임도 즐기고는 했는데, 이제는 수준 차이가 나서 함께하지는 못하지만 굳이 말리지 않습니다. 그들이 즐기는 문화라고 생각하니 말릴 이유가 없습니다. 한 학생이 그러더군요. 2017년도 롤드컵 결승전을 집에서 보고 있었답니다. 중국의 심장 베이징 한복판에서 4만 명이 넘는 관중이 운집한 가운데 대한민국 팀끼리 결승전을 벌이는 장면이 정말 짜릿했다고 합니다. 열심히 응원하며 인터넷 방송을 보고 응원의 댓글도 달면서 열광하고 있었는데 아빠가 들어오셨답니다. 아들이 보고 있던 방송이 게임방송이라는 걸 알아챈 아빠는 몹시 화를 내며 등짝 스매싱을 날렸다고 하네요. "이제는 게임을 하다 하다 TV중계까지 보냐? 도대체 뭐가되려고 그러냐?" 이런 내용으로 야단을 맞은 겁니다. 학생은 "죄송합니다." 하고 컴퓨터를 껐습니다. 그런데 아빠는 태연하게거실 소파에 앉아 TV를 켜시더니 영국 프리미어리그 축구 경기를 보시더랍니다.

학생이 제게 묻습니다. "롤드컵 결승이랑 축구 경기랑 대체 무슨 차이가 있는 거죠?" 어른들은 쉽게 이야기합니다. "축구는 건전한 스포츠고 게임은 마약이잖아." 정말 그럴까요? 우리가 스포츠라고 정의하는 건 그 시대 문명의 시각에 따라 달라집니다. 영국에서 출발한 축구도 지금처럼 세계인이 즐기는 스포츠로 성장하기까지 엄청난 변화의 역사를 겪어왔습니다. 사실 영국의 프리미어리그를 우리나라 안방에서 즐기게 된 것도극히 최근의 일입니다. 영국은 엄청난 노력을 통해 자국에서 벌어지는 축구 이벤트를 세계인의 안방에서 즐기는 글로벌 이벤트로 확장시켰고 시장 또한 엄청난 규모로 키웠습니다. 과거 영국의 도시들에서만 벌어지던 이벤트와는 격이 달라졌고 관련산업도 폭발적으로 성장했습니다. 이제 프리미어리그는 국가자산이 되었고 일자리도 창출하는 중요 산업이 되었습니다. 스포츠산업이 추구하는 가장 모범적인 성공 사례라고 할 수 있습니다.

그래서 모든 스포츠는 프리미어리그처럼 성공하는 날을 꿈꾸며 생태계를 키우고 확산하는 일에 매진합니다. 그렇다고 모두가 다 축구처럼 성공하지는 못하죠. 그만큼 많은 팬을 확보하기가 쉽지는 않기 때문입니다. 게임은 최근 가장 빠르게 성장하는 스포츠산업이라고 할 수 있습니다. 팬들의 규모나 열정 측면에서는 어마어마한 신성장 스포츠가 되었죠. 다만, 우리 문명에서는 아직 스포츠라고 제대로 평가하지 않습니다. 어른들의 기준에 스포츠는 서양에서 유래한 오래된 역사의 것이어야 하나 봅니다.

2018 자카르타 팔렘방 아시안게임에서는 리그오브레전드 LOL(이하 롤), 펜타스톰, 스타크래프트2, 하스스톤, 클래시로얄, 프로에볼루션사커2018 등 6개의 인기 게임이 시범 종목으로 채택되어 젊은 세대에게 큰 인기를 끌었습니다. 특히 우리나라에서 가장 인기 있는 게임인 롤의 결승전 인터넷 방송 때는 서버가 터질 정도로 많은 사람들이 몰렸다고 합니다. 정식 종목도 아니고 처음 채택된 시범 종목이었는데 말이죠. 지상파 인터넷 방송을 담당하는 부서에서는 이제 게임방송을 해야 하는 거 아니냐는 자조적인 반성까지 했다고 합니다. 자발적인 팬층이 얼마나 무서운가를 보여주는 사례입니다.

이대호보다 높은 프로게이머의 연봉

세계적인 인기를 누리는 e스포츠의 대표적 게임 롤의 제작사 라이엇게임즈는 중국 텐센트의 자회사입니다. 텐센트는 이 게임의 가능성을 인지하고 개발 기업인 라이엇게임즈의 지분 100퍼센트를 거액을 들여 인수해버렸죠. 이후 게임을 개발하고 기능을 강화하는 데 그치지 않고 거대한 생태계를 만들기 시작합니다. 국가별로 프로리그를 창설해 우수한 프로게이머를 길러냅니다. 국가별 대항전, 대륙별 대항전 등을 만들어 '보는 게임'으로 더욱 발전킵니다. 이걸 더욱 승화시켜 세계적인 이벤트도 개최합니다. 월드컵 경기를 본떠 롤드컵이라는 세계 챔피언십을 만들고 매년 2억 명 이상이 열광하며 관전하는 스포츠로 발전시킨 것입니다. 롤드컵 결승전 시청자 수 8천만 명은 이렇게 만들어진 데이터입니다. 인기가 높아지자, 롤을 방송하는 전문 방송국을 차려서 운영합니다. 이 방송국에서 세계 최고의 롤 프로게이머 페이커(본명: 이상혁)의 연습 장면을 중계하고 싶다고 해서 계약을 했는데요, 첫 방송에 무려 400만 명이 넘는 사람들이 열광하며 모였다고 합니다. 페이커는 2017년도 정식 연봉만 30억 원을 받아 우리나라 프로야구 최고 연봉자인 이대호 선수(25억 원)를 훌쩍 넘었습니다.

이렇게 해서 텐센트는 롤이라는 게임에 기반한 거대한 스포츠산업 생태계를 보유하게 되었죠. 롤의 인기를 단순히 게임에 묶어두지 않고, 스포츠 이벤트로 발전시키면서 축구나 야구가 성장했던 길을 따라 전 세계 신인류들이 즐기는 스포츠산업으로 키워가는 중입니다. 게임기업들은 엄청난 수입을 올리면서 청년들이 좋아하는 질 좋은 일자리도 많이 만들었습니다. 롤 관련 산업을 육성하는 데에는 아무래도 나이 많은 경험자보다 게임문화를 잘 아는 청년층이 절대적으로 필요합니다. 그래서 e스포츠 분야에서의 일자리는 청년 일자리가 대부분입니다. 이런 생태계를 구축하고 발전시킨 노하우는 텐센트의 핵심 역량으로 자리 잡아 e스포츠를 더욱 강력한 비즈니스 모델로 만들어가고 있습니다. 세계 8위 기업의 위엄입니다.

우리는 익숙하지 않은 것에 대해 도전하려는 생각보다는 두려움에 주저하는 성향이 있습니다. 스마트폰 등장 이전 PC 기반의 게임 시대에 대한민국에는 엄청난 인기를 끈 게임들이 많았습니다. 그에 따라 산업도 크게 성장했죠. 엔씨소프트, 넥슨 같은 기업들이 세계시장을 휩쓸면서 거대 기업으로 클 수 있었습니다. 그러나 곧 부작용에 눈을 떠버립니다. 너무 많은 사람들이 게임에 중독되어 부작용이 심각하다고 판단했고 그래서 가능한 한 많은 규제를 만들어 이를 최소화하려고 노력했습니다. 그 결과 게임산업이 무너지고 말았죠.

미국과 중국은 같은 데이터를 다르게 읽었습니다. 너무 많은 사람들이 열광하며 중독이 일어난다면 그건 스포츠로 발전할 가능성이 크다고 본 겁니다. 그러고 보니 축구도, 야구도 중독성이 강합니다. 축구팬은 새벽에 일어나 프리미어리그를 시청하고, 야구팬은 매일 저녁 4시간을 프로야구 시청에 할애합니다. 엄청난 수의 팬들이 중독에 가까운 열정이 있어야 프로 스포츠로 발전할 수 있습니다. 사실 축구에 중독된 전 세계 팬들은 게임보다 훨씬 많지 않을까요? 텐센트는 중독에 가까운 롤의 인기를 밑거름으로 거대한 스포츠 이벤트를 기획하고 산업 생태계를 구축하는 도전에 나선 겁니다. 게임을 즐기는 문명이 비록 낯설기는 하지만 신산업으로 육성할 만한 기회를 준다고 생각한 것이죠. 퍼스트 무버에 도전한 겁니다.

우리의 눈높이는 너무 어른들 생각에 고착되어 있는 게 아닐까요? 어른들의 판단에 따라 부작용만 생각하다 새로운 산업과 일자리를 만드는 기회는 여전히 놓치고 있는 게 아닐까요? 이미 충분한 재능과 가능성을 입증했는데도 말이죠. 게임이 거대한 스포츠산업으로 성장한 건 이제 미국과 중국, 유럽 대륙에서는 상식이 되어버렸습니다. 우리는 그 상식이 산업을 낳고, 일자리를 낳고, 번지고 번져 우리에게 다시 돌아올 때쯤이 되어야 받아들이려나 봅니다. 하지만 그때는 우리에게 그렇게 많은 기회가 남아 있지 않을 것입니다.

퍼스트 무버는 꼭 제조업에만 있지는 않습니다. 이제 어른들이 눈높이를 달리해야 할 때입니다. 데이터로 보자면 게임은 마약이 아니라 당당한 스포츠입니다. 8천만의 데이터를 보고 '이러니 중독이 심각한 거지.'와 '이 정도면 프로 스포츠로 발전시켜도 되겠다.' 중에서 어떤 시각을 취해야 할까요? 퍼스트 무버가 되려면 말입니다. 이것이 게임산업이 우리에게 던지는 질문입니다. 위기를 막아내기 위해 기회조차 막는다면 우리에게 미래는 없습니다.

위험하지만 배워야 할 숙명

저는 학생들에게 게임도 즐길 줄 알아야 한다고 얘기합니다. 세계 최고의 게임기업인 텐센트가 세계 10대 기업 리스트에 오를 만큼, 이제 게임은 전 세계인이 즐기는 중요한 산업이 되었습니다. 그러니 그 본질을 잘 알아야 합니다. 이런 제 생각에 많은 학부모님들과 선생님들이 우려를 표합니다. 청소년의 게임 중독이 너무 심각해서 그렇게 가벼이 생각해서는 안 된다는 것이죠. 저도 100퍼센트 동의합니다. 게임의 중독성은 정말 위험합니다. 사실 고백하건대, 저도 유학 시절 처음 인터넷 게임을 접하고 너무 심취해서 거의 한 달간 공부는 제쳐두고 게임에 빠졌던 경험이 있습니다. 다행히 잘 극복해서 무사히 학위 과정을 마치기는 했습니다만, 이때 그 중독성이 얼마나 위험한 것인지를 뼈저리게 느꼈습니다.

귀국 이후 교수가 되어 학생을 지도하면서도 게임에 중독된 학생을 지도하느라 애를 먹은 적도 많습니다. 게임에 중독된 학생은 눈빛부터가 달라집니다. 충혈되고 피곤해하고 온통 게임에만 집착하게 되죠. 헤어나기까지 꼬박 1년이 걸리기도 합니다. 심한 경우에는 의학 치료도 받아야 합니다. 그런데 게임 자체를 법으로 금한다고, 이 문제가 해결되지는 않습니다. 이미 게임은 인류의 30퍼센트 이상이 즐기는 새로운 오락 문명이 되었기 때문입니다. 언제, 또 어느 곳에서든 결국에는 게임문화에 노출되기 마련입니다. 그러니 무조건 못하게 하기보다는 적절히 잘 절제하게 하는 것이 필요합니다.

중독은 피할 수 없다

인류에게 중독은 피할 수 없는 운명입니다. 가장 오래되었고 그 부작용도 극심한 것이 술과 담배, 도박입니다. 이들은 전 세계에서 청소년들이 아예 접하지 못하게 하는 것들입니다. 특히 술의 경우 타인에 대한 피해도 엄청납니다. 최근 술에 취해 잔인한 범죄를 저지르고도 기억나지 않는다는 말 한마디로 책임을 회피하는 범죄자들이 늘고 있어 사회적 공분을 사고 있습니다. 음주운전으로 인한 사망자는 갈수록 늘고 있고 그 피해는 참담하기 그지없습니다. 그만큼 잘못된 음주 버릇은 자기뿐 아니라 타인의 삶도 순식간에 망가뜨리는 큰 문제입니다. 그렇다고 주류 판매를 아예 금지하지는 않습니다. 잘 즐길 수 있다면 사람을 행복하게 하는 요소도 많기 때문입니다.

우리나라의 어른들은 게임이라는 낯선 중독문화를 만나면서 사실 어찌할 바를 모르고 있습니다. 청소년들이 게임에 빠져 있을 때, 야단치고 못하게 하는 것만으로는 막을 수도 없고 그래서 더 고민은 깊어갑니다. 부모가 눈앞에서 못하게 하는 건 할 수 있지만 친구들끼리 있을 때까지 막을 수가 없거든요. 그러니 못하게 할 것이 아니라 그 위험성과 가능성을 나누어 잘 가르쳐야 합니다.

우선 게임이 중독성이 강하고 그래서 잘 절제하지 못하면 인생의 가장 중요한 시기를 망칠 수 있다는 걸 인지시켜야 합니다. 할 수 있다면 부모가 함께 게임을 하고 나머지 시간에는 함께 공부도 하면 더욱 좋습니다. 중독이 심한 문화일수록 부모가 함께하는 것이 필요합니다. 위험하니까 더욱 많은 노력이 필요합니다. "하지 마!" 한마디로 해결될 문제라면 위험하다고 할 이유가 없겠죠.

게임을 재밌어하기 시작하면 다양한 가능성에 대해서도 대화를 시작해야 합니다. 왜 게임이 그렇게 인기가 높은 건지, 히트하는 게임의 특징이 무언지를 생각하고 분석해서 부모와 함께 이야기하도록 합니다. 또한 다양한 관련 산업과 직업에 대해서도 이야기해봅니다. 사실 게임 관련 산업의 생태계는 이미 어마어마하게 커졌고 직업도 개발자와 프로게이머만 있는 것이 아니라 매우 다양해졌습니다. 많은 청소년들은 게임방송을 통해 새로운 게임을 접합니다. 유튜브에서 개인방송으로 성공한 세계적인 크리에이터들은 대부분 게임방송을 통해 성장했습니다. 우리나라도 예외는 아닙니다. 수십억을 버는 프로게이머, 게임방송 MC, 프로그램 PD, 게임방송 카메라맨, 게임 기획자, 전문 마케터 등 새로운 직업들이 수없이 생겨나고 있습니다. 특히 유튜버 중에는 게임방송으로 성공한 케이스가 많습니다. 세계 최고의 유튜버 퓨디파이PewDiePie도 게임방송으로 1년에 수천만 달러 수입을 올리고 있습니다. 우리나라 게임방송 대표 유튜버 대도서관이 2017년 신고한 소득액도 17억 원이라고 하니 얼마나 커다란 시장 생태계가 형성되었는지 알 수 있습니다.

　부모님들도 이런 게임산업의 성장과 변화를 함께 인지해야 합니다. 게임문화를 즐기는 동시에 게임산업의 확산 원리를 이해하면 어려서부터 사업 기획에 대한 사고의 폭을 넓힐 수 있습니다. 디지털 플랫폼에 기반한 신산업들은 대부분 그 출발점이 게임산업과 유사합니다. 따라서 어려서부터 이런 생각을 많이 하게 되면 이후 공부에 취미를 붙여 다른 분야를 전공하게 되어도 많은 도움이 됩니다. 최근 프로게이머나 게임방송 유튜버가 되겠다는 아이들 때문에 고민이라는 부모님들이 참 많습니다. 무조건 암기해야 하는 공부만 시키는 것이 꼭 미래사회를 위한 정답일까요? 게임을 좋아하는 아이들이 그걸 매개로 새로운 산업의 성장 과정을 이해하고 새로운 직업 세계를 공부하게 된다면 훌륭한 산교육이 될 수 있습니다.

게임산업은 팬덤을 형성하는 것이 생존의 필수입니다. 아무리 광고를 퍼붓고 사람들을 동원해 다운로드 수를 늘려도 경험한 사람이 팬이 되지 않으면 인기는 곧 시들어버립니다. 킬러 콘텐츠가 없으면 성공할 수 없는 정말 치열한 경쟁터이죠. 그러니 이 산업의 본질을 잘 이해하면 디지털 소비 문명의 성공 요인을 모두 이해할 수 있습니다. 아이가 한창 게임에 빠져 있을 때그 친밀감을 이용해 인기 게임의 성장 배경, 매출 규모, 단계별 성장 전략, 킬러콘텐츠, 관련 산업, 이벤트 규모, 최고의 게이머 등을 조사하도록 유도하고 이를 학습하세요. 직접 게임을 만들어보도록 하는 것도 좋습니다. 게임을 만드는 소프트웨어에 중독되어 훌륭한 프로그래머로 성장할 수도 있으니까요. 게임 중독에 의한 손실을 커버할 만큼 훌륭한 학습이 될 것입니다. 공부를 하는 데 가장 강력한 자극제는 관심이고 재미입니다.

위험하지만 배워야 합니다. 그것은 이 시대를 살아가야 할 세대들의 숙명이기도 합니다. 대부분의 아이들은 어른들의 관심과 보살핌만 있다면 슬기롭게 잘 극복할 수 있습니다. 확신이 안 설 때는 우리가 청소년일 때 어떤 것들에 중독되었었는지 한번 되돌아보십시오. 매일 술을 마시는 게 자랑이었던 시절이 있었습니다. 잠자리에 누우면 천장에 당구공이 왔다 갔다 하는 때도 있었습니다. 그래서 알코올 중독에 빠진 사람들도 있고 당구에 미친 사람들도 있었습니다. 그러나 대부분은 슬기롭게 잘 극복하고 술과 당구를 행복을 느끼게 해주는 도구로 만들면서 현재의 자리에 왔습니다. 우리 아이들에게도 얼마든지 그럴 힘이 있습니다. 그들의 문명의 눈높이에 맞춰 어른이 함께 호흡해주기 시작한다면 틀림없이 멋진 미래를 만들어갈 거라 확신합니다.

고객의 표준을
완전히 바꿔야 한다

진시황은 중국을 통일한 후, 화폐를 도입하고 도량형을 제정하여 표준화된 문명을 확립합니다. 이것이 진나라가 거대한 제국으로 발전하는 계기가 되었죠. 이후 인류 역사에는 표준이 매우 중요한 역할을 하게 됩니다. 1차 산업혁명 이후 인류는 기계 문명을 갖게 되었고 이것은 전 세계로 확산되며 인류생활의 표준을 혁명적으로 바꾸게 됩니다. 증기기관과 함께 기차가 등장하고 철도 네트워크가 세계 구석구석으로 깔리면서 서구 과학기술 문명이 퍼집니다. 영국, 스페인, 포르투갈 같은 나라들이 식민지를 개척하면서 기계기술 기반의 서구 문명은 전 세계의 표준이 됩니다.

2차 산업혁명 시기에는 전 세계로 전기 네트워크가 형성됩니다. 보다 안정적인 전기에너지가 전 세계로 보급되면서 거의 모든 생산 시스템에 획기적인 변화가 일어납니다. 그리고 이는 곧 가정으로도 확산됩니다. 이제는 '없으면 어떻게 살지?' 상상할 수도 없을 정도로 전기 네트워크는 인류 생활 문명의 표준이 되었습니다.

3차 산업혁명은 정보화 네트워크가 전 세계로 확산되면서 일어났습니다. 인터넷이 등장하고 통신기술이 발전하면서 인류의 생활에 또 거대한 변화가 나타납니다. 특히 스마트폰이 등장하면서 변화의 속도는 엄청나게 빨라졌죠. 인터넷과 통신망이 가정에 보급되기 시작한 게 불과 30년 전인데, 이제 거의 모든 생활이 스마트폰과 네트워크 없이는 불가능해졌습니다. 그 짧은 시간 동안 인류 문명의 표준이 완전히 달라져 버렸습니다.

그리고 우리는 이제 4차 산업혁명 시대를 이야기합니다. 인공지능, 로봇, 사물인터넷, 드론 등 새로운 디지털기술이 곧 도래할 것으로 보고 있습니다. 아직 오지 않은 4차 산업혁명 시대를 위해 가장 먼저 준비해야 할 것은 현실이 된 디지털 문명의 표준을 정확히 이해하고 그에 맞는 생각을 시작하는 것입니다.

차이는 기술이 아니라 경험

스콧 갤러웨이 교수가 언급한 것처럼 인류 문명의 표준은 이제 포노 사피엔스라고 생각해야 합니다. 그래야 모든 변화의 방향을 이해할 수 있고 또 새로운 준비를 할 수 있습니다. 실제로 이런 갈등은 이미 큰 사회문제로 불거져 있습니다. 디지털 문명에 기반한 공유경제의 도입으로 기존 산업에 많은 피해가 발생하자, 피해 기업들과 근로자들은 규제를 통한 시장의 안정을 요구합니다. 특히 우버나 에어비앤비 같은 플랫폼기업들은 대부분 엄청난 규모의 대기업이기 때문에 이들이 골목상권과 같은 택시, 모텔업계는 들어오지 못하게 해달라고 강력히 요구하고 있죠. 기존 문명 상식으로는 잘못된 게 없습니다. 어떻게 해결책을 찾아야 할까 고민될 때, 우리는 어떤 문명의 표준을 적용할지 고민해야 합니다.

서비스의 사용자 기준이 포노 사피엔스라면 어떤 것이 선택을 받게 될까요? 답은 여기서 찾아야 합니다. 1928년 3월 14일 〈조선일보〉에 이런 기사가 게재되어 있습니다. 서울시(그 당시는 경성부)에서 부영버스라는 저가의 대중교통 서비스를 운영하겠다고 발표하자, 인력거꾼들이 시청으로 대거 몰려가 항의 시위를 합니다. 당시에도 서민을 보호하는 일은 중요한 정치 이슈였습니다. 경성부는 버스사업을 백지화한다고 발표합니다. 그러나 불과 1년 사이 택시가 증가하고 버스 운행이 시작되면서 인력거꾼은 그 수가 급격히 줄어들고 결국 사라졌습니다. 이 모든 것을 바꾼 것은 바로 소비자의 선택이었습니다.

새로운 문명을 경험한 인류는 그전의 경험을 순식간에 백지화하고 신문명으로 옮겨갑니다. 그리고 곧 생활의 표준이 바꿔죠. 그 당시와 지금은 기술적인 차이가 있으니 상황이 다르다고들 이야기합니다. 다르지 않습니다. 차이는 기술이 아니라 경험입니다. 새로운 서비스를 경험한 포노 사피엔스들은 이제 표준을 바꾸고 있습니다. 인류 문명의 표준이 바뀌면 그 여파는 모든 영역으로 확대됩니다. 안타깝지만 규제로 막아낼 수 없습니다. 택시와 우버의 다툼은 곧 내 일자리에도 닥치게 될 운명입니다. 그래서 미리미리 많은 생각을 해야 합니다. 카카오뱅크가 만들어진 지 불과 1년 사이에 680만 명이 넘는 고객을 확보한 이유는 무엇일까 고민해야 합니다. 그 차이는 미묘합니다. 늘 친숙했던 캐릭터가 귀여워서 가입했다는 사람에게 당신이 틀린 거라고 얘기할 수 없습니다. 귀여운 캐릭터와 포노 사피엔스들이 요구하던 서비스만을 담아낸 차이를 이해해야 합니다.

　　많은 은행들이 4차 산업혁명 시대를 준비한다고 분주합니다. 고객 상담 서비스에 인공지능을 도입하고 블록체인에 기반한 금융 서비스를 기획합니다. 그런데 가장 기본이 되는 모바일 뱅킹은 여전히 큰 변화가 없습니다. 모바일 뱅킹은 기존 오프라인 은행 업무를 근간으로 서비스를 만든다는 기본 프레임을 버리지 못했기 때문입니다. 그래서 쓰다 보면 '이런 게 도대체 왜 필요하지?' 싶은 게 참 많습니다. 미묘한 차이를 무시하는 고집으로는 어렵습니다. 내 고객의 표준이 달라져야 혁신이 시작됩니다. 오늘 내가 하는 일들을 한번 살펴보십시오. 지금 회사의

유튜브에서 TV광고가 외면받는 이유

역사가 오래되었고 기반이 튼튼한 기업일수록 당연히 혁신은 더 어렵습니다. 많은 기업들이 제 강의를 듣고는 네이버나 유튜브로 광고의 지평을 넓힙니다. 그런데 온라인 광고는 그 효과가 그렇게 높지 않다고 불평을 합니다. 왜 그럴까 하고 들여다보면 기획부터가 어긋나 있습니다. 대부분 TV광고에서 내보내는 광고물을 유튜브에 그대로 올립니다. 포노 사피엔스가 원하는 스타일이 아닌 이 미디어는 당연히 효과가 미미합니다. 유튜브는 TV와는 소비의 패턴이 다릅니다. TV에 익숙한 사람들은 포맷부터가 어색해서 보기가 힘듭니다. 그런데 그게 유튜브의 매력인 거죠. 조금 어설프고 대충 만든 듯한데, 늘 신선하고 새로운 내용으로 차 있는 콘텐츠가 필요합니다. 아니라면 아주 새로운 형식의 광고를 만들어야 합니다. 그런데 그렇게 만들면 거액을 투자해 TV광고를 제작하던 대기업의 관점에서는 용납할 수 없는 광고가 됩니다. 그래서 기존 스타일의 광고가 제작되고 유튜브에 올라오니 외면을 받습니다.

유튜브 문명은 인기 콘텐츠를 유통시키는 방식도 다릅니다. 모든 선택권이 소비자에게 있는 만큼 그들이 스스로 퍼트릴 수 있는 콘텐츠가 필요합니다. 대부분의 기업 광고는 물건을 팔겠다고 만드는 것이니 이 요건을 맞추기가 힘듭니다. '신제품이 나왔으니 사주세요.' 하는 광고는 스스로 퍼질 수 없습니다. 이건 TV 광고로 무한 반복을 통해 상품을 각인시키는 시대에 통했습니다. '사용해보니 이렇더라.'는 소비자의 평가가 유튜브에서는 오히려 엄청난 반향을 불러일으킵니다. 갤럭시에서 처음 방수폰을 출시했을 때, 가장 뜨거운 관심을 불러일으키며 수천만 건의 조회 수를 기록했던 유튜브 영상은 한 유튜버가 성능을 시험해보겠다고 갤럭시를 물에 넣고 콜라에 넣고 심지어는 라면 끓이듯 펄펄 끓는 물에 넣어 삶았던 동영상이었습니다. 이것이 새로운 문명의 미묘한 차이입니다.

문명의 표준을 제대로 이해하지 못하면 결코 선택받을 수 없습니다. 내가 아는 상식의 구석구석을 다시 한 번 점검해야 합니다. 회사를 운영하는 매뉴얼부터 다시 체크해봐야 합니다. 포노 사피엔스라는 새로운 인류의 표준에 맞춰봤을 때 문제가 있을 만한 모든 것들을 하나하나 바로잡아야 합니다. 이런 기본기가 출발점입니다. 상품을 만들고 파는 것만의 문제가 아닙니다. 우리 회사가 이들의 선택을 받고 '좋아요'를 만들 수 있는 이유를 만들어내야 합니다.

문명이 바뀌면 상식이 바뀐다

지난 몇 년간 우리는 많은 대기업들이 소비자들로부터 지탄받는 상황들을 수도 없이 봐왔습니다. 본사의 영업 사원이 나이 지긋한 대리점 사장에게 주문을 강요하며 욕설을 했다고 불매 운동이 일어나기도 했고, 대기업 회사 오너가 힘없는 경비원을 폭행했다는 사실이 알려지면서 회사 매출이 대폭락하는 사태도 경험했습니다. 심지어 매출이 폭락해 회사가 상장폐지에까지 이르기도 했습니다. 이들은 억울할 수도 있습니다. 불합리하기는 해도 과거에는 관행처럼 하던 일들이었으니까요. 그들이 망각한 것은 그사이 문명의 표준이 바뀌었다는 것입니다. 이제 소비자는 촘촘히 연결되어 서로 소통하고 자기들끼리의 선택을 통해 소비방식도 결정합니다. 거대 자본에 의한 광고의 영향보다 그들이 이야기하며 퍼뜨리는 진실이 더 강한 힘을 갖게 되었습니다.

문명의 표준이 바뀌면 그에 따라 상식도 바뀌어야 합니다. 아직 그 변화에 적응하지 못한 많은 기업들이 어려움을 겪고 있습니다. 다행이 소비자가 눈치채지 못했다고 해도 그런 기업은 지속 성장할 가능성이 줄어듭니다. 부지런히 바꾸고 변화해야 합니다. 기업의 DNA가 소비자들이 만들어가는 포노 사피엔스 문명에 맞춰져야 성장할 수 있습니다. 개인에게도 마찬가지입니다. 내가 기획하고 준비하고 추진하는 업무들이 포노 사피엔스를 표준으로 봤을 때 어떻게 개선되어야 할지 늘 고민해야 합니다. 잘 모를 때는 우선 젊은 세대에게 어떤 방식으로 바꿔야 할지 물어봐야 합니다. 디지털기술 도입 이전에 생각이 먼저입니다. 생각이 바뀌어야 문명을 이해할 수 있습니다. 오래도록 일하고 싶다면 내 생각의 표준을 바꿔야 합니다.

모든 것은 '포노'들이 결정한다

문명의 표준이 포노 사피엔스라고 생각하기 시작했다면, 우선 그들이 어떤 라이프를 즐기고 있는지를 관심 있게 봐야 합니다. 문명을 이해하려면 생각의 눈높이, 생활의 눈높이를 맞춰야 합니다. 그러려면 그들이 어떤 미디어를 보고 있고, 어떤 소비방식을 즐기고 있으며, 어떤 생각들을 만들어내고 있는지부터 찾아봐야죠. 가장 좋은 방법은 그들과 유사하게 생활하는 것인데 이것은 그리 쉽지 않습니다. 차선의 방법은 데이터를 통해 그들의 생활방식을 인지하고 학습하는 것입니다. 이건 해야 합니다. 이유는 이렇습니다.

사장님이 좋아할 앱은 버려라

많은 기업에서 디지털 소비에 대응하기 위해 홈페이지를

174

열어 온라인 상점을 만들고 앱도 제작해 배포합니다. 그런데 새로운 문명에 대한 이해 없이 무작정 만들다 보니 사용방식도, 이것을 확산시키는 마케팅방식도 그들의 문명과 맞지 않습니다. 그래서 많은 돈을 투자해서 개발한 사이트는 성과를 내지 못하고 앱도 인기를 끌지 못합니다. 정부가 공들여 개발한 대부분의 앱이 이렇습니다. 초기에는 과거의 마케팅방식을 동원해 억지로라도 다운로드하게 할 수 있었지만, 한번 사용한 소비자가 '좋아요'가 아닌 '별로야'의 리뷰를 남기기 시작하면 순식간에 고객들은 흩어져버립니다. 그러니 기획부터 세심하게 그들의 마음에 맞춰야 합니다.

앱을 개발하기로 결정하면 진정으로 소비자가 무엇을 원할지를 생각해야 합니다. 내가 보여주고 싶은 것을 고집하고, 내가 물건을 팔아야 한다는 것에 집착하는 순간, 길을 잃게 됩니다. 성공한 앱들을 보면 답이 나옵니다. 단시간 내에 가장 많은 소비자를 매료시킨 카카오뱅크는 포노 사피엔스의 지향점을 잘 보여줍니다. 터치 수를 최대한 줄여 그들이 원하는 서비스를 가장 빠른 시간 내에 해결하게 해주는 겁니다. 첫 페이지는 회사 소개를 담고, 다음 화면은 막 출시한 상품 광고로 하고, 소비자 메뉴는 별도로 만들어서…. 이런 방식은 포노 사피엔스의 선택을 받을 수 없습니다. 많은 사람들의 사랑을 받는 스타벅스앱도 마찬가지입니다. 앱을 열고 한번 흔들면 바로 카운터에서 결제가 가능하죠. 이런 경험은 결코 잊히지 않습니다. 별것도 아닌 이 차이가 사람들 사이에서는 '이건 꼭 써봐야 해.'가 되고 그것이 서비스를 키우는 결정적 요인이 됩니다.

앱 개발은 앱 문명에 익숙한 사람들이 준비해야 하고 그들에게 절대적인 권한을 부여해야 합니다. 대부분의 회사에서는 임원이나 사장님이 좋아할 앱을 기획하는 데 초점을 맞춥니다. 그래야 회의 때 깨지지 않을 수 있으니까요. 신입 사원들이 신나게 자료를 모아 학습하고 진정으로 고객을 위한 앱을 기획해서 아이디어를 내놓으면, 일단 과장님이 점검을 합니다. 그러면 돌아오는 말은 "다시 해."입니다. 과장 직급 정도가 되면 부장님의 판단을 이미 잘 알고 있습니다. 그래서 부장님의 생각에 빙의되어 미리 고쳐줍니다. "회사 소개하는 건 꼭 넣어야 하고, 전체적으로 좀 정리가 되어 있어야 한다. 너무 없어 보이는 거 아니냐." 뭐 이런 멘트를 답니다. 그러면 과장의 입장을 반영해 앱이 수정됩니다. 고객과의 틈이 벌어지기 시작하죠.

부장님 검토 회의에서는 대대적인 수정이 더해집니다. "이래가지고는 상무님 통과 못한다."가 가장 강력한 이유입니다. 사장 보고를 위한 상무님 참석 검토 회의에서는 분위기부터가 심상치 않습니다. 사장님한테 거슬릴 수 있는 내용은 토씨 하나까지 전부 걷어냅니다. 물론 귀엽거나, 젊은이한테 친숙하거나 하는 건 어림도 없습니다. "차라리 다른 회사하고 그냥 똑같이

하는 게 낫지 않을까?"라는 멘트가 결국 나옵니다.

이제 사원들은 멘붕 상태가 됩니다. 애초에 밤새며 기획한 내용 중 살아남은 거라곤 이것이 앱이라는 것밖에 없습니다. 사장님 검토 회의는 이 모든 것의 클라이맥스입니다. 앱 문명에 익숙하지 않을 뿐이지, 사장님은 그 업계에서 가장 성공한 분입니다. 그런 만큼 자신감과 프라이드는 누구에게도 뒤지지 않을 뿐 아니라 실력도 출중합니다. 누구 하나 그것이 아니라고 말하기 어렵습니다.

앱 안 쓰는 사람은 빼고 가라

마지막 회의에서 앱은 과연 어떤 모습으로 살아남을까요? 앱을 매일 사용하고 적어도 10개 분야에서 앱으로 결제하고 있는 사장님이 아니라면 이 판단은 정말 어려운 겁니다. 앱 개발 방향의 프레젠테이션이 시작되면 사장님은 자기가 성공한 경험을 거기에 입히고 싶어 합니다. "과거 선풍적인 인기를 만들었던 광고 전략을 앱에 실을 수는 없을까?"라고 하죠. 또 여러 경로를 통해 학습한 새로운 트렌드도 적용해보고 싶어 합니다. "이거 유튜브랑 연결할 방법은 없나?" 이런 코멘트들은 개발팀 노트에 빼곡히 적히고 그들의 심장에는 이런 말이 새겨집니다. '다시는 새로운 걸 개발하지 말자.' 새로운 아이디어가 회사에 심어지는 게 아니라, 신입 사원의 싱싱한 생각에 회사의 굳은 생각이 빙의되는 순간입니다.

사실 이러한 수직적 의사결정 시스템으로 우리 기업들은 성장을 이룰 수가 있었습니다. 그래서 쉽게 포기할 수가 없습니다. 수직적 조직을 무조건 바꾸는 게 정답도 아닙니다. 다만 포노 사피엔스를 위한 비즈니스 모델을 개발할 때는 방법을 바꿔야 합니다. 오로지 고객 입장에서 생각해야 합니다. 앱 문명에 익숙하지 않은 모든 사람들은 차라리 배제하는 편이 낫습니다. 가장 바람직한 것은 사장님이 솔선수범해서 앱을 적극적으로 사용하고 포노 사피엔스 문명과 눈높이를 맞추려 노력하는 겁니다. 디지털 문명에 대한 적응력을 아예 인사고과에 반영하는 것도 좋은 방법입니다. 그리고 잘 모르겠는 건 전부 소비자 데이터로 확인하자고 하면 됩니다. 사장님이 제프 베조스의 생각에 빙의하는 겁니다. '나를 설득하고 싶다면 데이터를 가져와라.' 회사를 10년 이상 유지하고 발전시킬 생각이라면 너무나 당연한 선택 아닐까요?

디지털 문명의 확산은 이미 명백합니다. 그렇다면 기업이 이러한 소비 환경에 맞춰 변화하는 것은 선택의 문제가 아니라 생존의 문제가 됩니다. 회사의 중요한 결정권을 행사하는 모든 사람들이 새로운 디지털 문명의 옷을 입어야 하는 이유입니다. 나의 시각이 어느 문명에 맞춰져 있는지를 아는 것부터가 변화의 출발점입니다. 혁신 전략을 수립하기 위해 모든 구성원들이 맨 먼저 해야 할 일은 포노 사피엔스 시대의 문명을 표준 문명으로 인지하는 일입니다. 이 길은 어렵지만 생존을 위해 꼭 가야 하는 길입니다.

온디맨드,
비즈니스를 갈아엎다

PHONO SAPIENS

3

독일의 아디다스는 유통의 개입 없이
소비자 구매 데이터만 받아 제품을 만들고 배송하는
새로운 개념의 공장 시스템을 도입했다.
소량이든 대량이든, 소비자가 선택하면 생산하고
아니면 생산하지 않는다.
소비자는 여러 디자인 중에서 맘에 드는 걸 고를 수 있고
제조 시스템은 이에 대응해서 24시간 내에 제품을 제공한다.
여기에는 정밀로봇과 3D프린터, 사물인터넷과 센서가
집중 투입된다.
이는 소비방식에 맞춰 제조방식을 바꾼 대표적인 사례다.
포노 사피엔스 시대에 가장 효율적인
비즈니스방식이라고 할 수 있다.

포노 사피엔스는 '흔적'을 남긴다

디지털 소비 문명에 맞춰 사업을 기획하려면 디지털 플랫폼, 빅 데이터 그리고 인공지능에 대한 학습이 꼭 필요합니다. 신산업 기획의 '3콤보'라고 해두죠.

소비의 변화를 읽다

우선 디지털 플랫폼에 대한 이해가 필요합니다. 모든 소비의 문명이 디지털 플랫폼으로 전환되는 시대입니다. 이것이 기술적으로 어떻게 구축되고, 서버와 앱·웹의 관계는 어찌 되는지, 소비자는 이걸 어떻게 활용하는지 정확한 이해가 필요합니다. 잘 모른다면 배워야 합니다. 기술적 이해가 완성되면 이제 더욱 중요한 걸 학습해야 합니다. 디지털 플랫폼에 기반한 소비는 어떻게 해야 이끌어낼 수 있느냐는 거죠. 그렇다면 디지털 플랫폼

시장은 어디서부터 학습해야 할까요?

프랑스의 대표적 지성이자 미래학자인 자크 아탈리는 음악 소비의 변화가 미래 산업 변화를 예측하는 가장 좋은 지표라고 이야기합니다. 자크 아탈리는 지난 30년간 이 방법을 통해 실제 산업과 사회의 변화를 잘 예측하면서 유명해졌죠. 그의 가설은 지금까지도 잘 맞고 있습니다. 사실 음악은 인류의 가장 오래된, 그리고 공통적인 소비재입니다. 거의 모든 사람들이 음악을 좋아하며, 그래서 소비량이 엄청날 뿐 아니라 그 취향도 매우 다양합니다. 때문에 음악산업의 변화는 모든 소비 분야 중 가장 빠르게 기술을 흡수하는 분야이기도 합니다.

1980년대 이후 첨단 과학이 반영된 제품의 제조기술은 음악(좀 더 크게 보자면 미디어)이 선도해왔습니다. 음악을 듣는 모든 경우를 위해 다양한 첨단 IT 제품들이 등장했죠. 집집마다 오디오는 다 있었고 길에서도 좋은 음질의 음악을 들을 수 있도록 워크맨이라는 혁신적이 제품이 등장하기도 했습니다. 차에서도 오디오 시스템이 중요해졌고, 피크닉을 갈 때도 격에 맞는 제품이 필수였습니다. 2000년대 본격적인 인터넷 시대가 오기 전까지는 그야말로 제품의 전성시대, 제조의 전성시대였다고 할 수 있습니다. 소니가 세계 최고의 기업으로 성장한 것도 이때입니다. 음악에서 비디오에 이르기까지 미디어를 소비하는 모든 기기가 첨단 IT 산업 시대를 선도하며 새로운 문명을 제품으로써 만들어가던 시대였습니다. 음악 자체도 카세트테이프나 CD 같은 제품에 담겨 팔리는 게 상식이었습니다.

　그런데 MP3 플레이어와 아이팟이 등장하면서 음악 소비의 근간이 바뀌기 시작합니다. 음악을 듣기 위한 제품은 여전히 필요했지만, 음악 자체는 제품이 아닌 디지털 플랫폼(흔히 말하는 서버)을 통해 유통되기 시작합니다. 그리고 비즈니스의 플랫폼은 스마트폰이 탄생한 지 10년 만에 더 급격하게 옮겨갑니다. 이제 우리나라에서는 디지털 플랫폼에 기반한 음악 소비가 표준이 되었습니다. 물론 아직도 CD를 사거나 LP를 사서 음악을 듣는 분들이 있습니다만, 마니아라고 불러야 할 정도로 그 수가 줄어들었죠.

　디지털 플랫폼에 기반한 음악 소비가 보편화되면서 제품산업은 몰락합니다. 샤프, 도시바, 제이브이씨, 산요와 같은 일본의 대표적 기업들도 사라져가죠. 그뿐이 아닙니다. CD를 만드는 기업, CD 플레이어를 만드는 기업도 함께 사라집니다. 그러고 보니 생각도 못하는 사이 사라진 제품도 있습니다. VCR과 그 뒤를 이은 DVD죠. 우리나라에서도 이제 DVD로 영화를 보는 사람들은 거의 사라진 듯합니다. 어느새 미디어는 디지털 플랫폼을 통해 다운로드(스트리밍)해서 소비하는 것이 상식이 되어버렸습니다.

　음악 소비가 다른 소비문화의 변화를 미리 보여주는 것이라면, 디지털 플랫폼에 기반한 소비는 거의 모든 분야로 확산될 것이 분명합니다. 그리고 그 속도와 확산의 범위는 엄청날 것이고요. 음악 소비시장을 기준으로, 오프라인 상점에서 팔리는 음반 매출의 비중과 다운로드로 소비되는 음원 매출의 비중은 어느 정도일까요? 우리나라는 이미 음원 매출이 음반 매출보다 10배 이상 높습니다. 미국은 음원 매출이 약 3배 정도 높죠. 일본은 아직 음반 매출이 음원보다 많습니다. 전 세계적으로는 2018년 음원 매출이 드디어 음반 매출을 넘어서는 첫 해가 될 것으로 보고 있습니다. 음악 소비가 디지털 플랫폼으로 옮겨가면 다른 소비도 곧 익숙해집니다.

최근 우리나라에서 가장 큰 의류기업을 다녀왔습니다. 오랜 전통의 기업으로 오프라인 매장이 국내에서 가장 많고, 홈쇼핑·인터넷·모바일 등 거의 모든 방식으로 의류를 유통하는 기업입니다. 이 회사는 2017년부터 온라인 매출 비중이 전체의 33퍼센트에 이르렀다고 합니다. 아직도 오프라인 매출에 주력하고 있는데 이 갑작스러운 증가에 회사도 놀랐다고 합니다. 우리는 예로부터 필수품을 의식주로 이야기합니다. 그만큼 의류는 필수적인 소비재입니다. 33퍼센트의 매출 비중은 음악에 이어 가장 보편적 소비재인 의류의 유통이 디지털 플랫폼으로 급속하게 이동하고 있다는 걸 보여주는 명확한 데이터입니다.

한번 '별로'면 떠난다

결국 모든 소비는 디지털 플랫폼으로 이동합니다. 포노 사피엔스 문명의 숙명입니다. 이래서 디지털 플랫폼에 기반한 비즈니스 모델을 정확히 이해해야 한다고 하는 것입니다. 기술적 요소도 확실히 알고 있어야 할 뿐 아니라 비즈니스 프로세스까지 정확히 학습해야 합니다. 제일 큰 문제는 디지털 플랫폼에 기반한 소비는 오프라인 유통방식과 근본적인 차이가 있다는 점입니다. 이걸 제대로 이해하지 못하면 성공하기 어렵습니다. 그래서 오프라인 유통으로 성공한 많은 기업들이 디지털 플랫폼으로 전환하면 큰 어려움에 부딪히게 되는 것입니다.

디지털 플랫폼에서 비즈니스를 성공하려면 무엇보다 달라진 소비방식을 이해해야 합니다. 한마디로 요약하자면 '소비자가 왕'이라는 겁니다. 오프라인 소비 시대에 음악의 소비를 결정하는 건 방송이라는 절대권력이었습니다. TV나 라디오를 통해 음악이 전파되고 팬들의 선택을 받으면 오프라인 상점을 통해 CD라는 제품이 팔려나가 비즈니스가 완성되는 시스템이었습니다. 기업의 제품 판매도 이를 그대로 준용해서 이루어졌죠. 대기업은 거대자본에 기반한 TV 광고를 통해 상품을 소개해 사람들에게 인지시킵니다. 그렇게 인지된 새 제품은 오프라인 상점을 통해 판매되는 게 상식이었습니다. 그런데 디지털 플랫폼으로 전환되면서 음악 소비에 있어서 절대권력이던 방송의 역할이 대폭 축소된 겁니다. 음악을 유행시키는 건 방송보다 디지털 플랫폼들이 더 큰 역할을 하게 됩니다. 디지털 플랫폼에서 음악의 인기 순위를 정하는 건 바로 소비자의 선택입니다. 사람들이 직접 음악을 듣고 선택하는 과정에서 자연스럽게 순위가 결정되고 이것이 트렌드를 만들어냅니다.

이런 비즈니스 패러다임의 전환은 대기업에게는 매우 생소한 상황입니다. 거대 자본이 필요한 TV광고는 대기업들에게 아무나 진입할 수 없는 독점적 지위를 부여했습니다. 그래서 매년 일정에 따라 움직이기만 하면 그 자리를 유지할 수 있었습니다. 그런데 디지털 플랫폼은 이 방식이 통하지 않습니다. 기존의 방식대로 오랜 기획 기간을 거쳐 엄청난 비용을 투입해 디지털 플랫폼을 구축합니다. 늘 하던 대로 플랫폼 오프닝에 맞춰 수백억 원을 들여 대대적인 광고를 하고 고객들을 불러 모읍니다. 여기까지는 과거와 다를 게 없습니다. 고객이 찾아온 다음이 문제입니다. 한번 경험한 고객들이 '별로네.' 하는 순간, 순식간에 고객들이 빠져나가 버립니다. 과거에는 경험할 수 없었던 일이죠. 권력이 거대 브랜드 파워 안에 존재한다고 믿다가 소비자에게로 이동한 걸 체험하게 된 겁니다. 이러한 이유로 많은 대기업들이 디지털 플랫폼으로 사업 무대를 전환하다가 실패를 경험했습니다. 그러면서 생태계에도 커다란 변화가 왔습니다. 수많은 벤처

기업들이 디지털 플랫폼 사업에서 큰 성공을 거두면서 대기업들과 어깨를 나란히 하게 되었고, 또는 대기업에게 인수 합병되기도 하면서 시장 생태계 전반을 역동적으로 교체하게 된 겁니다.

디지털 플랫폼에 기반한 비즈니스는 고객의 자발적 선택과 팬덤에 의해 성장합니다. 그래서 이제 디지털 소비 문명에 익숙한 소비자를 잘 이해하고 그들이 원하는 기능을 잘 구축할 수 있는 기업이 성공할 수 있습니다. 대기업은 정교한 시스템을 갖고 장기적인 계획에 의해 움직이는 특성을 갖고 있어, 소비자가 디지털 플랫폼에서 원하는 걸 즉각적으로 대처하는 데는 아무래도 대응력이 떨어집니다. 반면 창업부터 오로지 디지털 플랫폼에 매달려 살아온 벤처기업은 경쟁에서 살아남기 위해, 소비자의 피드백에 순발력 있게 대응하는 게 필수였습니다. 그래서 성공적으로 고객을 확보한 벤처들은 실시간 고객 대응 능력이 뛰어나고 그 힘으로 더 많은 고객을 지속적으로 확보할 수 있습니다.

빅 데이터를 가진 자들

그렇다면 벤처기업들은 어떻게 고객의 마음을 사로잡을 수 있었을까요? 그것이 3콤보의 두 번째 요소, 빅 데이터의 힘입니다.

포노 사피엔스는 매일 엄청난 양의 데이터를 남깁니다. 사이트마다 들어가 흔적을 남기고, 폰으로 결제 정보도 남기고, 동영상을 찍어 유튜브에 올리기도 합니다. 이 모든 행동은 데이터로 축적됩니다. 이 데이터를 들여다보면 고객의 마음을 읽을 수 있습니다.

어마어마하게 많고, 형태도 다양하며, 정형화하기도 어려운 데이터를 '빅 데이터'라고 부릅니다. 아마존의 CEO 제프 베조스는 이러한 고객의 많은 흔적에 집중했습니다. 그래서 사업 초기부터 '아마존은 어떠한 데이터도 버리지 않는다.'라는 모토 아래에 플랫폼에 남겨진 모든 흔적을 기록하고 분석하는 일에 전념했습니다. 플랫폼사업의 핵심은 데이터의 관리와 분석이라고 판단한 거죠. 이를 위해 그 유명한 아마존 웹서비스를 개발하고 엄청난 클라우드 시스템을 탄생시킵니다. 아마존 웹서비스는 현재 아마존의 가장 큰 캐시카우 역할을 하는 효자 플랫폼입니다. 많은 기업들이 아마존 웹서비스에 비즈니스 플랫폼의 둥지를 틀고, 거기서 발생하는 다양한 데이터를 분석하는 서비스를 받습니다. 아마존이 그동안 축적한 노하우를 바탕으로 고객의 빅 데이터를 분석해주는 서비스를 만든 게 또 하나의 사업 아이템이 된 것입니다. 아마존 웹서비스는 아마존에게 가장 많은 이익을 남겨주는 서비스로 성장했습니다. 아마존이 유통기업이라기보다는 클라우드 서비스기업이라고 불리는 이유입니다.

제프 베조스는 아마존 웹서비스를 통해 거대한 고객 데이터를 모아, 수많은 데이터 분석학자들이 이를 분석하게 합니다.

그렇게 고객이 무엇을 원하는지 알아내는 일을 10년이 넘도록 지속합니다. 그리고 이 흔적을 기반으로 개인 맞춤형 서비스를 개발하면서 고객 중심 경영이라는 독특한 비즈니스방식을 확립해 성공을 거듭합니다. 고객의 흔적을 통해 그들이 찾고 있는 걸 추천해주기도 하고, 한 고객이 만족해한 제품을 유사한 취향을 가진 고객에게 추천해주는 등 고객의 입장에서 필요한 서비스들을 데이터를 기반으로 끊임없이 제공했습니다. 아마존이 소비자 빅 데이터를 기반으로 상품 추천 서비스를 개발한 건 이후 디지털 플랫폼업계에 교과서처럼 확산됩니다.

도서 판매에서 시작한 아마존이 오픈마켓과 콘텐츠까지 사업을 자신 있게 확장하고 성공까지 거둔 배경엔, 바로 빅 데이터에 기반한 '고객 중심 경영철학'이 있었던 것입니다. 제프 베조스는 아마존의 성공에 대해 이야기할 때마다 고객 중심 경영이 요체라고 강조합니다. 그런 면에서 빅 데이터는 고객 중심 경영의 가장 기본 요소입니다. 그래서 기업들이 전략 수립에 있어서 고객 중심 경영을 지향한다면 빅 데이터로부터 출발해야 합니다. 빅 데이터 분석이 익숙해지면 적용 영역이 확대됩니다. 실제로 아마존은 유통에서 가장 어렵다는 수요 예측을 빅 데이터 기반으로 전환하고 물류 시스템에까지 이를 적용하면서, 가장 적은 물류비용으로 가장 빠른 배송 시스템을 구축할 수 있었습니다. 아마존은 지금도 빅 데이터 분석에 따라 새로운 유통방식을 끊임없이 디자인하고 있습니다.

아마존의 '데이터 채집기'

빅 데이터가 쌓이면서, 고객 중심 경영을 실현할 수 있는 가장 가능성 있는 수단으로 떠오른 게 바로 인공지능입니다. 인공지능의 알고리즘 중에서 딥러닝은 데이터 학습을 통해 답을 찾아내는 방식으로, 아마존처럼 오랫동안 빅 데이터 분석을 수행해온 기업에게는 매우 유용한 방법입니다. 그동안 축적된 데이터를 바탕으로 러닝 알고리즘을 확립하고 비즈니스별로 다양한 시스템에 활용합니다. 빅 데이터가 풍부해지면 예측은 더욱 정확해집니다.

출발은 고객 추천 시스템이었습니다. 도서에서 출발한 추천 시스템은 비디오, 패션, 뷰티까지 영역을 확장했고 2018년부터는 의약까지 확대하기 시작했습니다. 여기서 쌓인 노하우는 기업 관리에도 적용됩니다. 빅 데이터 학습을 통해 스마트해진 인공지능이 매출이 높은 생필품류를 지역별로 어떻게 선주문을 넣고 배송·관리하는 게 가장 효율적인지를 계산해주는 겁니다.

더 많은 데이터 축적을 위해 아마존은 소비자에게 직접 다가갑니다. 2014년 아마존은 알렉사라는 음성인식 기반의 인공지능 플랫폼을 개발하고, 이를 탑재한 스피커 에코를 판매하기 시작합니다. 고객들의 집집마다 그들이 원하는 것들을 데이터로 전환하는 '데이터 채집기'를 배치한 셈이죠. 그리고 에코를 통해 확보한 데이터를 기반으로 개인 서비스를 제공하기 시작합니다. 계속 진화하는 알렉사는 소비자로부터 편리성을 인정받아, 2018년 전 세계 스마트스피커 시장의 70퍼센트를 차지했습니다. 계속해서 더 많은 고객 데이터가 아마존에 축적되면, 알렉사는 더욱더 스마트한 인공지능 플랫폼으로 발전하겠죠. 이를 위해 아마존은 이미 4천 명의 인공지능 전문가를 채용했고 앞으로 더 많은 인공지능 전문가를 채용하겠다고 선언합니다. 미래 시장을 지배하기 위한 최고의 선택이 인공지능이라고 판단한 것입니다.

아마존은 디지털 플랫폼, 빅 데이터 그리고 인공지능을 가장 잘 결합해서 성공한 기업입니다. 그리고 포노 사피엔스들로부터 가장 많은 선택을 받은 기업입니다. 그 성공의 철학은 한마디로 '고객 중심 경영', 아니 '고객 집착 경영'입니다. 이것이 디지털 플랫폼을 기반으로 한 비즈니스의 3콤보를 학습하면서 항상 마음에 새겨야 할 요소입니다. 디지털 플랫폼 구축을 위한 기술을 익히는 것도 중요하지만, 디지털 플랫폼의 생존 여부는 고객의 선택을 받느냐 못 받느냐에 의해 결정됩니다. 모든 순간 '고객이 왕이다.'라는 생각을 절대 잊지 말아야 합니다.

아디다스의 스피드팩토리

플랫폼기업들이 형성한 디지털 소비 생태계를 보면 로봇, 사물인터넷, 스마트팩토리, 드론, 3D프린터 등 디지털 신기술의 발전 방향이 명확해집니다. 원래 기업들은 ERP(전사적 자원 관리)라는 걸 만들어 쓰면서, 회사의 업무를 잘 디지털화했습니다. 그런데 스마트폰 시대가 되면서 이제 소비자들까지 디지털로 거래하게 된 것입니다. 이것을 통합해서 하나의 시스템으로 만들고 전혀 새로운 비즈니스 모델을 만들자는 시도가 플랫폼기업들의 전략 핵심입니다.

이 전략이 어느 정도 성공하고 나니 다양한 분야로 확산됩니다. 고객의 데이터를 더 모을 수 있는 제품을 찾고자 대시 버튼(아마존의 IoT기기, 누르면 제품 주문이 가능하다.) 에코 스피커 등이 나옵니다. 이들이 사물인터넷과 인공지능이 장착된 제품들입니다. 무인점포 아마존고는 사물인터넷 시스템의 결정체입니다. 물류도 바뀝니다. 물류센터에는 로봇 키바가 투입되고 무인택배를 위한 드론과 자율주행 택배 자동차가 개발됩니다.

제조업도 그림을 다시 그리게 됩니다. '소비, 물류, 회사 경영까지 디지털 데이터가 통합되었는데, 제조는 어떻게 바뀌어야 하나?' 이 고민이 만든 게 아디다스의 스피드팩토리입니다. 유통의 개입 없이 소비자 구매 데이터만 받아 제품을 만들고 배송하는 새로운 개념의 공장을 꾸민 것이죠. 여기에 정밀로봇과 3D프린터, 사물인터넷과 센서가 집중 투입됩니다.

신기술은 수요가 있어야 발전합니다. 무작정 신기술만 있으면 성공한다는 생각을 버리고 보다 구체화된 스토리를 만들어야 합니다. 나의 기술은 어떤 스토리를 담을지 생태계를 이해하면 답이 보입니다.

포노 사피엔스 시대의 비즈니스 전략을 준비하는 데 있어서 첫 번째로 해야 할 일은 모든 구성원들이 디지털 플랫폼 비즈니스의 본질을 학습하는 일입니다. 디지털 소비 생태계의 전체 그림을 이해하는 교육이 필요한 것입니다. 물론 기술적으로는 소프트웨어, 클라우드, 디지털 플랫폼, 빅 데이터 분석, 인공지능, 사물인터넷, 자율주행차, 3D프린터, 스마트팩토리까지 배울 게 매우 많습니다. 그러나 기술은 재료에 불과하고 모두가 다 전문가일 필요도 없습니다.

다만, 회사가 디지털 소비방식에 적응하려면 모든 구성원이 공감할 수 있는 기본 철학과 지식, 그리고 공감대가 꼭 필요합니다. 그것을 함께 학습해야 합니다. 그 철학의 근간은 '오직 고객이 왕이다.'라는 생각입니다. 이 진부한 문구는 여전히 최고의 가치입니다. 그래서 시장 경험이 풍부한 '오래된' 사람도 중요합니다. 명심할 것은, 여러분이 지금 만나는 이 고객은 상식 속의 고객이 아니라 새로운 인류, '포노 사피엔스'라는 것입니다.

이들의 문명은 상식이 아니라 오로지 데이터를 기반으로 읽고 이해해야 합니다. 혁신을 준비한다면 모든 구성원들이 함께 여기서부터 출발해야 합니다.

미세한 차이, 그러나 결정적 차이

1917년 마르셀 뒤샹은 현대 미술의 시작점이자 랜드마크라고 불리는 작품 '샘Fontaine'을 출품합니다. 엄청난 센세이션을 일으킨 이 작품은 소변기를 떼어내서 거기다 'R. Mutt 1917'이라고 쓴 오브제입니다. 예술계는 곧 난리가 났습니다. 이것이 과연 작품인가에 대해 의문이 쏟아졌죠. 뒤샹은 이렇게 정의합니다.

"도저히 예술품이 될 수 없다고 생각한 더러운 변기도 사물을 보는 각도에 따라 얼마든지 예술품으로 인지할 수 있다."

레디메이드Ready-made라는 현대미술의 새로운 트렌드가 탄생한 순간이었습니다. 그 이후 현대미술은 새로운 개념으로 발전합니다.

앵프라맹스, 팬덤의 기초

뒤샹의 작품은 예술적으로 많은 해석을 낳았습니다. 그중에 하나가 뒤샹이 언급한 앵프라맹스inframince입니다. 샘이라는 작품이 보여준 예술의 의미는 이렇습니다. 기성품으로 만들어진 더러운 소변기를 떼어낸 다음 사인을 넣어 예술품이라고 우겼을 때, '그러고 보니 이것도 관점에 따라서는 예술이 될 수 있겠구나.'라고 생각할 수 있는 존재가 지구상에 누가 있을까요? 물론 인간밖에 없습니다. 그것이 인간의 위대함이라는 것입니다. 인간의 위대함을 느낄 수 있게 해준 것이라면 어떤 것이라도 예술이 될 수 있다는 것입니다. 그러고 보니 그렇습니다. 뒤샹이 그렇게 이야기하기 전까지는 기성품 변기였지만 '샘'은 이제 작품입니다. 눈에 보이지 않는 차이, 앵프라맹스가 더해져 변기가 엄청난 예술품으로 변한 것입니다.

앵프라맹스의 뜻은 이렇습니다. '눈에 보이지 않는 너무나 미세한 차이, 그러나 본질을 바꾸는 결정적 차이.' 뒤샹은 기존 기성품과 물리적으로는 전혀 차이가 없는 변기를 선택한 후, 거기에 앵프라맹스를 더해 엄청나게 많은 의미를 담은 예술품으로 탄생시켰습니다. 이 미묘한 차이는 팬덤을 만드는 힘이기도 합니다. 택시와 우버는 다르지 않습니다. 똑같은 자동차를 이용한 이동 서비스이고, 요금을 받는다는 점에서 업의 본질도 같습니다. 그런데 포노 사피엔스의 감성에 맞춰 미묘한 차이를 더한 우버에 엄청난 소비자가 몰렸습니다. 카카오뱅크도 마찬가지입니다. K뱅크와 서비스의 본질에서 차이가 없는데 '귀엽다'라는 미묘한 차이로 출범 1년 만에 680만 고객이 열광하게 된 겁니다. 소비자가 왕인 시대에 그들을 열광시키는 팬덤을 만들어내려면 결국 앵프라맹스를 만들어내야 한다는 뜻입니다.

앵프라맹스를 찾아내려면 디테일에 집착해야 합니다. 인간은 항상 이성적이거나 합리적이지 않습니다. 무한한 잠재력도 갖고 있으며, 매우 대중적이면서도, 한편으로는 매우 개인적입니다. 예측하기 어려워서 매력적이기도 합니다. 이것이 소비자의 특성이라서 앵프라맹스를 찾는 일은 정말 어렵습니다. 그렇더라도 그 출발점은 바로 '사람'입니다. 소비자가 좋아하는 것을 찾아내기 위한 집착이 디테일을 만들고, 디테일이 완성되면 팬덤이 생깁니다. 인류 문명의 표준이 달라진 만큼 팬덤을 일으키는 앵프라맹스도 미묘하게 달라지고 있습니다. 그래서 새로운 문명에 대한 관심을 계속 키우고 또 학습해야 합니다. 신문명이 자연스럽고 익숙해져야 앵프라맹스를 만들어낼 힘이 생깁니다.

디테일로 이룬 한반도 신화

우리나라는 명백한 제조 중심 국가입니다. 그 위상도 대단합니다. 2018년 수출액이 6천억 달러(약 676조 원)를 넘었다고 합니다. 세계에서 이 기록을 이룬 7번째 국가라고 합니다. 거의 모든 수출이 제조에서 나온 것을 감안하면 우리나라가 얼마나 강력한 제조 국가인지 알 수 있습니다. 그러고 보니 우리는 세계에 유래가 없는 제조산업의 역사를 갖고 있습니다.

일제강점기에서 해방되고 난 뒤, 우리나라는 제대로 된 엔지니어가 많지 않았습니다. 6.25 전쟁을 겪으면서 그마저도 근간을 잃어버렸고 남은 거라곤 그저 열심히 잘해보자는 사람들과 교육에 대한 열정밖에는 없었죠. 그리고 1950년대 중반부터 많은 인구가 탄생합니다. 이분들이 지금 대거 은퇴하고 있는 베이붐세대입니다. 대한민국의 현대 문명, 제조산업의 근간을 다 이룩하신 주역들이죠. 정말 존경받을 만한 세대입니다. 데이터로 보면 더욱 명백합니다. 인류 현대 100년사에, 아무런 과학 기반 없이 식민지에서 출발해 국민소득 3만 달러를 달성한 나라는 대한민국이 유일합니다. 유니세프(세계아동구호기금)로부터 원조를 받다가 원조를 제공하게 된 세계 유일 국가이기도 합니다. 원조를 제공하다가 망해서 원조를 받고 있는 국가는 많습니다. 유니세프에서 보내준 원조로 차려진 밥상을 받고 자라 어른이 된 후, 당대에 그걸 되돌려준 세계 유일의 세대가 우리 기성세대입니다.

제조업으로 가면 더욱 놀랍습니다. 철이 산업의 쌀이라고 불리던 시대에 세계 1위의 철강회사를 만들어내는가 하면, 엄청난 기술력을 요구하는 조선업에서도 세계 1위를 기록합니다. 정주영 회장이 500원짜리 지폐에 인쇄된 거북선을 보여주며 우리는 배를 잘 만드는 민족이라고 설득해 투자금을 받아낸 일화는 지금도 유명합니다. 아무것도 없던 나라에서 세계 1위를 만들어내고 나니, 그다음부터는 아예 세계 1위가 당연한 목표가됩니다. 최근에는 포노 사피엔스 시대의 핵심 부품인 반도체, 디스플레이, 스마트폰이 세계시장에서 1위를 차지하고 있습니다. 이 모든 것이 국민소득 100달러 이하이던 최빈국에서 태어나 배움에 대한 열정으로, 잘사는 세상을 아이들에게 물려주겠다는 욕심으로 살아온 세대가 만들어낸 대한민국 제조산업의 기적입니다.

그 과정 중에 여러 가지 사회적인 부작용이 일어났던 것은 사실입니다. 그것조차 우리는 이제 반성하고 극복하면서 세계 사람들이 부러워하는 민주적인 사회를 갖게 되었습니다. 팩트는 거짓말을 하지 않습니다. 몇몇 정치인들이 주장하는 대로 대한민국의 기성세대가 부정과 부패로 얼룩져 있었고 기업들은 탐욕스러운 수탈만 일삼아왔다면, 지금의 대한민국이 있을 수 있었을까요? 그렇기만 했던 나라들은 대부분 망해버렸습니다. 우리가 세계 최빈국에서 발돋움해 엄청난 선진 문명과 제조산업의 힘을 갖게 된 건 기성세대가 세계사에 유래가 없는 노력과 실력으로 기적 같은 현실을 만들어냈다는 명백한 증거입니다. 이 놀라운 팩트가 우리나라에서만 정치 논리로 인해 저평가되고 있는 현실이 안타까울 따름입니다.

패스트 팔로워 전략

안타까움은 일단 접어두고 이 축적된 제조의 디테일을 어떻게 활용할 것인지 고민을 시작해봅시다. 지금까지 우리가 제조기술을 발전시킨 전략은 패스트 팔로워였습니다. 항상 선진국에 따라 할 모델이 있었고 그것보다 조금 더 나은 스펙을 만들 수 있다면 성공이라고 판단했습니다. 그래서 굳이 새로운 걸 기획하고 만들고 도전할 필요가 없었습니다. 창조적 도전은 대부분 실패로 귀결되었고, 그래서 우리에게 그런 방식은 맞지 않다고까지 생각하게 되었습니다. 그런데 이제 소비의 방식이 달라졌습니다. 소비시장의 섹터는 세분화되었고 광고에 기반한 대규모 소비는 급격히 줄어들었습니다. 인플루언서의 영향으로 인한 소비가 확대되면서 팬덤 소비가 새로운 소비 트렌드가 되었습니다. 그래서 상품의 기획부터 유통까지 새로운 소비 시스템에 맞취 바뀌어야 하는 시대가 되었습니다.

이런 흐름에 발맞춰 제조 선진국인 독일과 일본에서는 인더스트리4.0Industry 4.0을 통해 제조의 자동화와 지능화를 추진 중입니다. 스마트팩토리는 대표적인 제조 혁신의 상징으로 자리 잡았습니다. 독일의 아디다스는 스마트팩토리의 상징으로 불리는 새로운 개념의 신발공장 '스피드팩토리'를 독일에 세우고 시범 생산을 시작했습니다. 이 공장은 포노 사피엔스 시대의 소비 개념에 맞춰 온디맨드 생산Manufacturing On-demand을 실현한 사례입니다.

온디맨드란 모바일과 같은 정보통신기술 인프라를 이용해 소비자가 원하는 것을 원하는 때에 맞춤형으로 제공하는 경제 활동을 말합니다. 요즘 소비자들은 음악도 듣고 싶은 때 언제든 스트리밍앱이나 유튜브를 틀어 듣습니다. 영화도 폰으로 보고, 옷과 신발도 디지털 플랫폼에서 원하면 언제든 구매할 수 있습니다. 이 모든 게 온디맨드 활동입니다.

그러나 디지털 플랫폼 기반의 소비는 급증했지만 제조는 여전히 대량 생산에 의존합니다. 신발은 판매 6개월 전에 제조 된 걸 신어야 하고 판매에 실패할 경우 재고도 큰 문제가 됩니다. 스피드팩토리는 이 문제를 해결하는 제조 솔루션입니다. 스피드팩토리에서는 로봇과 3D프린터가 신발을 만듭니다. 소비자가 주문을 하면 그때부터 생산에 들어가 5시간이면 제조가 완료

됩니다. 연 생산 50만 켤레의 설비에 직원은 10명, 나머지 업무는 모두 자동화된 라인이 해결합니다. 주문이 없으면 생산도 없고, 따라서 재고도 없습니다. 생산된 상품은 택배로 고객에게 전달됩니다. 주문 후 24시간 내 배달을 완료한다고 해서 붙여진 이름이 스피드팩토리입니다. 일반적으로 신발 한 켤레 가격의 50퍼센트는 소매점의 마진(임대료와 인건비를 지급하는 점주)이라고 합니다. 거기에 재고비용까지 생각하면, 스피드팩토리의 효율성은 더욱 놀랍습니다. 아디다스는 10년 이내에 디자이너 브랜드(고급 제품)에 한하여, 제품 생산을 스마트팩토리 형식으로 하겠다고 발표한 바 있습니다. 아직까지 3D프린팅 기술이 부족한 점이 많아 다소 어려움을 겪고 있긴 하지만 충분히 가능성 있는 이야기입니다.

우리가 스피드팩토리에서 배워야 할 점은 소비방식에 맞춰 제조방식을 바꾼다는 점입니다. 소량이든 대량이든, 소비자가 선택하면 생산하고 아니면 생산을 하지 않는다는 겁니다. 소비자는 여러 디자인 중에서 맘에 드는 걸 고를 수 있고 제조 시스템은 이에 대응해서 24시간 내에 제품을 제공합니다. 이것이 핵심입니다. 온디맨드 소비에 익숙해진 사람들에게 가장 효율적인 제조방식이죠.

이런 시스템을 구축하는 건 대한민국이 가장 잘할 수 있습니다. 제조에서 생산의 라인이 가장 복잡하고 최고의 정밀도를

요하는 게 바로 반도체입니다. OLED 디스플레이도 유사한 방식입니다. 알루미늄 케이스로 만들어지는 최근의 스마트폰도 마찬가지입니다. 엄청난 길이의 생산 라인을 세계 최고의 기술로 다듬어 최고의 제품을 완성하는 게 우리 제조의 디테일입니다. 생산을 담당한 대기업과 수백 개의 장비기업이 호흡을 맞춰 만들어내는 종합예술이기도 합니다. 이런 실력이라면 신발처럼 소비재를 만드는 것도 충분히 가능합니다.

문제는 해보지 않은 영역이라는 겁니다. 대량 생산하면 판매가 보장되는 부품 제조에 익숙한 우리 제조업에서 겁낼 만도 하고요. 그래서 많은 생각과 기획이 필요합니다. 소비방식에 대한 정확한 이해도 필요하고, 이에 대응하는 제조 시스템의 설계도 필요합니다. 디자이너와도 유통기업과도 협업이 필요합니다. 다양한 제조기술에 대한 정확한 이해도 필요합니다. 많은 사람들이 함께 모여 만들어내야 하는 종합예술이니까요. 더구나 보고 베낄 샘플도 없는 상황입니다. 창조적인 생각에 제조의 스킬을 더해 제대로 만들어야 팬덤을 만들 수 있습니다. 고객의 눈높이는 이미 엄청 높아졌기 때문입니다. 그래도 제품의 디테일이 팬덤을 만드는 결정적 요소라면, 분명 우리는 잘해낼 수 있습니다.

이런 시스템을 만드는 데는 융합에 기반한 창조적 아이디어가 필요합니다. 새로운 도전은 기존의 시스템을 카피하는 것에 비해 성공하기 어렵습니다. 거기에 IoT와 로봇, 3D프린터 등 익숙하지 않은 기계와 소프트웨어를 다뤄야 합니다. 그래서 어렵고 난관이 많은 도전이 될 것은 분명합니다. 그러나 우리 제조업이라면 할 수 있습니다.

'유튜브'라는 생태계의 법칙

빅 데이터 분석을 비즈니스 전략에 즉각적으로 반영할 수 있도록 하기 위해서는 무엇보다 데이터를 보고 고객의 변화를 읽어내는 힘이 필요합니다. 여기에는 고객에 대한 경험이 가장 중요한 자산이 됩니다. 데이터와 경험을 연계하는 능력은 오직 훈련에 의해서만 만들 수 있습니다. 따라서 기업이든, 개인이든, 끊임없이 데이터를 읽고 고객의 변화를 이해하는 훈련을 해야 합니다. 최근에는 아마존 웹서비스, 애저, 구글 클라우드 같은 클라우드 서비스에서 빅 데이터 분석 기능을 다양하게 제공하고 있습니다.

유튜브에 광고를 얹다

우리나라 미디어 소비 변화를 데이터를 기반으로 한번 분석해보죠. 2016년 네이버는 광고 매출이 지속적으로 증가하면서, 종국엔 지상파 TV 3개사 그리고 신문 3,700개사의 광고비를 추월합니다. 네이버의 영향력이 신문과 지상파 TV보다 커졌다는 뜻입니다. 네이버가 광고의 대세가 되었다고 생각하는 사이, 2016년부터 유튜브의 사용 시간도 폭발적으로 증가합니다. 2018년에는 유튜브앱의 하루 사용 시간이 네이버에 비해 무려 2배나 많은 것으로 조사되었습니다. 명실공히 유튜브는 우리나라 미디어 소비의 대표 플랫폼이 되었습니다.

이 데이터들은 무엇을 의미할까요? 만약 소비자를 대상으로 하는 광고를 기획한다면 TV와 신문 비중을 줄여 네이버로 이동한 후, 2018년부터는 유튜브 광고를 네이버보다 2배 늘려야 한다는 것을 의미합니다. 사실 우리나라의 많은 기업들은 이 방식을 잘 따르지 않습니다. 광고주와 언론의 특수적 관계까지 감안해서 여전히 TV와 신문에 광고를 게재합니다. 그러나 아무래도, 그 비율은 현저히 줄긴 했습니다. 이제는 TV와 신문의 위기가 기업들에게도 본격화되었기 때문에 다른 곳을 배려해줄 여유가 없어진 겁니다.

실제로 미국에서는 이미 이런 현상이 시장을 지배한 지 오래되었습니다. 심지어 아마존은 2001년부터 2007년까지 TV광고를 중단했었습니다. TV광고와 매출의 연계성이 높지 않다는 테스트까지 거쳐 내린 결론이었습니다. 'TV광고를 하면서 매출

효과를 분석한 다음 ROI(Return on Investment)가 만족스럽지 않으면 비용을 축소한다. 동시에 구글, 페이스북, 인스타그램, 유튜브 등 온라인 매체를 통한 광고는 확대한다.' 그리고 이 결정은 거의 모든 플랫폼기업들의 교과서가 됩니다.

사실 플랫폼 광고는 이미 데이터를 기반으로 움직인 지 오래입니다. 많은 대기업들의 광고가 기존 미디어 플랫폼에서 온라인 미디어 플랫폼으로 대거 이동했고, 또 지속적으로 이동 중입니다. 그런데 여기서 문제가 발생합니다. TV광고를 유튜브에 올려놨더니 보는 사람도 많지 않고, 광고 효과도 TV에 비해서는 미미했던 것입니다. 원인은 미디어 소비 문명의 변화를 인지하지 못한 데 있었습니다. 포노 사피엔스들은 TV와 신문에 익숙한 세대와는 미디어 소비의 방식도, 콘텐츠 특성도 아주 다릅니다. 그러니 기존방식으로 제작된 광고를 자꾸 떠먹여봤자 효과가 나지 않는 겁니다. 이들은 무엇을 사야 한다고 강요하는 광고에 대해 그리 익숙하지 않은 세대입니다. 광고가 매출로 이어지지 않는 이유입니다.

캐리TV가 성공한 이유

그래서 데이터를 통해 확인해야 할 것은 숫자만이 아니라 숫자를 통해 보여주는 소비 행동의 본질적 변화입니다. 사실 우리나라에서 유튜브 사용 시간을 폭발적으로 증가시킨 건 수많은 유튜버(유튜브로 개인방송을 하는 사람들)들이 인기를 모으면서부터입니다. 유튜버들이 성장하면서 많은 광고주들이 유튜브로 몰려가게 되었고, 유튜버들도 수익이 증가하면서 이제는 기존 방송계를 위협하는 미디어 광고 생태계를 형성하게 된 것이죠. 유튜브 개인방송 산업이 성장한 배경을 보면 미디어 소비 패턴이 얼마나 빠르게 팬덤 중심으로 이동하는지를 알 수 있습니다.

성공적으로 안착한 대표적 유튜브 방송이 캐리TV입니다. 원래는 '캐리와 장난감 친구들'로 시작했었죠. 캐리TV가 성취한 데이터를 보면 이 문명의 특징을 이해할 수 있습니다. 2014년 권원숙 대표가 자본금 천만 원으로 MCN(Multi Channel Network) 사업에 도전합니다. 아이들을 행복하게 해주는 방송을 만들겠다는 신념을 가지고요. 캐리TV는 창업 원년 17만 원의 매출로 출발해, 2016년 매출 30억 원을 돌파하며 구독자 수가 100만 명을 넘어섰고, 2018년에는 190만 명을 넘었습니다. 그러는 사이 오프라인 연극산업에도 진출하고, 중국에도 진출하며 사업 다각화도 부지런히 추진했습니다. 워낙 경쟁이 치열한 키즈TV 분야인만큼 앞으로 어떤 일이 벌어질지 아무도 예측할 수 없지만, 캐리TV의 성장 스토리와 속도를 보면 미디어 소비 패턴의 급격한 변화를 읽을 수 있습니다.

사실 캐리TV는 고작 3평짜리 스튜디오에서 시작했습니다.

정말 아이들이 좋아할 방송만 만들면 성공할 수 있다고 믿고 시작한 것이죠. 자본이 없으니 마케팅도, 광고도 여력이 없었습니다. 오직 비디오를 찍어 유튜브에 올리기만 했습니다. 그럼에도 어떻게 성공을 거둘 수 있었을까요?

우선 190만의 정기 구독자를 분석해보겠습니다. 이 방송의 타깃 고객은 미취학 아동입니다. '뽀뽀뽀'에서 모티브를 얻어 시작했다고 하죠. 4~7세 미취학 아동은 우리나라 인구로 보면 최대 140만 명입니다. 그렇다면 190만이란 숫자는 상당수의 해외 교포까지 포함해 거의 모든 아이들이 캐리TV를 정기 구독 중이라는 뜻입니다.

그럼 무엇이 아이들이 캐리TV를 보게 하는 원동력이 되었는지가 궁금해집니다. 이 방송은 부모님이 권장하는 프로가 아닙니다. 콘텐츠 자체가 완구로 놀이하는 모습을 보여주는 것이다 보니, 방송에 나온 장난감을 자꾸 아이들이 사달라고 합니다. 그러니 부모에겐 사실 달갑지 않은 방송입니다. 마케팅도 하지 않았고, 부모도 권유하지 않았다면 이걸 퍼뜨린 주인공은 단 하나입니다. 바로 아이들이죠. 아이들이 어린이집에서 서로 대화하며 캐리TV를 퍼뜨리며 입소문이 난 것입니다. 말하자면, 이렇게 된 겁니다.

"너 어제 캐리 언니가 갖고 놀던 장난감 봤어? 그거 진짜 재밌겠더라."

"캐리 언니가 누구야? 우리 집에는 그런 거 안 나오는데?"

"너 유튜브 캐리 언니 몰라?"

"응, 난 몰라."

"너 그래서는 앞으로 사회생활 힘들다. 이건 꼭 봐줘야 해."

다소 유머러스하긴 하지만, 어쨌든 이런 방식으로 캐리TV는 구독자 수 190만을 만들어냅니다. 따져보면 캐리TV 앞엔 장애물도 엄청났습니다. 4~7세 아이들이 본인 소유 스마트폰을 갖고 있을 확률은 얼마나 될까요? 거의 제로에 가깝습니다. 그렇다면 이 아이들이 엄마나 아빠의 폰을 뺏어서 방송을 보았다는 말이 됩니다. 그것도 본인의 손으로 직접 캐리TV를 찾아본 것입니다. 아무리 아이들이지만 재미없는 것은 절대 보지 않습니다. 아니, 더더욱 보지 않죠. 그런데 스스로 선택하게 만든 것입니다. 팬덤의 힘입니다. '오직 킬러콘텐츠로 승부하고, 성공하면 팬덤이 형성되고, 팬덤이 확장되면 사업이 된다.' 이것이 유튜브 생태계의 사업화 법칙입니다. 그리고 보면 모든 결정권은 팬, 즉 소비자가 갖고 있습니다. 이래서 디지털 플랫폼에서는 '소비자가 왕이자 절대권력자다.'라고 이야기하는 것입니다.

팬덤 형성의 조건

팬덤의 크기가 클수록 비즈니스는 확장됩니다. 그러니 모든 유튜버들은 자기의 타깃 고객이 좋아할 방송을 만드는 데 집중합니다. 소비자는 친구가 아무리 재밌다고 권유해도 자기가 봤을 때 별로라고 생각하면, 다시는 소비하지 않습니다. 당연히 팬덤도 형성되지 않죠. 단 한 번의 경험이 매력적이면 깊이 빨려 들어가게 됩니다. 이렇게 소비자를 끌어들이는 힘을 킬러콘텐츠라고 합니다. 모든 성공한 유튜버들은 팬덤을 만드는 킬러콘텐츠를 갖고 있습니다. 결국 디지털 플랫폼에서의 성공 요인은 무엇보다 킬러콘텐츠를 만드는 일이라고 할 수 있습니다. 미디어 산업의 이 특징은 서비스업, 제조업, 금융업 등 모든 분야에서 일관되게 성공의 키워드가 되고 있습니다.

혹시 유튜브 개인방송을 즐겨 보시나요? 만약 보고 있지 않다면 지금부터라도 한 번씩 찾아보십시오. 특히 정기 구독자가 많은 채널은 어째서 인기가 많은지 살피면서 공부하십시오. 물론 이런 방송이 취향에 맞지 않는데도 좋아하라는 뜻은 아닙니다. 개인적으로 좋아하는 것은 그냥 하던 대로 즐기시면 됩니다. 이건 특별히 시간을 내어 공부를 하라는 뜻입니다. 어느 연령대이든, 나의 취향이 무엇이든, 이 문명을 어떻게 생각하든 앞으로 좋은 인재로 계속 성장하고 싶다면 꼭 시간을 내어 새로운 문명을 학습하라는 뜻입니다. 새로운 소비 문명이 등장했고 우리가 그걸 배운 적이 없다면 애써 배워야 합니다. 그래야 그 문명에 맞는 새로운 생각을 할 수 있습니다. 유튜브 문명, 그래서 꼭 배워야 합니다.

새로운 사업을 기획한다면 미디어 소비 문명의 변화는 반드시 이해해야 하는 사업 영역입니다. 미디어 소비 패턴의 변화는 영업과 마케팅에 직결되기 때문이죠. 동시에 머지않은 미래에 변화할 비즈니스의 트렌드를 미리 볼 수 있는 지표이기도 합니다. 그래서 항상 데이터를 분석하고 패턴을 이해해야 합니다. 더구나 시장마다 다른 패턴을 보이는 만큼 국가별로, 타깃 마켓별로 철저히 분석하는 것이 필요합니다. 데이터가 쌓일수록, 그걸 분석하는 인재가 많아질수록 기업의 혁신 능력은 올라갑니다.

'디지털 루저'에서
문명의 '아이돌'로

최고의 1인 크리에이터 대도서관은 어려서부터 게임을 좋아했다고 합니다. 인기 있는 게임이 나올 때마다 밤을 새워 마스터하고, 가장 먼저 '만렙'을 찍으며, 그 비결을 친구들한테 알려주는 게 학창 시절의 낙이었다고 하니 공부는 뒷전이었을 게 뻔하죠. 고3 시절, 가정 형편이 어려워지면서 그는 대학도 포기합니다. 생계를 위해 알바를 하면서도 게임에 대한 열정을 놓지 않았던 그는, 이번에는 영화의 세계에 빠집니다. 잠을 줄여가며 엄청난 양의 비디오를 보면서 머릿속에 콘텐츠를 새겨 넣었습니다. 사실 그냥 좋아서 관심을 가졌을 뿐인데, 이 두 가지가 훗날 그의 인생을 바꿔놓은 엄청난 자산이 됩니다.

고졸 백수인 그에게 기회가 많지는 않았습니다. 그러다 한 온라인 콘텐츠업체에서 알바의 기회를 잡습니다. 자신 있던 분야였습니다. 대도서관은 이미 지니고 있던 자신의 지식에 기업이 보유하고 있던 노하우를 착실히 쌓아갑니다. 야근도 마다않고 열정을 다해 일하다 보니 실적도 좋아져 사장님이 정직원을 제안했습니다. 대학 졸업장도 없는 그에게는 파격적인 일이었죠. 그렇게 시작한 회사원 생활은 그를 더 튼튼하게 키웠고, 이어 그는 두 번째 회사 이투스로 이직합니다. 그리고 이투스가 대기업 SK에 매각되면서 그는 갑자기 고졸 대기업 사원이 되었습니다. 누구나 만족할 만하다 싶은 자리에 앉게 된 것입니다.

하지만 대도서관은 거기에 안주하지 않았습니다. 꼭 자기 사업을 하고 싶었기 때문이죠. 그리고 그 방법은 1인 크리에이터가 되는 것이라고 판단했습니다. 고졸 출신에 이렇다 할 스펙도 없는 자신한테 투자할 자본은 그리 많지 않았고, 그래서 스스로의 능력을 직접 입증해야 했던 겁니다. 그렇게 시작한 크리에이터의 길은 당연히 험난했습니다. 선정적 내용과 욕설이 난무하는 초기 크리에이터 시장에서 그는 콘텐츠로만 승부하는 '정도正道'를 택했습니다. 욕도 많이 먹었고 그래서는 돈이 안 된다는 이야기도 많았습니다. 하지만 버텼습니다. 선정성과 욕설로 사람을 끌어올 수는 있겠지만, 결국 그런 걸 좋아하는 사람들만 모인다면 지속적인 채널이 될 수 없다고 판단한 것입니다.

그렇게 8년을 버텼습니다. 오랜 시간 성실하게 바른 길을 걸어온 그의 콘텐츠에 매료된 많은 사람들이 모이고 모여, 이제 그의 채널은 190만 명의 정기 구독자를 보유하고 있습니다. 그리고 그는 최고의 유튜버가 되었습니다. 수입도 연 17억 원을 넘겼고, 2018년에는 TV 방송 프로그램에도 출연하고 광고도 찍는 등 진정한 MCN사업의 대표주자로 자리매김하고 있습니다. 그의 꿈은 코난 오브라이언 같은 시사 프로그램의 MC라고 합니다. 물론 기존 방송사에 나가서 하고 싶은 게 아니라 자기방식 그대로 유튜브를 통해 실현하고 싶다고 합니다. 앞으로 10년 안에 그의 꿈이 이루어지지 않을까요? 그곳에서도 경쟁은 치열하겠지만 성공 가능성은 충분해 보입니다.

대도서관과 같은 크리에이터들이 아프리카TV, 네이버TV, 유튜브 등에 등장한 초기에는 심한 경쟁으로 많은 부작용이 있었습니다. 선정적인 방송, 욕설이 난무하는 방송, 무지막지하게 먹는 방송, 엽기적인 행동을 하는 방송 등이 주류를 이루며, 개인방송은 정말 문제가 많다는 인식이 대다수였죠. 결코 정상적이지 않은 이런 콘텐츠들 때문에 청소년들이 병든다는 의견도 많았습니다.

그런데 소비자들이 그렇게 우매하지만은 않았습니다. 그 수많은 방송들 중에서 옥석을 가려내고 좋은 콘텐츠를 찾아 즐기는 사람들이 늘어난 것입니다. 또한 비상식적인 방송으로는 지속적으로 성장할 수 없다는 교훈도 얻었습니다. 물론 아직도 문제는 많습니다. 그러나 자율적으로 즐기는 문화의 공간에서 이 정도의 자정력을 갖고 있다면 매우 놀랄 만합니다. 모든 것은 규제하고 통제해야 한다는 기존 방송 문명의 입장에서는 이해할 수 없는 일이기도 하죠. 크리에이터들이 성장하는 비결을 보면 이 시대 미디어 소비 문명의 특성을 이해할 수 있습니다.

유튜버들이 성장하면서 대한민국 부모들의 걱정이 늘었습니다. 많은 아이들이 공부는 하지 않고 자기도 크리에이터가 되고 싶다고 하기 때문이죠. 초등학생들이 가장 되고 싶은 직업 TOP5에도 크리에이터가 뽑혔다고 합니다. 어른들은 그게 무슨 직업이냐고 걱정합니다. 그런데 정말 그럴까요? 1980년대 대한민국의 성공 사례는 고등학교만 졸업하고 열심히 기술을 배워 제조기업을 일으킨 중소기업 사장님들이었습니다. 고졸 자수성가의 대표적 사례라면 어려운 환경에서도 야간대학을 다니고 대기업에 들어가 사장이 되거나, 고시를 패스해 고위 공직자가 되는 것이었습니다. 그 모든 것의 근간은 시험을 잘 보고 공부를 열심히 해야 하는 것이었지요.

그런데 이제 당당히 게임에 미쳐, 영화에 미쳐 학창 시절을 보냈던 한 청년이 새로운 자수성가의 반열에 이름을 올렸습니다. 대도서관이 아이들의 우상이 된 게 문제일까요? 전혀 그렇지 않습니다. 나이 마흔에 연 수입 10억 원 이상이면 대기업 사장급입니다. 무엇보다 언제 잘릴까, 언제 망할까 노심초사 안 해도 됩니다. 꿈도, 성장 과정도 바르고 당당합니다. 고운 말만 쓰고, 성실하고, 자기가 좋아하는 일을 깊이 파서 사람들한테 매력적인 방법으로 전합니다. 갑질에, 다른 사람 뒤통수치기도 안 해도 됩니다. 자기가 노력하는 한, 은퇴하고 바로 할 일이 없어지는 것도 아닙니다. 은퇴 후 많은 유튜버 꿈나무들을 가르치며 보람 있게 사는 삶을 계획할 수도 있습니다. 이런 직업이 꿈인데 대기업 사장, 국회의원, 변호사가 아니라고 걱정할 필요가 있겠습니까.

디지털 문명은 새로운 세상을 이미 열었습니다. 어른들이 옳다고 생각하는 사회가 얼마나 지속될지 아무도 모릅니다. 끊임없이 새로운 문명을 학습하고 변신하며 기회를 창조하는 시대입니다. 그것이 진정한 의미의 크리에이터입니다.

유튜버에 열광하는 문명은 정정당당한 기준을 좋아하는 문명이기도 합니다. 성공한 유튜버의 조건에 돈 많은 부모, 엄청난 학벌, 뛰어난 외모는 없습니다. 오직 사람들이 열광할 만한 콘텐츠가 있느냐의 경쟁뿐입니다. 거기에는 삶에 대한 진실성도 담겨 있어야 합니다. 잘 포장된 콘텐츠로 방송하며 인기를 끌었던 유튜버들 중에 실제 생활에서의 이중적인 모습이 드러나 순식간에 사라진 경우도 많이 있습니다. 그만큼 오픈된 사회에서 대중이 사랑하는 유튜버가 되는 일은 어렵고 또 힘든 길입니다. 그러나 과정은 공정하고 당당합니다. 그래서 소비자들이 점점 더 매료되고 있는지도 모릅니다.

왕홍과 광군제

중국이 먼저 움직이고 있다

우리나라 최고의 유튜버는 1년에 20억 원(2017년 기준) 정도를 버는 것으로 알려져 있습니다. 미국의 최고 인기 유튜버는 공식적인 수입이 2,200만 달러(약 247억 원) 정도 되고, 이외에 기업 제품 소개 방송 및 기타 수입으로 또 그만큼을 번다고 합니다. 유튜버가 유명해지면 기업들의 상품 광고도 하게 되고, 기존 TV 방송국과 함께 공동 방송도 제작하는 등 수입원이 다양화됩니다. 크리에이터의 재능으로 다양한 채널을 통해 팬덤을 확대하고 수입을 다변화하며 비즈니스를 키워가는 것이죠. 바야흐로 MCN사업의 실현이라고 할 수 있습니다.

중국시장을 움직이는 왕홍

이미 미국의 유튜브 생태계는 우리보다 20배 이상 성장해 있습니다. 최고의 유튜버로 알려진 퓨디파이는 정기 구독자만 7,100만 명(2018년 기준)을 넘었습니다. 게임방송으로 채널을 개설한 퓨디파이는 이제 세계 청년들이 열광하는 크리에이터가 되었습니다. 더 놀라운 소식도 있습니다. 2018년 미국에서 최고 수익을 올린 유튜버는 놀랍게도 7살짜리 꼬마 라이언입니다. 그의 방송은 전 세계 1,700만 명이 넘는 아기들이 즐기고 있고, 2018년 한해 광고 수입만 2,100만 달러(약 236억 원)를 돌파했다고 합니다. 이렇게 빠른 속도로 성장하면 1년에 천 억 원이 넘는 수익을 올리는 유튜버, 실시간 방송 시청자 수를 1억 명 이상 기록하는 유튜버가 탄생하는 날도 그리 멀지 않은 것 같습니다. 이처럼 자발적 참여에 기반한 팬덤 소비는 엄청난 속도로 성장 중이고, 우리는 그걸 데이터로 확인할 수 있는 시대에 살고 있습니다.

개인 크리에이터에 기반한 소비 문명의 선도 국가는 놀랍게도 중국입니다. 사실 중국은 온라인 소비가 이미 대세가 된 나라입니다. 2017년 기준, 온라인 거래 금액이 미국의 10배를 기록했고, 전 세계 온라인 상거래 금액의 40퍼센트를 차지하고 있습니다. 우리나라나 미국이 개인방송을 통해 광고 수입을 올리거나 그 영향력을 기반으로 간접 수입을 올리는 데 머물러 있는 반면, 중국은 아예 미디어를 일반 소비와 연결해서 사업화를 정착시키고 있습니다. 영향력 있는 인플루언서influencer를 주축으로 크리에이터 기반의 유통망을 만들고 새로운 사업 모델로 키운 것이죠. 그것이 왕홍网紅입니다.

왕홍은 왕뤄홍런网络红人의 줄임말로, '1인 크리에이터' 또는 '유튜버', '인터넷 스타'라고 할 수 있습니다. 2017년 중국의 왕홍이 올린 매출은 950억 위안(약 15조 원)에 이르렀고 4억 6천만 명이 이들이 만든 방송을 보았다고 합니다. 왕홍은 팬덤을 통해 물건을 파는 팬덤 소비의 상징이기도 합니다. 그들은 개인방송을 통해 이 물건, 저 물건을 사용해보며 직접 판매도 합니다. 알리바바는 이들을 위해 타오바오몰 내에 특별 사이트를 만들어주었습니다. 팬들이 방송을 보다가 사고 싶은 물건을 보면, 바로 화면을 찍어서 살 수 있도록 시스템을 구축했죠. 미디어 소비와 제품 소비를 한 번의 터치로 연결한 겁니다.

왕홍들의 영향력은 계속해서 폭발적으로 성장하고 있습니다. 최고의 왕홍 중 한 명인 장다이张大奕는 2016년에 개인 수입만 3억 위안(약 500억 원)을 기록했다고 합니다. 소비자들은 자기가 좋아하는 개인방송을 보면서 그들이 사용하거나 권유하는 상품들을 사고 있습니다.

이러한 새로운 소비 패턴은 기존의 유통망에게는 큰 위기가 되고 있습니다. 기존의 비즈니스 시스템은 주로 광고를 통해 제품을 소개합니다. 사람들에게 가장 큰 영향력을 가진 방송에서 물건을 소개하는 광고를 내보내고, 그렇게 해서 상품을 인지

한 사람들이 상점에 가 물건을 사게 하는 것이죠. 이 거대한 유통의 시스템은 지난 50년 동안 견고하게 구축되고 또 발전되어 왔습니다. TV라는 매체를 통해 TV홈쇼핑이 등장한 것도 발전의 사례입니다.

그런데 이 불가침의 절대권력이던 방송과 상관없이, 오로지 인플루언서의 팬덤과 인터넷 연결성에 기반한 새로운 소비 방식이 경쟁자로 등장한 것입니다. 방송이 절대권력이던 시절에는 거대한 자본이 필요한 광고 없이는 상품이나 서비스를 유행시키기 거의 불가능했습니다. 그래서 막대한 자본과 인프라를 갖춘 대기업은 절대권력을 가질 수 있었고, 신생 기업들은 시장에 도전할 기회도 많지 않았습니다. 그런데 이제 새로운 가능성이 열린 겁니다. 왕홍들은 자본 없이 방송을 시작해서 팬덤을 먹고 성장합니다. 팬덤이 확대되면 스스로 상품을 선택해 소비를 일으키고, 판매에 따른 이익은 제조사와 나눕니다. 광고, 마케팅, 유통 등 복잡한 판매 과정에서 발생하는 비용은 줄어들고 이익은 늘어납니다. 왕홍이 하는 방송을 보면서 물건을 사는 소비자들은 새로운 문명을 이벤트처럼 즐기며 점점 이 소비를 늘려갑니다.

왜 우리에겐 광군제가 없을까?

팬덤 소비는 연례행사로도 확산됩니다. 미국의 블랙프라이데이 세일 행사를 온라인으로 만들어보자는 마윈(알리바바의 창업자)의 아이디어가 2009년 광군제라는 이름을 달고 시작됩니다. 11월 11일, 1이 4개 겹치는 날은 솔로들을 위한 날이니, 그들을 위한 선물을 하자는 취지였습니다. 무려 80퍼센트 이상의 할인율을 적용하니 많은 사람들이 몰리기 시작합니다. 첫해 6천만 위안(약 100억 원)도 안 되는 매출로 시작해 2017년 1,700억 위안(약 28조 원), 2018년 무려 2,135억 위안(약 35조 원)의 매출을 하루 만에 기록합니다. 그리고 이 어려운 시대에도 연 평균 30퍼센트의 성장을 이어갑니다. 소비자들은 모두 모여 전광판에 올라가는 매출액을 즐기며 쇼핑에 빠져듭니다.

광군제가 큰 성공을 거두자 경쟁 기업인 중국의 징둥京东도 유사한 행사를 만들고 2017년 하루 1,300억 위안(약 22조 원)의 매출을 올렸습니다. 새로운 소비는 중국 내에서만 머물지 않습니다. 미국에서 출발한 블랙프라이데이 행사는 중국으로 건너와 광군제가 되었고, 다시 미국의 아마존이 이를 카피한 아마존프라임데이라는 행사로 탈바꿈하여 미국 대륙에 재상륙합니다. 2013년부터 시작된 이 행사는 2018년 매출 36억 달러(약 4조 원)를 기록하며 미국 소비 문명에 바람을 일으키고 있습니다.

이 문명은 이제 우리나라에도 새로운 바람을 일으키기 시작합니다. 광군제에 많은 고객을 빼앗기기 시작한 우리나라 유통업체들도 11월 11일에 맞춰 대규모 세일 행사를 시작한 것입니다. 11번가에서는 11월 11일을 '11절'이라고 이름 붙이고 광군제에 버금가는 이벤트로 만들어, 일 매출 1,000억 원 돌파라는 의미 있는 기록을 만들었습니다. G마켓, 쿠팡 등 대표적 온라인 기업들도 11월을 기준으로 60~70퍼센트의 대규모 세일 행사를 펼치고 있습니다. 신세계, 롯데 등 백화점들도 이에 질세라 전례 없는 대규모 할인 행사를 펼치면서 '11월은 세일 시즌'이라는 이 시대 신소비 문명에 동참하고 있습니다.

미국의 블랙프라이데이, 중국의 광군제는 이제 더 이상 그 나라만의 소비 행사가 아닙니다. 스마트폰을 든 모든 인류가 함께 즐기며 동참하는 행사이자 축제입니다. 국내에서도 이 행사 때 엄청난 해외 직구가 발생하면서 우리나라 유통업체들이 대응책을 만들지 않을 수 없었습니다. 세계의 소비자들은 이제 이 거대한 이벤트를 하나의 축제로 승화시키고 스스로 팬이 되었습니다. 광고에 의한 소비 확산이 아니라 팬덤에 의한 소비 확산은 디지털 플랫폼 기반 비즈니스의 가장 중요한 성공 요소입니다. 그리고 그 중심지가 바로 중국시장이라는 것은 매우 의미심장합니다.

우리 정부도 새로운 세일 행사를 기획하여 우리나라 유통

기업들의 참여를 독려했습니다. 바로 코리아세일페스타입니다. 2016년 문화체육관광부 등 정부가 주도해 야심차게 기획한 이 행사는, 그러나 안타깝게도 참패로 끝납니다. 2018년에도 많은 예산을 투입하며 행사를 개최했지만 고객 참여 규모나 매출 면에서 크게 기대에 못 미치고 말았습니다. 이런 행사의 기획이 바로 디지털 플랫폼 비즈니스 기획 철학의 부재를 보여주는 사례입니다. 포노 사피엔스 시장은 팬덤으로 만드는 것이고 그래서 오직 고객이 왕입니다. 권력의 권유로 기업의 참여와 세일을 강요하고 정부 행사를 만들어 실적을 내겠다고 접근하면, 고객은 당연히 외면할 수밖에 없습니다.

소비방식도 대부분 오프라인 매장 중심이었습니다. 이건 기존의 호모 사피엔스 유통방식입니다. 이미 연중행사로 계절마다 하고 있는 백화점 세일과 크게 다를 바도 없습니다. 할인율도 애매합니다. 그러니 스마트한 고객의 반응은 냉담할 수밖에 없습니다. 알리바바나 아마존의 행사에 비교하니 더욱 어이가 없습니다. 온라인상에서 팬덤이 형성되지 않으니 포노 사피엔스들은 무관심해지고, 기존방식에 익숙한 고객들도 그저 그런 정부 행사로 인지합니다. 전체 사업의 기획에 고객 중심은 찾아볼 수 없고, 권력 중심 기획의 냄새만 진동합니다. 성공에도 분명한 이유가 있지만 실패에는 특히 더 분명한 이유가 있습니다. 우리나라 정치권력은 자기들의 힘이라면 어떤 시장도 살릴 수 있고, 새로운 비즈니스도 만들 수 있다고 착각합니다. 과거에도 불가능한 일이었지만 지금은 더욱 불가능한 시대입니다. 고객의 선택을 받을 수 없다면 몰락하는 시대, 팬덤을 만드는 킬러콘텐츠가 없다면 엄청나게 광고를 퍼부어도 소비자가 반응하지 않는 시대, 진정으로 소비자를 중심으로 생각해야 하는 시대에 우리는 살고 있습니다. 꼭 돌아보세요. 우리 회사의 사업 기획안은 진정 고객을 중심으로 만들어졌는지, 내 머릿속의 진정한 왕은 누구인지.

로레알, 포노 사피엔스의 '열광'을 구매하다

왕훙과 광군제가 만드는 팬덤 소비는 일반적인 기업들에게는 익숙한 판매방식이 아닙니다. 그동안 중국시장을 개척해온 기업들은 기존의 유통망을 이용해서 상품을 판매하거나 아니면 직접 유통망을 구축해서 사업을 확대해왔습니다. 오랫동안 모든 기업들이 이런 방법을 이용해왔고 그걸 연결해주는 시스템도 매우 견고합니다. 새로운 상품을 개발한 기업은 매년 정기적으로 개최되는 전문적인 상품 전시회에 참가해 바이어들에게 상품을 소개합니다. 각국의 바이어들은 여기서 마음에 드는 물건을 보고 계약을 맺은 다음, 각국 내 유통망을 통해 판매를 시작하는 것이죠. 대부분의 제조기업들은 이런 방식으로 글로벌시장에 진출합니다. 2010년 이전까지는 중국의 유통도 이와 같은 시스템으로만 운영되었습니다. 중국보다 선진적인 유통 기법을 보유했던 우리 기업들이 중국시장에서 큰 성공을 거둔 것은 어쩌면 당연한 일이었죠. 이마트, 롯데마트, 이랜드 등이 중국시장에서 성공하며 우리 기업들의 기대감이 높아지던 시기였습니다.

팬덤 소비로 시장을 공략한다

그런데 중국이 디지털 소비 문명으로 급속히 이동하면서 기존의 유통 체계에 엄청난 위기가 찾아옵니다. 디지털 플랫폼 기반의 소비는 확대되고 오프라인 소비는 줄어들었습니다. 뿐만 아니라 소비의 패턴까지 크게 변화하기 시작한 겁니다. 그리고 그 중심에 왕홍과 광군제가 등장합니다. 오프라인 유통에 진출했던 우리 기업들은 어려움을 겪게 되었지만, 왕홍과 광군제로 대변되는 팬덤 소비 문명에 적응하기 시작한 기업들은 새로운 성장 동력을 얻게 됩니다.

중국 소비자를 팬덤으로 확보해 성공한 대표적인 신생 기업이 '스타일난다'입니다. 2004년 약관의 김소희 대표는 오픈마켓에서 온라인 패션사업을 시작합니다. 오로지 온라인 판매에 집중하면서 스타일과 미디어를 중시하는 전략으로 승부합니다. 회사의 모토는 '상품을 파는 것이 아니라 스타일을 판다.'였습니다. 그녀가 창조한 소위 '난다 스타일'은 온라인에서 폭발적인 인기를 얻으며 곧 엄청난 팬덤을 형성합니다. 이 스타일은 미디어를 타고 바로 중국으로 넘어가 폭발적인 인기를 얻게 되지요.

2008년에는 화장품 브랜드 3CE를 론칭하면서 패션과 화장품을 융합하는 독특한 스타일을 완성하기도 합니다. 온라인 커머스기업답게, 중국시장에는 왕홍과 광군제를 통해 진출합니다. 2017년 매출 1,600억 원을 돌파하면서 센세이션을 일으킨 (주)난다는 2018년 글로벌 화장품기업 로레알에 6천억 원에 매각되면서 또 한 번 시장에 거대한 충격을 줬습니다. 이제는 회사를 매각하고 스타일난다의 디렉터로 일하게 된 김소희 대표는 디지털 플랫폼 기업이 추구해야 할 전략이 무엇인지를 정확히 보여준 CEO로 손꼽힙니다.

그런데 궁금한 게 있습니다. 글로벌기업인 로레알은 왜 6천억 원이라는 거액을 스타일난다에 지불했을까요? 매출이 1천억 원을 넘었다고는 하지만, 상식적으로 본다면 스타일난다는 언제 사라질지 모를 동대문 브랜드에 불과합니다. 2017년 매출 34조 원을 기록한 세계 1위의 화장품 브랜드 로레알은 중국에서도 이미 최고의 위치에 있는 브랜드인데, 왜 하필 스타일난다의 3CE를 6천억 원이나 들여 인수했는지 궁금해집니다.

그 이유는 분명합니다. 바로 팬덤입니다. 스타일난다의 독특한 스타일 판매 전략은 고객들을 매료시키는 힘을 갖고 있다는 걸 로레알은 데이터로 확인한 것입니다. 스타일난다는 단기적으로 상품을 소개해 파는 방식이 아닙니다. 매 계절마다 새로운 스토리를 만들고, 자기만의 색깔을 입혀 스타일을 완성합니다. 이걸 온라인 미디어에 실어, 한번 보기만 해도 따라 하고 싶은 마음이 들게 만들죠. 특히 많은 인플루언서들이 이 스타일에 열광함으로써 더 많은 팬이 형성되었습니다.

로레알은 스타일난다가 만들어낸 팬덤의 가치를 높게 평가했습니다. 사실 온라인 판매 전략은 누구나 따라 할 수 있지만 팬덤을 일으키는 스타일, 즉 킬러콘텐츠는 쉽게 따라 할 수 없는 것입니다. 스타일난다에 확립된 온라인 판매 전략은 우리나라와 중국에서 이미 성공 가능성을 입증했습니다. 로레알은 이를 자신들이 전 세계로 퍼뜨린다면 그 가치가 더욱 높아질 것이라고 확신하여 거금을 지급한 겁니다. 이 시대 기업의 가치는 팬덤을 만드는 힘이고 이건 데이터로 아주 명확하게 확인이 가능합니다. 스타일난다는 작은 기업이 만드는 킬러콘텐츠의 가치가 얼마나 커질 수 있는지를 보여준 훌륭한 사례입니다.

대기업들도 앞다투어 왕홍과 광군제로 중국시장에 대한 전략을 전환하고 있습니다. 중국은 온라인마켓 비중이 2012년 10.2퍼센트에서 2017년 23.3퍼센트로 급격히 증가하며 소비의 플랫폼이 바뀌고 있습니다. 왕홍과 광군제의 위력도 함께 성장했습니다. 우리 기업들은 중국에서의 한류 인기에 힘입어 광군제에서도 높은 실적을 구가하고 있습니다. 2018년 국가별 상품 판매액을 보면 1위 일본, 2위 미국에 이어 당당히 3위를 기록했습니다. AHC 마스크팩으로 유명해진 카버코리아는 그동안 중국 팬덤을 꾸준히 관리한 덕에 브랜드 전체 매출 7위, 화장품 브랜드 중에서는 놀랍게도 1위에 이름을 올렸습니다. 카버코리아는 AHC 마스크팩을 만들어 왕홍과 광군제를 통해 중국시장에서 크게 히트한 기업입니다. 2017년 그 성장세를 눈여겨본 글로벌기업 유니레버가 60퍼센트의 지분을 약 3조 원에 인수하면서 화장품업계를 경악시켰습니다. 팬덤을 불러일으키는 킬러콘텐츠를 보유하고 있고, 회사 내에 온라인 판매 전략이 견고하게 구축된 기업의 가치가 얼마나 확장될 수 있는지를 증명한 또 하나의 사례입니다. 우리나라 화장품업계에서 중국 진출을 위한 왕홍 마케팅과 광군제 상품 기획은 이제 상식이 되었습니다. 세계적인 브랜드가 시장을 독식하던 화장품산업에서 신생 브랜드도 충분히 성공할 수 있는 기회가 열린 것입니다.

상황이 이렇게 되니 오프라인 비즈니스에만 집중하던 대기업들도 이제는 왕홍과 광군제의 중요성을 인지하고 전략을 전환했습니다. LG생활건강은 2018년 광군제 매출을 전년 대비 50퍼센트 이상 성장시키며 디지털 플랫폼 비즈니스에 적응력을 높이고 있습니다. 애경산업은 2015년부터 오직 왕홍을 통해서만 판매하는 별도 브랜드를 론칭하며 온라인 판매 전략을 수립하더니, 2017년 이 브랜드의 매출이 1천억 원을 넘어서며 효자 브랜드가 되었습니다. 2018년에는 대표이사 지휘 아래 화장품산업에 대한 더욱 강력한 왕홍 마케팅을 펼쳤고, 그 결과 3분기 매출

실적이 전년 동기 대비 66퍼센트, 영업 이익은 71퍼센트가 늘어 생활용품회사가 아닌 화장품회사로 탈바꿈했죠. 새로운 유통시장에서 선전하면서 기업의 신성장 동력을 찾게 된 것입니다.

팬덤 소비에 실패한 정관장

물론 모든 기업들이 왕홍 마케팅과 광군제에서 성공하는 것은 아닙니다. 제품이 갖고 있는 킬러콘텐츠가 없다면 팬덤은 형성되지 않고 매출 확대도 어려워집니다. 그래서 시장의 특성에 대한 연구가 필수적입니다. 경쟁이 될 수 있는 상품 중에서 크게 히트한 상품들의 특성이 무엇인지, 고객들이 어떤 리뷰를 올렸는지 등을 철저하게 분석해야 합니다. 무엇보다 제품이 갖고 있는 스토리가 중요합니다. 애경산업은 인플루언서의 방송 영향력이 크다는 것에 착안해, 실시간으로 사용 효과를 확인할 수 있는 제품에 집중했습니다. 사용 전, 사용 후가 명백히 달라 굳이 다른 설명이 필요 없는 상품을 기획하고 준비한 것이죠. 팬덤 소비 문명이 어떻게 형성되는지를 정확히 이해하고 킬러콘텐츠를 만들어낸 것입니다.

왕홍 마케팅으로 큰 재미를 못 본 기업도 있습니다. 바로 정관장입니다. 이 상품은 한류 드라마의 인기를 기반으로 만들어진 팬덤을 판매로 연결시키려 한 경우입니다. 그런데 아쉽게도 정관장의 제품들은 복용 전, 복용 후의 차이를 명확하게 보여줄 수가 없습니다. 홍삼이 좋다는 건 기성세대들에게만 잘 알려진 사실이었지 젊은 세대들에게는 특별한 스토리가 되지 못했습니다. 드라마 PPL로 얻은 인기는 드라마와 함께 빠르게 소멸되었습니다. 그 인기를 지속시켜줄 킬러콘텐츠가 없었기 때문입니다. 드라마 PPL은 여전히 상품의 인지도를 높이는 훌륭한 마케팅 전략임에는 틀림없습니다. 그러나 이 반짝 인기를 지속시켜줄 스토리와 킬러콘텐츠가 없다면 그 인기는 오래가지 못한다는 걸 정관장의 사례가 명확하게 보여줍니다.

기업은 광고를 통해 상품의 인지도를 높이고 고객으로 하여금 물건을 사게 하는 전략을 오래도록 써왔습니다. 그런데 이제는 여기서 끝나지 않습니다. 경험한 고객이 팬이 되는 순간 그 마케팅의 효과는 엄청나게 증폭됩니다. 그래서 한 걸음 더 나아가야 합니다. 광고가 끝이 아니라 팬덤의 형성이 목표가 되어야 합니다. 마케팅, 광고, 상품 기획, 판매는 이제 하나의 조직처럼 함께 움직여야 합니다. 이래저래 기업에겐 혁신이 필요한 시대입니다.

다른 국가에 비해, 중국시장과 동남아시장을 공략하려면 디지털 플랫폼 시장에 더욱더 주목해야 합니다. 물론 기존의 오프라인 유통망도 여전히 중요합니다. 그러나 그 시장은 지속적으로 매출이 감소하는 반면, 팬덤 기반의 신유통망은 계속 영역을 확대하고 있습니다. 오프라인 유통의 방식도 이전과는 매우 달라지고 있습니다. 오프라인 상점에서 판매하더라도 상품의 유행을 만들고 인지도를 높이는 공간은 TV광고 판이 아니라 SNS입니다. 이런 소비 문명의 변화는 애써 학습하지 않으면 절대 파악할 수 없습니다. 소비재를 판매하는 기업이라면 조직을 재편하고 데이터를 축적하면서 디지털 소비에 부응하는 판매 전략을 수립해야 합니다. 그중에서도 장기적으로 팬덤을 늘려가는 전략이 가장 중요합니다.

문제는 CEO의 의지입니다. 사실 오프라인 중심으로 오랫동안 비즈니스를 해온 기업에게는 어려운 일입니다. 지금까지 해오던 영업방식을 일부 포기하고 새로운 조직을 만들어 대응하려면, 투자도 필요하고 새로운 인재도 뽑아야 합니다. 조직도 전면 개편해야지요. 할 일이 많으니 두렵기도 합니다. 사실 주변에 그렇게 전환해서 성공한 기업보다 실패한 기업이 더 많습니다. 모든 분야가 다 전환하는 게 맞는 건지도 고민스럽습니다.

그럴 때는 우선 소비 변화와 관련된 데이터를 최대한 많이 모아야 합니다. 데이터가 쌓이면 전환을 시도해야 하는 시점이 보이기 시작합니다. 경영 전략은 소비자 데이터를 기반으로 준비해야 합니다. 그래야 조직원 모두가 공감하고 제대로 된 준비도 가능합니다. 어차피 태생이 온라인으로 출발한 기업이 아니라면, 서로 모두 합의할 만한 충분한 근거가 중요합니다. 그리고 전략은 경쟁 기업들에 비해서 꼭 한 발만 앞서 나갈 수 있게 준비하십시오.

　가장 중요한 것은 팬덤을 만드는 킬러콘텐츠입니다. 비즈니스의 방식은 얼마든지 카피해서 적용할 수 있지만 고객 스스로 감동하고 퍼뜨리는 힘은 오직 킬러콘텐츠에만 담겨 있습니다. 확실히 우리에게 어려운 시장은 아닙니다. 그러나 많은 준비와 공부가 필요한 시장임에는 틀림없습니다.

1억 천만 명의 프라임 회원들

지금 지구상에서 가장 무서운 속도로 성장하는 기업은 단연코 아마존입니다. 그래서 혁신을 준비하는 기업들이 가장 열심히 벤치마킹해야 하는 기업이기도 합니다. 1995년 인터넷 서점으로 비교적 평범하게 시작한 아마존은 이제 세계 최고의 디지털 유통기업으로 성장했습니다. 2013년 이베이를 넘어서며 미국 내 최고의 온라인 유통기업이 되더니, 2018년 9월 4일에는 애플에 이어 시가총액 1조 달러를 돌파하며 세계 2위의 기업으로 성장했습니다. 그리고 2019년 드디어 세계 1위 기업에 등극합니다.

사실 온라인 유통기업이 오프라인 유통기업을 넘어서는 경우은 아마존이 거의 유일합니다. 알리바바도 대단하지만 이건 중국 정부의 자국기업 보호주의에 힘입은 면도 있으니까요. 아마존은 시가총액 기준 오프라인 유통의 최대 기업인 월마트를

2.5배 이상으로 압도하고 있습니다. 다른 국가에서는 찾아보기 어려운 엄청난 성공 사례입니다. 우리나라에서도 온라인 유통기업은 아직 오프라인 유통기업에 크게 미치지 못하고 있는 형편입니다.

포노 사피엔스가 열광하는 것

아마존의 성공 비결은 무엇일까요? 다른 온라인 유통기업들과의 가장 큰 차별점은 역시 팬덤입니다. 바로 아마존을 키워준 가장 큰 무기, '프라임 회원'입니다. 무려 1억 천만 명의 충성 고객이 연 회비 119달러를 내며 아마존에서의 쇼핑을 즐깁니다. 검색만 하면 새로운 상품과 최저가가 줄줄이 쏟아지는 인터넷 쇼핑몰에서 무려 13만 원이 넘는 돈을 미리 지불한다는 것은 그만큼 서비스가 대단하다는 뜻이기도 합니다.

아마존은 매년 119억 달러(약 13조 4,000억 원)가 넘는 연 회비 고정 매출을 기반으로 정밀한 최저가 정책을 펼칠 수가 있습니다. 실제로 그 엄청난 매출을 기록하면서도 영업 이익률을 정확히 1퍼센트대로 유지하면서 경쟁사들이 따라올 수 없는 최저가 전략을 실현합니다. 좋은 가격의 물건을 온라인을 통해 편하게 사기를 원하는 포노 사피엔스들에게는 가장 좋은 파트너가 된 셈입니다. 프라임 회원들의 찬사는 SNS를 통해 빠르게 퍼져 나가고 팬덤은 더욱 견고한 모습으로 확산되고 있습니다. BTS가 유튜브를 통해 세계 최고의 가수가 되었던 것처럼, 아마존도 프라임 회원이라는 팬덤을 통해 세계 최고의 유통기업으로 성장한 셈입니다.

아마존이 팬덤을 만들어간 과정을 보면 이 시대 포노 사피엔스 소비자들이 무엇에 열광하는지를 읽어볼 수 있습니다. 아마존은 초창기부터 고객이 플랫폼에 남기는 모든 흔적에 관심을 가졌습니다. 쿠키라고 불리는 고객이 클릭한 정보들을 분석해 고객이 어떤 걸 원하고, 어떤 타입인지를 끊임없이 분석한 것이지요. 그리고 그걸 프로그램화해 고객별 개인화 서비스를 개발하는 데 집중합니다. 아마존의 창업자 제프 베조스는 이때부터 '고객 집착증 환자'라고 불릴 만큼 오로지 고객만을 생각하는 걸로 유명세를 탑니다. 그는 지금도 입만 열면 '아마존의 성공은 고객 덕분이다.'라는 얘기를 쉬지 않습니다. 마치 BTS가 '우리의 오늘은 ARMY 덕분입니다.'라고 하는 장면을 연상하게 합니다.

베조스가 집중한 빅 데이터 분석은 사실 고객의 마음을 읽는 것이었습니다. 데이터가 쌓이고 디지털기술이 발전하면서 그의 철학은 실질적인 시스템으로 진화하게 됩니다. 고객이 플랫폼에 들어와 몇 번 클릭을 하고 나면 '이 고객은 이런 물건을 찾고 있구나.' 하고 프로그램이 판단한 뒤 해당 물건을 추천해줍니다. 처음에는 낮았던 프로그램에 대한 만족도는 프로그램이 점점 발전하면서 올라갔고, 팬덤은 점점 더 강화되었습니다. 특히 인공지능의 등장은 고객 만족도를 획기적으로 높이는 계기가 됩니다. 더욱 많은 팬들이 더 좋은 서비스를 받으면서도, 별도의 인건비는 증가하지 않는 것이죠.

더욱 놀라운 것은, 그렇게 축적된 고객 데이터의 분석과 관리를 위해 디지털 플랫폼을 별도의 사업으로 만들어 클라우드 서비스라는 새로운 영역을 개척한 것입니다. 실제로 아마존 웹 서비스는 아마존에서 가장 많은 매출과 이익을 내는 사업 분야입니다. 아마존의 비즈니스방식을 거의 모든 기업에서 이용하게 될 거라고 미리 예측한 혜안이 놀랍습니다. 사실 소비자가 아마존의 광팬이 되기 전에, 많은 기업들이 먼저 아마존의 팬이 되어 그들의 클라우드 서비스를 활용했습니다. 이것을 캐시카우로 아마존은 보다 편안하게 고객 서비스 플랫폼을 구축하는 데 집중할 수 있었습니다.

드론택배의 예고

아마존이 만들어낸 또 하나의 스토리는 무인화기술입니다. 아마존은 2013년 이미 드론택배를 고안하고 프라임에어라는 이쁜 이름까지 붙여줍니다. 물론 실용화까지는 엄청난 난관이 있다는 걸 알고 있었지만, 일단 이슈를 선점하고 모든 이들에게 드론택배가 아마존에 의해 시작될 것임을 암시합니다. 2016년 12월에는 최초 시험운행에 성공하고, 2017년에는 미국 내에서 시범사업이 허가를 받으면서 상용화에 탄력이 붙습니다. 난관은 아직 많이 남았다지만, 스토리를 아마존이 선점한 것은 자명합니다.

인공지능 개인화 서비스, 유통의 무인화 전략, 이 모든 기술 개발의 일관된 스토리는 '디지털기술을 바탕으로 최상의 서비스를 최저의 가격으로 제공하겠다는 것'입니다. 당신이 어떤 서비스를 원하든지, 디지털 문명을 이해하고 있는 고객이라면 마음껏 즐기라는 겁니다. 포노 사피엔스들이 열광하며 프라임 회원이 될 만한 메시지입니다. 아마존은 우리나라에서 아직 유통 서비스를 시작하지 않았습니다. 그래서 일반 소비자를 위한 광고도 거의 하지 않습니다. 그럼에도 아마존을 모르는 우리나라 국민은 거의 없습니다. 스토리만으로 모든 사람들을 사로잡고 있는 것이죠.

이것이 아마존의 힘입니다. 고객 스스로 퍼뜨리고 싶어 할 만큼의 스토리를 담아 미디어로 만들어 SNS를 통해 확산하고, 한번 경험한 고객은 프라임 회원이 되고 싶을 만큼 매력적인 킬러콘텐츠를 제공하는 것. 참 어려운 일인데 그걸 아마존은 잘합니다. 그래서 모든 기업이 공부해야 하는 포노 사피엔스 시대의 대표 기업인 것입니다.

킬러콘텐츠

데이터, 신이 되다

조직의 DNA가 소비자 중심으로 바뀌어야 하는 이유는 팬덤을 만드는 킬러콘텐츠 때문입니다. 포노 사피엔스 소비자들은 광고에 의한 소비보다 자발적 팬덤에 의한 소비를 더 즐깁니다. 따라서 디지털 플랫폼 비즈니스에서 성공 여부는 팬덤에 의해 결정됩니다. 소비자 빅 데이터를 끊임없이 학습하는 이유도 소비자의 욕구를 분석해 성공 요인을 찾아 킬러콘텐츠를 만들기 위해서입니다. 사실 빅 데이터를 열심히 분석한다고 해서 누구나 킬러콘텐츠를 만들 수 있는 것은 아닙니다. 팬덤을 만드는 킬러콘텐츠를 개발하기란 매우 어렵습니다. 다만 분명한 건, 소비자와의 공감대가 클수록 킬러콘텐츠를 만들 수 있는 확률은 높아진다는 것입니다. 또한 이미 성공한 기업의 전략을 벤치마킹하면 성공 확률은 더욱 높아집니다. 그래서 디지털 문명에서는 카피가 상식이 되어 있습니다.

마음은 카피할 수 없다

텐센트의 창업주 마화텅은 아예 모든 직원들에게 카피를 하라고 얘기합니다. 단, 카피를 하더라도 다르게 하라고 합니다. '고양이를 보고 호랑이를 그려라.' 이게 텐센트의 사훈입니다. 그런데 정말 이걸로 될까요? 기술적인 부분, 기능적인 부분은 카피해도 좋습니다. 그러나 고객을 생각하는 마음은 카피할수 없습니다. 킬러콘텐츠를 만드는 디테일은 바로 거기서 나옵니다. 제프 베조스는 이렇게 얘기합니다.

"신을 데려와라. 신은 내가 믿겠다. 신을 데려올 수 없다면 데이터를 가져와라."

데이터는 곧 고객의 마음을 의미합니다. 고객의 마음을 읽어내려는 그의 집착이 잘 나타난 메시지입니다. 아마존의 성공도 바로 고객의 마음을 읽고 그들이 원하는 걸 찾아내려는 노력이 맺은 결실입니다. 아마존이 직원을 평가할 때 사용하는 KPI 항목 중 80퍼센트는 고객에 관련된 내용이라고 합니다. 얼마나 고객에 집중하도록 조직문화를 만들고 있는지 엿볼 수 있는 대목입니다. 아마존의 고객이라면 당연히 포노 사피엔스입니다. 그러니 이들이 디지털 문명에 대한 관심과 관련 데이터의 학습에 엄청난 노력을 기울이는 건 당연한 이치입니다.

이렇게 디지털 소비 문명 세계에는 카피할 만한 기업들이

도처에 깔려 있습니다. 그들의 성공 비결을 먼저 읽고 카피하는 일이 필요합니다. 이것은 중요한 학습의 과정입니다. 그러나 대강대강 보아서는 안 됩니다. 특히 성공한 기업들이 어떻게 고객들을 대응하고 그들의 마음을 사로잡았는지를 디테일까지 철저히 들여다보아야 합니다. 형식만 카피하는 것이 아니라 그 형식에 담겨진 뜻과 그 형식에서 일어나는 고객의 반응, 기업의 대응 방식에 더욱 집중해야 제대로 팬덤을 만들어낼 수 있습니다.

디지털 소비 문명에 대한 이해도는 사람마다 다릅니다. 이 문명을 어린 시절부터 즐긴 사람들이 본능적으로 이해도가 높을 수밖에 없습니다. 그래서 젊은 직원들을 귀히 여겨야 합니다. 사람을 뽑을 때에도 마찬가지입니다. 우리나라는 스펙을 최우선으로 생각합니다. 좋은 대학을 나오고, 높은 영어 점수를 갖고 있고, 어학연수도 다녀오고, 봉사활동도 활발히 한 인재를 선호해 왔습니다. 그렇다면 디지털 소비 문명에 대한 이해도는 어떻게 평가할 수 있을까요?

킬러콘텐츠는 종합예술이다

많은 플랫폼기업들은 이미 스펙이나 시험 성적보다는 기존 조직원과의 심층 인터뷰를 통해 인재를 선발하고 있습니다. 애플이나 구글의 경우 6~10회에 걸친 인터뷰를 진행하고, 3개월

간 면접을 보는 게 기본입니다. 신입사원이 그렇습니다. 매니저급 인재를 뽑을 땐 훨씬 더 많은 인터뷰를 합니다. 한 사람의 인재가 엄청난 실적을 낼 수 있는 시대인 만큼, 그런 특별한 인재를 뽑기 위한 프로세스를 구축한 결과입니다. 이들이 뽑는 인재는 당연하게도 디지털 문명에 익숙한 사람들입니다. 어려서부터 유튜브를 즐겨 보고 킬러콘텐츠를 보유한 유튜버들의 특성이 무엇인지 잘 알고 있는 사람들, 인스타그램이나 페이스북을 잘 활용해서 그 가능성이 어느 정도인지를 경험한 사람들, 유행한 게임의 특성과 소비자를 끌어들인 성공 요소를 인지하고 있는 사람들, 아마존이 왜 다른 플랫폼에 비해 매력적인지 다각도로 분석하고 경험한 사람들, 이런 인재들을 찾고 있는 것입니다. 거기에 소프트웨어 기획이나 개발 능력을 갖춘 사람이라면 더할 나위가 없겠죠. 디지털 플랫폼 비즈니스에 새바람을 일으키고 있는 인공지능 프로그램 개발 경험을 갖고 있다면 그야말로 금상첨화, 어떻게든 스카웃하고 싶은 인재가 됩니다. 우리 회사는 이런 인재를 얼마나 찾고 있는지, 그런 인재들이 얼마나 활발히 활동하게 배려하는지도 깊이 있게 성찰해야 합니다.

킬러콘텐츠를 만들 수 있는 사람은 그리 많지 않습니다. 뛰어난 감각이 필요하기 때문이죠. 킬러콘텐츠가 만들어진 과정을 보면 종합예술과도 같습니다. 이 시대 가장 위대한 혁명가로 불리는 스티브 잡스가 대표적인 사례입니다. 지금의 문명 변화를 보면 한 사람이 인류 문명을 바꾸는 거대한 혁명을 일으켰다고 해도 지나친 표현이 아닙니다. 그런 스티브 잡스도 한동안은 애플에서 쫓겨나 노숙생활을 하기도 했습니다. 그만큼 특별한 사람은 조직문화에서 용납하기 쉽지 않다는 뜻이기도 합니다. 그래서 조직문화 자체가 이런 인재들을 용인할 수 있도록, 아니 더 적극적으로 그들이 기쁜 마음으로 일할 수 있게 배려하는 특별한 노력이 필요합니다.

회사의 인재를 뽑는 단계에서부터 과감하게 새로운 문명의 기준을 적용하세요. 조직 내 승진 시스템에도 이러한 내용을 충실히 반영해야 합니다. 많은 IT 벤처기업들이 직원들의 SNS 활동을 장려하고 이를 KPI에 반영하는 것은 매우 바람직한 현상입니다. 이미 세계 7대 플랫폼기업들이 하고 있는 일이기도 합니다. 경직된 승진 시스템을 보유한 대기업들도 변화를 수용해야 합니다. 조직을 바꾸는 가장 강력한 도구에서부터 혁신의 정신이 시작되어야 합니다. 대표이사와 임원진은 끊임없이 시장 변화를 학습하고, 모든 중요한 의사결정은 고객 데이터에 기반해 결정해야 합니다. 그것도 가장 최신의 것을 이용해야 합니다. 시장 혁명의 시대에 가장 중요한 것은 변화 속도에 맞춰 조직 혁신을 이뤄나가는 것입니다. 그 목표점은 고객과의 공감 능력을 만드는 일입니다. 공감 능력이 킬러콘텐츠를 만드는 기본 소양입니다.

지령으로 움직이는 '15억'

중국은 디지털 소비 문명에 관한 한 미국과 자웅을 겨루는 세계 최고의 선진국입니다. 그런데 우리는 중국을 잘 보려 하지 않습니다. 오랜 세월, 우리는 미국과 일본을 벤치마킹해 선진 기술을 받아들여왔습니다. 그러다 보니 중국은 우리보다 한 수 아래라는 생각이 있습니다. 기술적인 면이라면 틀린 말이 아닙니다. 그러나 소비 문명으로 가면 애기가 다릅니다. 비록 미국에서 시작된 디지털 문명을 카피해서 시작했다지만, 중국은 놀라운 추진력으로 미국보다 더 빠르게 디지털시장 생태계를 만들어가고 있습니다. 이제는 소비 문명 변화의 방향을 중국에서 배워야 합니다.

중국을 카피하라

중국이 디지털 소비 문명을 전략적으로 육성한 것은 2000년대 초반부터입니다. 본격적인 신호탄을 쏜 것은 2012년이죠. 그 상징이 우버차이나입니다. 2012년 중국에서는 우버 서비스가 전격 허용됩니다. 물론 우버차이나 외에 디디다처滴滴打车와 콰이디다처快的打车가 함께 출범하며 경쟁 구도를 취합니다. 그렇더라도 놀라운 결정입니다. 우버와 유사한 서비스가 시작되면 기존 택시업계는 몰락한다는 게 이미 우버가 확산된 도시에서 확인된 사안이었기 때문이죠. 같은 이유로 우리나라에서는 아직도 우버가 허용되지 않고 있습니다. 깜짝 놀랄 만한 전격적인 시행에 놀라 중국 학생에게 묻게 되었습니다.

"중국 택시회사들은 괜찮아? 우버 실시한다는데도?"

중국 학생이 웃으며 대답합니다.

"교수님, 저희는 공산당이에요. 정책은 협의의 대상이 아니고 당의 지령입니다."

그 대답이 놀랍기도 했지만 한편으로 섬뜩했습니다. 2012년 중국 공산당은 15억 중국 소비자들에게 이렇게 지령을 내린 것이죠. '오늘부터 택시는 폰으로 불러 타고 요금도 폰으로 결제하라.' 포노 사피엔스의 문명을 표준으로 선택하겠다는 메시지를 온 국민에게 전한 것입니다. 그 이후의 변화는 그야말로 일사천리입니다. 우리는 불편해서 잘 쓰지 않는 QR코드 인식방식을 15억 인구가 일사분란하게 사용하기 시작합니다. 택시는 물론이고 편의점, 식당, 백화점 할 것 없이 물건을 사고 돈을 내야 할 때면 너도나도 스마트폰으로 결제합니다. 지방도시 버스 매표소에는 알리페이Alipay나 위챗페이WeChat Pay로 결제하고 표를 받아가는 자동 버스표 판매기만 덩그러니 놓여 있어, 현금으로 표를 사기도 어렵습니다. 모든 자판기는 현금 결제기가 아예 없습니다. 오로지 스마트폰으로만 결제가 가능합니다.

중국에선 지금 15억의 인구가 사용한 수천억 개의 데이터가 매일매일 쌓이고 알리바바, 텐센트, 바이두 같은 기업들이 이 데이터를 모아 혁신을 거듭하며 디지털 소비 문명의 플랫폼을 튼튼하게 구축하고 있습니다. 15억 소비자가 있으니 매출 신장도 엄청납니다. 지난 6년간 중국이 보여준 디지털 소비의 확산 속도는 그야말로 기절할 정도입니다. 우리나라 대통령이 중국의 서민 식당에 가서 우리 돈 4천 원 정도를 현금으로 냈더니, 스마트폰으로 결제하면 안 되냐고 해서 충격을 받았다고 합니다. 그만큼 현금보다 스마트폰 결제가 표준이 된 것입니다. 심지어 상하이에 있는 걸인들은 목에 QR코드를 인쇄한 표식을 걸고 다닙니다. 현금을 갖고 다니는 사람들이 거의 없다 보니 폰으로 찍어서 돈을 달라고 하는 거죠. 걸인이 QR코드에 기반한 디지털 금융을 실제 생활에 이용하고 있는 나라가 지금의 중국입니다. 이미 그렇게 생활한 지 6년이 넘었습니다.

혁신이 일어난 건 당연합니다. 그사이 중국에 진출했던 우리나라 기업들 그리고 선진국의 기업들이 빠르게 몰락합니다.

이마트, 롯데마트가 철수하고 엄청난 로드숍을 자랑하던 이랜드도 퇴진합니다. 일본 기업들도, 유럽 기업들도 유통업에서는 거의 맥을 못 추고 철수합니다. 디지털 소비 문명에 대한 이해도가 부족한 기업은 거의 다 몰락하게 되었죠. 물론 공산정부의 자국 기업 보호도 큰 몫을 한 것은 사실입니다. 그런데 개방과 경쟁이 보장된 영역에서도 소비자의 선택을 받지 못하게 된 것입니다.

주인공이 외계인이어도 본다

일반적인 상식으로 중국시장에 접근하는 기업과, 데이터와 디지털 플랫폼을 근간으로 접근하는 기업은 경쟁이 될 수 없습니다. 중국의 소비 문명이 이미 포노 사피엔스 방식으로 바뀌었기 때문입니다. 이런 현상은 갈수록 심화되고 있습니다. 2017년 기준 중국의 온라인 매출은 전 세계 온라인 매출의 40퍼센트를 차지합니다. 금액으로도 미국 전체 온라인 매출의 10배를 기록합니다. 중국의 공산당이 얼마나 강력하게 디지털 소비 경제로의 전환을 추진하는지 보여주는 데이터입니다. 중국 디지털 소비 이벤트의 상징인 광군제도 2017년 매출 1,700억 위안을 기록한 데 이어 2018년에도 2,135억 위안을 기록하며 27퍼센트의 매출 증가를 보여줬습니다. 미국과의 무역전쟁으로 소비가 줄 것이라는 예상이 무색할 정도입니다.

이런 변화는 미디어 소비 패턴에서 이미 예측된 바 있습니다. 2013년 엄청난 히트를 기록한 SBS 제작 드라마 '별에서 온 그대'는 중국 정부의 압력으로 TV 방송 불가 판정을 받았습니다. 그 이유가 '주인공이 외계인'이었기 때문입니다. 중국 정부가 우리나라 콘텐츠를 얼마나 수용하기 싫어하는지 알 수 있는 대목입니다. 할 수 없이 인터넷 전용 TV인 바이두Baidu의 아이치이iQIYI에서 방영이 되었는데, 21편의 드라마를 무려 37억 명이 시청하며 방송업계를 경악시켰습니다. 이후 중국 정부가 한국 드라마의 실시간 상영을 중단시킬 정도로 그 여파는 강력했습니다. 2015년 등장한 '태양의 후예'는 한중 합작 드라마로 방송 허가를 받았습니다. 역시 지상파 TV가 아니라 아이치이를 통해 방송됩니다. 이때 16편 드라마를 45억 명이 시청하는 신기록을 수립합니다. 발표에 따르면 45억 명 중 80퍼센트가 PC가 아닌 스마트폰으로 시청했다고 합니다. 중국의 미디어 소비 문명이 얼마나 급격하게 포노 사피엔스 문명으로 전환했는지 실감케 하는 데이터입니다.

스마트폰으로 물건 값을 결제하고 스마트폰으로 TV를 시청하는 문명이라면, 소비의 중심지도 결국 스마트폰 문명으로 이동합니다. 당연한 현상이라고 할 수 있습니다. 2018년 블룸버그가 발표한 중국인이 가장 좋아하는 브랜드 TOP10을 보면 이들의 문명이 다시 또 얼마나 빠르게 이동하고 있는지를 확인할 수 있습니다.

1. 알리페이
2. 안드로이드(미국)
3. 위챗
4. 화웨이
5. 마이크로소프트(미국)
6. 타오바오
7. 인텔(미국)
8. 메이투안 디엔핑
9. 큐큐
10. 티몰

10개 기업 중 미국 기업은 안드로이드, 마이크로소프트, 인텔로 모두 IT기업입니다. 나머지는 전부 중국 기업인데 모두 스마트폰 또는 SNS와 관련된 기업과 서비스 브랜드입니다. 제일 기가 막힌 것은 메이투안 디엔핑Meituan-Dianping입니다. 음식 배달앱, 우리로 보자면 '배달의 민족'입니다. TV나 광고를 통해 형성된 브랜드들이 밀려나고 그 자리에 디지털 소비 문명의 플랫폼들이 채워졌습니다. 2017년까지 5위를 유지하던 애플도 11위로 밀려났습니다. 4위였던 IKEA는 37위로, 6위였던 나이키는 44위로, 8위였던

BMW는 46위로 급락해버렸습니다. 무서운 속도로 변하고 있는 중국 소비 문명의 트렌드를 보여주는 결과입니다.

화폐 없는 시장으로 간다

중국의 소비 문명은 미국을 카피해서 만들어진 것은 분명합니다. 그런데 그 속도나 응용력은 미국보다 더 빠르고 과감합니다. 중국 정부는 미국보다도 더 개방적인 정책으로 새로운 기업들의 등장과 디지털 소비 생태계의 구축을 선도하고 있습니다. 그만큼 디지털 소비 문명의 변화를 위기보다는 기회로 삼으려는 생각이 큽니다. 세계 TOP10 기업에 이름을 올린 알리바바와 텐센트는 중국 혁신의 상징이기도 합니다. 놀라운 것은 이들이 모두 원칙적으로는 중국의 기업이 아니라는 겁니다. 알리바바는 미국 나스닥에 상장한 기업이고 텐센트는 홍콩 증시에 상장한 기업입니다. 엄밀하게는 외국 기업이라고 할 수 있습니다. 그럼에도 불구하고 중국 공산당이 공들여 키우는 상징 기업들입니다. 덩샤오핑이 '흑묘백묘론(검은 고양이든 흰 고양이든 인민을 잘 살게 하는 것이 중요하다는 메시지)'을 실천하는 증거입니다.

중국은 자신들이 현재는 제조의 강국이지만, 미래는 디지털 문명의 강국이라고 선언하고 있습니다. 외교적으로는 일대일로를 통해 거대한 중국 중심 시장 생태계를 건설하고, 내부적으로는 디지털 시장으로 전환하여 화폐 없는 시장을 만들어가고 있습니다. 실제로 미국과의 패권다툼에서 가장 불리한 조건은 달러화가 세계의 기축통화라는 것인데, 중국이 세계시장의 50퍼센트를 거대 중화 경제권으로 만들고 이것을 블록체인 기반의 핀테크 금융으로 전환시킬 수만 있다면 2040년경에는 미국을 넘어서는 경제 대국을 실현할 수 있지 않을까요? 물론 그 꿈을 실현하기까지 엄청난 견제와 많은 변수가 존재하겠지만 그것이 진정한 시진핑의 중국 몽夢이 아닐까 생각해봅니다. 지금까지 중국이 추진하는 시장 변화의 방향은 확실히 그렇다고 볼 수 있습니다.

중국시장은 세계에서 가장 크고 또 빠르게 성장하는 시장입니다. 이미 우리나라에도 가장 영향력 있는 시장이 되었습니다. 그래서 더욱 배우고 익혀야 합니다. 이들의 문명을 제대로 이해하지 못하면 우리 기업들은 도태됩니다. 중국시장에서 생존하지 못한다면 우리 시장에서도 어렵습니다. 대륙의 디지털 소비 문명은 결국 우리나라로 밀려들어올 것이기 때문입니다. 이미 타오바오몰에서의 해외 직구나 광군제 해외 직구 매출이 매우 상승한 것이 이런 변화를 예고하고 있습니다. 중국시장에 우리 시장의 미래에 대한 답이 숨어 있습니다.

샤오미의 의도

우리가 원하는 건 '그게' 아니다

중국시장은 그야말로 무궁무진합니다. 시장 규모 자체가 어마어마한 데다 시장의 다양성도 풍부합니다. 그러니 작은 기업부터 대기업에 이르기까지 참으로 욕심나는 시장입니다. 게다가 포노 사피엔스 문명으로 급격히 전환 중인 시장이지만, 오프라인시장도 여전히 매력적인 거대시장임에 분명합니다. 그러니 중국시장을 접근할 때는 타깃 고객의 라이프스타일에 대한 충분한 학습을 해둬야 합니다. 중국의 성공한 벤처들은 소비자 중심 전략을 충실히 실천한 기업들입니다.

샤오미의 시프트 전략

대륙의 실수로 유명한 샤오미의 전략은 포노 사피엔스 중심의 서비스 실현입니다. 샤오미는 애플의 모든 것을 카피하겠다고 선언하고 시작한, 한편으로는 참 **뻔뻔한** 기업입니다. 그러나 샤오미는 이렇게 이야기합니다. "애플처럼 멋있는 제품을 내 고객들에게도 모두 들게 해주고 싶었다. 단 놀랍도록 싼 가격에, 놀랍도록 비슷한 제품을." 실제로 샤오미는 디자인이나 기능면에서 놀랍도록 세련된 제품을(애플을 모방해서이긴 하지만) 정말 놀라운 가격에 판매하기 시작합니다.

스마트폰의 창조 기업인 애플이야말로 팬덤 소비를 일으킨 원조 기업입니다. 그러니 그들을 따라 하는 건 가장 확률 높은 도전이라고 할 수 있습니다. 문제는 카피한 다음이죠. 한 번의 센세이션은 불러일으킬 수 있다고 해도, 과연 계속해서 그 인기를 유지할 수 있느냐가 관건이었습니다. 고양이를 보고 호랑이를 그린 게 아니라 호랑이를 보고 고양이를 잘 그렸는데, 이제 이 고양이를 어떻게 지속적으로 매력 있는 브랜드로 정착시키느냐의 문제였습니다. 샤오미는 타깃 고객을 오직 포노 사피엔스로 명확히 합니다. 사업 초기부터 오프라인 유통은 아예 포기해버리죠. 온라인으로 판매하고 온라인으로 대응합니다. 특히 사업 초기 소비자 게시판에 '소프트웨어에 이런 문제가 있어요.'라고 올리면 거의 3일 내에 보완해 소프트웨어를 업데이트한 대응 전략은 샤오미를 성공시킨 가장 큰 전략으로 평가받고 있습니다. 그땐 이미 디지털 플랫폼에서 고객의 불만 사항을 적극 대응하고 **빠르게** 해결하는 것이 팬덤 형성의 가장 좋은 전략인 게 알려져 있던 때입니다. 그렇더라도 그걸 실천하는 건 쉬운 일이 아니었습니다. 독자적인 온라인 판매망을 가져가는 것도 쉬운 일이 아니었습니다. 그래도 꿋꿋하게 실천합니다. 물론 어느 정도 시장에 정착한 이후에는 오프라인 매장에도 진출합니다.

샤오미 스마트폰이 제법 인기를 끌자, 이번에는 최고의 가성비를 자랑하는 다양한 액세서리를 판매하며 지속적으로 인기 몰이를 합니다. 액세서리는 재밌는 스토리를 담기에 적당한 대상인데다, 대량 생산으로 가격을 낮추면 고객을 놀라게 할 포인트까지 갖춰집니다. 디지털 플랫폼에서 성공하는 비결은 지속적으로 팬덤을 확장해야 한다는 걸 정확히 인지하고 실천한 겁니다.

대륙의 실수라는 명작들이 여기서 쏟아져 나오면서 샤오미는 가성비의 상징인 브랜드로 등극합니다. 놀라운 가격의 스마트폰 충전 배터리, 말도 안 되는 가격의 웨어러블 헬스케어 밴드, 스마트폰으로 체중을 기록해주는 스마트체중계, 이제는 스마트홈의 플랫폼까지 개발해 이 모든 제품을 연동시켜 앱으로 관리하게 해주는 시스템까지 판매하고 있습니다. 광고 마케팅비용을 줄여 스토리 마케팅으로 전환하고, 지속적으로 팬덤을 늘려 소비자를 확대해나가는 디지털 플랫폼 전략의 정석을 실천 중인 것입니다. 샤오미는 광군제 이벤트에 집중하면서 2018년 11월 11일 하루에 무려 52억 위안(약 8,600억 원)이 넘는 매출을 올렸습니다. 이 모든 전략도 바로 '고객 중심 비즈니스의 실천'이라고 할 수 있습니다. 모든 사람을 만족시킬 수는 없어도 디자인과 가성비를 추구하는 디지털 기반의 스마트 컨슈머만큼은 만족시키고 말겠다는 노력이 결실을 맺고 있는 겁니다.

디지털 플랫폼에 기반한 비즈니스 모델이 안정 단계에 진입하고 비즈니스 조직도 경험이 축적되자, 2018년 7월 샤오미는 홍콩 증시에 상장합니다. 아직 상장 초기인 샤오미의 시총은 이미 543억 달러(약 61조 원)을 넘어섰습니다. 상장 후 매출도 크게 성장하면서 흑자기업으로 전환했습니다. 자본과 시장이 모두 샤오미가 안정된 비즈니스 체계를 갖추었다고 판단한 것입니다. 샤오미는 최근 인도에서 좋은 실적을 내고 있습니다. 중국에서의 성공 사례를 바탕으로 신규 시장인 인도에서도 명확한 타깃 고객을 선정하고 그들에게 만족도 높은 서비스를 제공하면서 얻은 성과입니다. 우리나라에서도 디지털 문명에 익숙한 소비세대를 중심으로 샤오미의 팬층이 늘어나고 있습니다. 결국 팬덤을 얼마큼 확보하고 그들을 계속 만족시킬 수 있느냐가 기업의 가치와 지속 성장을 결정한다는 플랫폼 비즈니스 특성을 샤오미도 입증한 것입니다.

물론 테크기업의 핵심은 기술력입니다. 삼성전자처럼 메모리 반도체에서 초격차의 기술력을 확보했다면 전혀 다른 이야기가 됩니다. 화웨이처럼 통신 분야에서 우수한 기술력을 기반으로 압도적 가격 경쟁력을 확보했다면 이야기가 다릅니다. 그러나 압도적 기술 격차로 승부할 수 있는 분야는 흔하지 않습니다. 특히 스마트폰, 가전, 스마트홈 등 소비자에게 직접 서비스를 제공하는 IT제품은 이제 그 기술력의 격차가 크게 의미 없다고 할 만큼 좁아져버렸습니다. 아이폰이나 갤럭시가 갖고 있는 럭셔리 브랜드로서의 가치도 갈수록 줄어든다고 분석되고 있습니다. 샤오미도 위기는 마찬가지입니다. 오포와 비보의 약진으로 디자인, 성능, 가성비에서 자신 있다던 포지션이 애매해졌습니다. 그야말로 스마트폰시장은 춘추전국 시대, 초경쟁의 시대에 돌입한 셈입니다. 앞으로 또 어떤 강자가 등장할지 아무도 예측할 수 없습니다.

이런 시대일수록 중요해지는 것이 팬덤의 힘입니다. 그래서 고객 중심 경영, 아니 고객을 왕으로 모시는 경영의 체계를 갖추는 것이 더욱 중요해지는 것입니다.

알리바바의 신소매

온·오프라인이 결합하다

중국에서 고객 중심 경영을 가장 잘 실천하고 창의적으로 도전하는 기업이 바로 알리바바입니다. 1999년 마윈이 설립한 알리바바는 온라인 쇼핑몰을 통해 성장한 대표적인 디지털 플랫폼기업입니다. 중국에서 디지털 소비 문명을 창조하고 확산하고 성공한 기업인만큼 중국 비즈니스를 준비하는 분들이라면 반드시 학습해야 하는 중요한 기업입니다.

진정한 신유통 개념의 등장

마윈은 원래 영어 교사로 IT를 전혀 모르던 사람입니다. 그러다 야후의 창업자 제리 양楊致遠을 만나 새로운 세계를 보고 알리바바를 창업합니다. 창업 초기 매출이 없어 어려움을 겪고 있을 때, 손정의 회장을 찾아가 6분 만에 2천만 달러의 투자를 유치한 건 유명한 일화로 남아 있습니다.

마윈이 처음 시작한 건 B2B 거래를 위한 알리바바닷컴이었습니다. 초기 위기를 넘기자 엄청난 매출이 발생하면서 알리바바닷컴은 중국 대표 온라인 거래 사이트로 성장합니다. 그때까지 일반 소비자들을 대상으로 한 플랫폼은 이베이가 중국을 모두 석권하고 있었습니다. 이 오픈마켓을 겨냥해 타오바오몰을 설립합니다. 그리고 보다 신뢰할 수 있고 고급스러운 제품을 선호하는 고객들을 위해 온라인 백화점 티몰을 설립하죠. 이렇게 설립한 회사들이 중국 온라인 상거래의 핵심 플랫폼으로 성장하면서 이베이는 중국에서 철수하고, 알리바바가 시장을 거의 독점하게 됩니다. 현재 중국 전자 상거래의 80퍼센트를 알리바바 계열사들이 처리하고 있을 정도입니다. 알리바바의 성공 스토리는 책으로 따로 출간되었을 정도로 유명합니다. 그래서 그것보다는 최근 알리바바가 새롭게 도전하고 있는 신소매에 대해 정리해보겠습니다.

마윈은 온라인 상거래 사업은 어느 정도 안정화가 되었다고 판단하고, 2016년 오프라인 유통을 연계하는 신소매 전략을 발표합니다.

"전자 상거래라는 개념은 점차 사라지고 향후 30년 내 '신소매'라는 개념으로 대체될 것이다. 온·오프라인과 물류가 결합했을 때 진정한 신유통의 개념이 탄생하게 될 것이다."

온라인 유통에서 우리에게 익숙한 개념은 O2OOnline to Of-fline입니다. 이미 잘 알려진 오프라인 서비스를 온라인 플랫폼으로 통합해서 제공하는 서비스를 말합니다. 배달, 택시, 차량 공유, 쇼핑 등 이미 다양한 서비스가 O2O의 형식으로 사업화되어 많은 소비자의 사랑을 받고 있습니다. 그런데 알리바바의 마윈이 얘기하는 신소매는 오프라인 전체를 완전히 '온라인화'한다는 관점에서 다른 개념입니다. 즉, 오프라인 매장들에 ICT기술(컴퓨터 기반의 정보통신기술)을 접목해 디지털화하고 이것을 모두 연결해서 유통되는, 모든 재화가 온라인 플랫폼을 따라 이동하고 소비되는 형태가 신소매입니다. O2O와 특별히 구분되는 점은 오프라인 매장에 사물인터넷을 활용한 기술이 접목되고 결제까지 일괄적으로 진행됨으로써 전체의 유통 시스템이 하나의 플랫폼에서 운영된다는 것입니다. 이렇게 되면 축적된 데이터는 다시 제품의 생산, 구매, 배송에 반영되어 합리적인 수급 체계를 구축할 수 있습니다. 마윈은 여기에 인공지능까지 접목해 전체의 유통 시스템 운영을 인공지능이 수행할 수 있도록 하는 것이 신소매의 최종 목적지라고 얘기합니다.

허마셴성의 성공

대표적인 성공 사례가 바로 오프라인 대형마트인 허마셴성입니다. 알리바바의 대형마트 허마셴성은 앞서 언급한 바와 같이 소비자 빅 데이터를 기반으로 기획하고 매장, 물류, 배송의 디지털화를 통해 소비자의 범위를 반경 3킬로미터 이내 주민까지 확대한 신소매의 대표적 사례입니다. 특히 결제를 알리페이로만 할 수 있게 해서 구매 데이터를 지속적으로 축적할 수 있도록 했습니다.

이렇게 되면 물품의 유통 단계별로 발생하는 모든 데이터가 하나의 플랫폼으로 모이게 되고, 새로운 비즈니스 기획을 위한 빅 데이터가 지속적으로 쌓이게 됩니다. 알리바바는 이미 온라인 소비에서 엄청난 데이터와 노하우를 축적한 상태이기 때문에 이 데이터는 새로운 비즈니스의 기회를 열어주게 됩니다.

대단한 성공을 거두었다고 평가받는 허마셴성이 사실은 이제 막 시작이라는 뜻입니다. 유통 비즈니스의 디지털화는 우리가 알지 못하는 미지의 세계를 여는 문이 되고 있습니다. 데이터를 보면 소비자의 수요를 예측하고 이에 맞춰 공급을 조절하는 것은 물론 새로운 상품의 반응도를 실시간으로 체크해 어느 정도의 구매 주문을 낼 것인지도 결정할 수 있습니다. 각 지역별로 소비 특성도 분석해 유사성이 높은 소비 지역은 신상품 출시 때

시너지를 얻을 수도 있습니다. 잠시만 생각해도 이런 일들이 다 가능해지는 것이 디지털 유통 빅 데이터의 잠재력입니다.

2016년 11월 알리바바는 오프라인 유통기업 싼장쇼핑三江購物의 지분을 인수했습니다. 그리고 싼장쇼핑의 물류망을 기반으로 타오바오편의점을 항저우, 상하이에 이어 닝보에도 진출시 컸습니다. 타오바오편의점은 스마트폰 주문 후 1시간 내 배송이란 획기적인 콘셉트로 일용 소비재, 신선 식품을 고객에게 배달하고 있습니다. 또 지난 2017년에는 중국 최대 소매 유통기업인 바이롄그룹百联集團과 협력을 시작합니다. 바이롄그룹은 중국 최대의 소매 유통기업으로 백화점, 슈퍼마켓, 편의점, 약국을 포함한 7천 개 점포를 25개 성·시에 두고 있는 거대 오프라인 유통기업입니다.

이 밖에도 알리바바는 싼디엔고우閃電購에 투자해 온라인에서 주문한 제품을 1시간 내 받을 수 있는 신속 배송 서비스에 도전합니다. 이렇게 다양한 오프라인 유통과의 협력이 가능한 것은 엄청난 투자 자본의 힘입니다.

향후 5년간 편의점만 100만 개?

이제 알리바바는 온라인에서 축적한 유통의 노하우를 오프라인 유통에서 실천하기 위한 첫걸음을 뗀 셈입니다. 더 거대한 데이터를 축적하기 시작한 거죠. 그동안 온라인 유통 데이터를 기반으로 공들여 개발한 인공지능 프로그램들과 노하우들이 앞으로 오프라인 유통에서도 빛을 발하기 시작할 겁니다. 물론 실패할 수도 있습니다. 그러나 이러한 노력들이 쌓이고 쌓여 중국의 소비 문명의 디지털화는 가속될 것입니다.

텐센트가 지분을 투자하고 있는 중국 제2의 온라인 유통기업 징둥도 발 빠르게 오프라인 유통 분야로 사업을 확장하고 있습니다. 2017년 징둥 회장은 향후 5년간 100만 개의 편의점을 프랜차이즈화하겠다는 계획을 발표합니다. 신규 편의점 개설이 아니라 기존 편의점을 적절히 개선하고 하나의 플랫폼으로 묶어서, 디지털 플랫폼에 기반한 거대 편의점 체인으로 만들겠다는 것입니다. 역시 중국입니다. 우리나라 최고의 편의점 프랜차이즈가 1만 5천 개 규모인데 100만 개라니 입이 떡 벌어지는 규모입니다. 여기서 쏟아지는 데이터 규모도 엄청나겠죠.

기술적으로도 오프라인 편의점은 더욱 발전합니다. 미국에 아마존이 만든 무인점포 아마존고가 등장했다면 중국에는 벤리펑便利蜂이 있습니다. 벤리펑도 무인편의점을 추구합니다. 아마존고와는 달리 고객들이 익숙한 QR코드를 기반으로 셀프 구매를 하도록 시스템을 구축했습니다. 심지어는 굳이 매장에 오지 않더라도 앱에 표시된 상품을 구매하면 배달해주는 서비스까지 도입했습니다. 무인판매점에서 안면인식 기능과 매대 센서도 적극 활용 중입니다. 2017년 베이징 중관춘에 5개 지점을 낸 벤리펑이 얼마나 성공할지는 아직 미지수지만 문명의 트렌드가 어디로 가고 있는지는 명확합니다.

이렇게 알리바바와 징둥을 필두로 중국의 많은 유통기업들은 서로 경쟁하며 중국의 유통시장을 거대한 디지털 세계로 전환시키고 있습니다. 비즈니스의 근간인 유통이 변하면 문명이 변화합니다. 이미 중국은 세계 최고의 디지털 소비 문명 국가가 되었습니다. 방송, 금융, 유통, 교통 등 문명의 근간이 모두 포노 사피엔스를 표준으로 바뀌고 있는 것입니다. 기존 소비 문명과의 경쟁력을 감안할 때 이 문명은 더욱 빠른 속도로 우월성을 확보해갈 것이 분명합니다.

알리바바의 마윈은 이렇게 말합니다.

"데이터 테크놀로지가 중국의 미래다."

비즈니스가 데이터로 움직이는 시대가 중국에서는 현실이 되고 있습니다.

우리 이웃 나라에 두려울 만큼의 무서운 신문명이 자리 잡고 있습니다. 이것이 얼마나 어려운지를 우리는 카카오카풀 사태를 통해 이미 뼈저리게 경험했습니다. 중국 정부가 얼마나 무서운 각오로 디지털 신문명을 받아들이고 있는지 다시금 깨닫게 됩니다. 중국이 우리 역사에 미쳐왔던 강력한 영향력을 우리는 잘 알고 있습니다. 정신을 바짝 차리고 새로운 문명의 확산을 대비해야 할 시대입니다.

지금까지 없던
인류가 온다

PHONO SAPIENS

4

세계 7대 플랫폼기업들은

소프트웨어 인재 영입에 사활을 걸고 있다.

5조 달러의 실탄을 장착한 이들은

세계의 우수 인재들을 모두 빨아들이고 있다.

특히 최근에는 인공지능 전공 인재들이 주요 영입 대상이다.

수백 명, 수천 명을 인공지능 서비스 개발에 투입하는 건

이들 기업에선 당연한 일이 되었다.

채용방식 역시 대부분 6~10회 정도의

장기간 인터뷰를 실시하고,

다면 평가를 하는 등 남다르게 이루어지고 있다.

이들은 어떤 인재를 원하고 있을까?

신문명에 걸맞는 인재상은 어떤 모습일까?

디지털 문명의 '인의예지'

아마존은 3억 명의 고객을 다양한 카테고리로 나누고 수만 가지 세그멘테이션으로 분류하여, 그 특성에 따라 개인 추천 시스템을 구축했습니다. 이렇게 고객을 분류할 수 있는 능력은 고객을 이해하는 능력에서 출발합니다. 이를 위해 경영학, 심리학, 사회학 분야의 많은 전문가들을 투입해 이론을 정립합니다. 그리고 데이터를 분석해 큐레이션 프로그램을 완성합니다.

이 과정에서 소비자의 데이터를 통해 고객의 심리를 이해하는 힘이 필요합니다. 이때 평소 디지털 문명에서 많은 교감의 경험을 축적한 사람들이 능력을 발휘합니다. 즉, 데이터를 보고 고객의 마음을 읽어내려면 공감 능력이 뛰어나야 하는 것입니다. 물론 심리학에 관한 지식도 중요하고, 경영학에서의 마케팅 세그멘테이션 능력도 중요합니다. 지리학적 특성과 인구학적 특성을 파악하는 전문 지식도 중요하죠. 그러나 가장 중요한 것이 디지털 문명 특성에 대한 이해도와 공감 능력이라는 것입니다. 이들이 생산하는 데이터들이 어떤 의미이고 무엇을 찾고 있는 것인지, 어떤 고객을 포기하고 어떤 고객을 잡아야 하는지, 심지어는 한 사람의 고객이 때에 따라 왜 다르게 반응하는지도 이해하는 인재가 필요한 시대입니다.

소비자를 헤아리는 마음

고객이 왕인 디지털 플랫폼 시대에 그들과 공감하는 능력을 갖는 건 가장 기본적인 소양이자 필수 능력이 되었습니다. 그래서 어려서부터 SNS 활동을 통해 디지털 문명을 제대로 경험하고 공감의 능력을 키워야 합니다. 사람들을 세심하게 배려하고 진정성 있게 대화하는 방법도 익혀야 하며 그 문명이 갖고 있는 유머 코드와 재치 있는 이모티콘 표현도 학습해야 합니다. 고객을 알려면 디지털 문명을 알아야 합니다. 제대로 된 SNS 커뮤니케이션 방식을 학습해야 하는 이유입니다.

디지털 커뮤니케이션 능력만 중요한 것은 물론 아닙니다. 소비자는 정말 다양합니다. 마켓 세그멘테이션을 전공한 사람들이 얘기하듯, 백인백색을 넘어 일인백색의 시대가 되었습니다. 한 사람의 마음을 얻는 것도, 그가 원하는 것을 찾아내는 것도 그만큼 어려워졌다는 뜻입니다. 그래서 다양한 사람들의 마음을 헤아릴 줄 알아야 합니다. 그러기 위해서는 디지털 문명에 익숙하지 못한 분들에게도 관심을 가져야 합니다. 무인주문기 앞에서 주문을 못 해 쩔쩔매는 분을 보면, 다가가 친절히 도와드리면서 이분들이 무엇을 어려워하는지 알아봐야 합니다. 스마트폰앱 사용법을 알려줄 때도 무엇이 디지털 소비세대와 달라서 어려움을 겪는지, 그걸 이해시키는 최선의 방법은 무엇인지 고민해봐야 합니다. 기성세대가 디지털 문명에 대해 왜 불만을 가지는지, 정말 어려워서인지 아니면 불편해서인지 그것도 아니면 감정적인 문제인지를 공감해야 합니다.

시장 혁명의 시대에 깊이 벌어진 문명의 틈을 메우는 사람에게는 또 다른 기회가 옵니다. 혁명은 급속한 문명 교체를 의미합니다. 그만큼 기성세대에게는 신문명이 어렵습니다. 국민소득 100달러도 안 되던 시절에 태어나 국민소득 3만 달러 시대까지 살아야 하는 대한민국의 기성세대는 더욱 그렇습니다. 인생은 축적된 시간의 역사입니다. 그 엄청난 격동의 시대를 겪어온 분들을 국민소득 1만 달러, 2만 달러 시대에 태어난 세대가 이해하는 건 거의 불가능한 일이겠지만, 그래서 더 값진 일이기도 합니다. 대한민국 기성세대와 공감할 수 있는 능력을 가진 청년이라면 세계 어디에 사는 사람들과도 공감할 수 있을 것입니다.

세계의 시장은 무한합니다. 그리고 그 다양성은 상상하기조차 어렵습니다. 고객의 선택이 시장을 결정하는 디지털 소비 문명에서 고객에 대한 공감 능력은 어느 때보다 중요한 성공 요인이 되었습니다. 그렇다면 대한민국은 공감 능력을 익히는 학습 장소로는 세계 최고의 무대입니다. 세계 최빈국에서 어린 시절을 보냈던 어른들부터, 선진국에서 어린 시절을 보내는 아이들까지 있는 사회니까요. 위기의 뒷면에는 항상 기회라고 쓰여 있습니다. 부작용의 뒷면에는 항상 그만큼의 순작용이 존재합니다. 문제는 그걸 바라보는 우리의 시각이 한쪽에 매여 있는 것입니다.

새 시대에도 진리는 매한가지

소비자와의 공감 능력을 키워야 훌륭한 인재로 성장할 수 있다는 이야기를 하다 보니 결론이 '훌륭한 인간'이 되어야 한다는 걸로 귀결돼버렸네요. 하지만 사실이 그렇습니다. 디지털 문명의 본질이 요구하는 인재상은 '배려할 줄 알고, 세심하고, 무례하지 않으며, 친절하고, 합리적이고, 과학적이며 또 능력 있는 사람'입니다. 그것도 가식이 아니라 본성이 그래서 언제나 자연스럽게 우러나오는 사람입니다. 사람이라면 무릇 인의예지仁義禮智를 바탕으로 삼아야 한다는 공자님 말씀이 떠오릅니다. 디지털 문명 시대에도 새로운 기술이 접목되었을 뿐 사회를 이루는 중추는 여전히 '사람'입니다. 그래서 훌륭한 인재가 되는 근본은 시대를 넘어 여전히 유효합니다. 아니, 더욱 중요해졌습니다. 이제는 더 이상 아무것도 가릴 수 없는 시대이기 때문입니다. 마음에 없는 가식은 언제나 그 모습을 드러내기 마련이고 디지털 시대는 그걸 용납하지 않습니다. 최근 많은 정치인들과 기업가들이 이런 시대 변화를 인지하지 못하고 하지 말아야 할 실수를 거듭하면서 세상으로부터 외면받는 일들이 발생합니다. 디지털 문명의 정체성을 제대로 이해하지 못한 탓입니다. 아직 권력과 자본이 세상의 주인이라는 구시대적 편견에 갇혀 있는 탓입니다.

디지털 문명 시대를 위한 최고의 인재상은 '훌륭한 사람', '인의예지'를 체득한 사람이라고 할 수 있습니다. 그런데 여기서 언급하는 인의예지는 급변하는 디지털 문명사회에 걸맞은 인의예지입니다. 봉건사회부터 디지털 문명 시대까지 다양하게 분포한 세대 간에서도 여전히 유효한 인의예지입니다. 여기에 더해 디지털기술에 대한 이해력은 기본이고, 전문적인 능력까지 갖추고 있다면 금상첨화입니다.

인의예지를 체득하고 자기완성을 위해 실천하는 사람들이 성공하는 사회라면 조금 더 바람직한 사회가 아닐까요? 전문기술도 그렇습니다. 굳이 값비싼 학원에 가지 않아도 높은 수준의 교육 콘텐츠를 SNS를 통해 할 수 있고, 지식에 대한 접근권이 평등해진다면 더 바람직한 사회가 아닐까요? 또한 누구도 불만을 가질 수 없는 공정한 기준이 있습니다. 바로 고객의 선택입니다. 이것이 달라진 미디어 소비 문명의 기준입니다. 디지털 문명 시대는 새로운 사회, 과거보다는 좀 더 나은 사회로 조금씩 나아가고 있습니다. 더 나은 사회를 만들기 위한 문명의 발전은 포노 사피엔스의 역사이기도 합니다. 새로운 시대에 걸맞은 인재가 되려면, 그런 인재를 키우고 싶다면, 개인·기업·사회 모두가 새로운 문명의 기준에 눈을 뜨고 생각을 바꿔야 합니다. 그렇게 함께 달라진 시대로 즐거이 이동해야 합니다.

'부작용'에 열광하는 사람들

스콧 갤러웨이 교수가 쓴 책《플랫폼 제국의 미래》는 우리가 어떤 문명에 살고 있으며, 그로 인해 어떻게 변화하고 있는지를 다룹니다. 스마트폰을 신체의 일부처럼 사용하고 지식은 암기가 아닌 검색으로 인지하며 친구는 SNS를 통해 맺는 것이 상식인 사회, 사고 싶은 물건을 인지하는 순간 구매하는 사회, 새로운 변화를 즐기며 끊임없이 새로운 일들을 만들어내고 있는 사회, 이곳이 바로 신인류의 디지털 문명사회입니다.

'부작용'이 만든 기회

우선 포노 사피엔스 문명에 대한 생각을 바꿔봅시다. 생각해보면 이 문명은 참 부작용이 많습니다. 스콧 갤러웨이 교수조차 바람직한 문명이라는 데는 동의하지 않는다고 했으니까요.

특히나 지금까지 온 힘을 다해 현재의 문명을 구축한 사람들에게는 새로운 문명이 불편하고, 어렵고, 부작용 가득한 문명임이 분명합니다. 그런데 세상은 기성세대가 바람직하다고 생각하는 방향으로 변화한 적이 역사적으로 거의 없습니다. 언제나 새로운 세대의 선택에 따라 변화할 뿐입니다.

우리가 계속 부작용만 바라보고 있다면 새로운 세대와의 갈등만 더 크게 만들 뿐입니다. 이제 뒤를 돌아 부작용만큼 강력한 디지털 문명의 혁신성에 눈을 뜨고 새로운 기회를 찾아야 합니다. 어렵지만 배우고 깊은 관심으로 받아줘야 합니다. 특히 기성세대가 생각을 바꿔야 합니다. 글로벌시장의 문명은 이미 새로운 방향을 정했고, 우리는 미래세대를 그리로 인도할 책임이 있기 때문입니다. 우리나라를 문명의 갈라파고스로 만들어서는 안 됩니다. 그러기 위해서는 새로운 문명에 대한 갈등이 생길 때마다 부작용의 반대급부도 함께 생각해야 합니다.

스마트폰은 부작용이 많습니다. 하루 종일 여기에 사람들이 매달려 아무것도 못하는 사회를 우리는 늘 걱정합니다. 게임에 빠져 있고 SNS에 얽매여 제대로 된 인간관계도 잃어버리는 우리 사회. 맞습니다. 참 부작용이 심각합니다. 그런데 그사이 어떤 변화가 있었을까요?

사람은 생물학적 존재입니다. 오직 뇌로만 생각할 수 있습니다. 학습은 정보를 보고 뇌에 복제해 시작합니다. 스마트폰을 통해 정보를 보고 학습하는 인류는 이제 세상에 모르는 게 거의 없어졌습니다. 인류 역사상, 이렇게 빠르게 지적 능력이 동시에 급상승한 적은 없습니다. 이론적으로 36억 명이 검색해서 알 수 있는 지식이라면, 이는 모두 동일하게 알 수 있다는 뜻입니다.

물론 생각은 복제만으로 이루어지지는 않습니다. 많은 복제가 이루어지면 그다음은 생각의 범위가 확장됩니다. 아인슈타인도 자기 뇌의 20퍼센트밖에 사용하지 않았다고 하는 만큼 인간의 뇌 기능은 무한합니다. 많은 지식을 복제하는 인간은 새로운 생각도 계속 만들어냅니다. 그래서 새로운 비즈니스 모델들이 봇물 터지듯 쏟아집니다. 멍하니 계속 정보만 바라보고 있으면 부작용이 될 수 있지만, 그걸 보면서 새로운 생각을 만들기 위해 욕심을 내기 시작하면 혁신의 단초가 됩니다. 그래서 부작용을 막아버리면 새로운 혁신은 시작조차 할 수 없습니다. 부작용이 떠오르면 항상 그 이면에 숨어 있는 혁신의 가능성을 탐색해야 합니다. 인류는 끊임없이 새로운 방향을 찾아 움직이는 힘으로 현대 문명을 창조했습니다. 지구 어딘가에는 그런 노력을 기울이는 새로운 인류가 등장하고 거기서 또 새로운 문명이 시작됩니다.

SNS는 어떤가요? 언제부터인지 대화는 카톡으로 하고 함께 이야기할 때는 단톡방을 만드는 게 문화가 되었습니다. 그뿐이 아닙니다. 카카오스토리, 페이스북, 인스타그램, 유튜브, 트위터 등 온라인을 통해 사람들을 만나고 대화하는 게 익숙한 시대가 되었습니다. 기존 문명의 관점에서 보자면 그리 중요하지도 않은 일을 중독된 듯이 계속합니다. 그러는 사이 사람과의 만남은 줄어들고 혼술, 혼밥, 혼고기까지 혼자 하는 걸 즐기는 게 익숙한 시대가 되었죠. 안타까운 일입니다. 그래서 사람들과 직접 소통하며 인간미 넘치는 이야기를 나누던 그때 그 시절이 그립다고 많이들 이야기합니다. 스마트폰이 따뜻하던 사람 간의 만남과 관계를 어그러뜨린 겁니다. 틀린 말이 아닙니다.

그렇다면 이제 뒤돌아 순작용은 무엇인지 살펴보겠습니다. 우리는 SNS를 통해 국경도, 언어도, 문화의 경계도 뛰어넘어 관계를 넓히게 되었습니다. 세계 곳곳에서 일어나는 일을 실시간으로 알게 되었을 뿐 아니라 같은 관심사를 가진 많은 사람들과 지식을 공유할 수 있게 되었습니다. 과거에는 상상할 수 없는 새로운 생각과 다양한 정보, 지식을 공유하고 빠르게 습득할 수 있게 되었습니다.

SNS는 문화로 정착한 뒤 비즈니스까지 빠르게 번져갑니다. 인스타그램의 인플루언서나 유튜브의 유명 유튜버들은 이제 매우 중요한 비즈니스 플랫폼으로 성장했습니다. 앞으로 또 얼마나 새로운 아이디어가 이 관계망에서 탄생할지는 알 수 없지만 무궁무진한 가능성만큼은 분명합니다. 이 모든 걸 경험하지 않고 과연 새로운 비즈니스 모델을 기획할 수 있을까요? 이미 비즈니스에서 빅 데이터 분석은 필수적인 프로세스가 되었습니다. 매일같이 엄청나게 쏟아지는 SNS상의 데이터는 고객의 마음을 읽을 수 있는 보고이고요. 새로운 디지털 소비 문명은 달라진 인류의 만남방식과 관계망을 기반으로 만들어지고 있습니다. 이 혁명적 변화는 그동안 불가능했던 많은 일들을 현실화시키고 있습니다. 이것이 SNS의 가장 기본적인 혁신성입니다.

강력한 대응, 강력한 대안

그래서 디지털 문명의 혁신성을 이해하고 사용할 줄 알아야 합니다. 주요 SNS 플랫폼들은 어떤 특징을 갖고 있는지, 사람들은 왜 열광하는지, 어떻게 해야 플랫폼에서 내가 원하는 걸 찾아낼 수 있는지 경험해봐야 합니다. 부작용만 걱정하며 막아낸다고 새로운 생각이 생기는 건 아니기 때문입니다. 더 적극적으로 뛰어들어 이 시대 지식의 습득과 순환 구조, 엄청난 속도로 증가하는 디지털 소비 문명의 특성을 직접 경험해봐야 합니다. 그래야 생존의 전략을 찾아낼 수 있습니다. 지금 기업에서는 그게 가능한 인재를 필요로 합니다.

많은 회사들이 업무 시간에 개인적인 웹 서칭이나 SNS를 하지 못하게 하려고 외부 네트워크를 차단시키고 개인 메일도 확인할 수 없게 합니다. 다른 데 정신이 팔려 일을 못한다는 부작용을 줄이려는 것이죠. 반면 달라진 문명에서 아이디어를 얻을 수 있는 새로운 길을 열어주는 일엔 매우 인색합니다. 외부 네트워크를 차단할 정도로 극단적인 선택을 통해 부작용을 막으려고 한다면, 딱 그만큼 반대급부로 혁신성을 도모하는 선택을 반드시 해야 합니다. 영위하고 있는 사업과 관련된 최신 트렌드와 정보를 끊임없이 찾아내어 구성원과 공유하고 해당 분야 전문가들과는 SNS를 통한 네트워킹을 할 수 있도록 적극 지원해야 합니다. 아예 그와 관련된 전문 조직을 만들어 모든 구성원이 신문명을 학습하고, 공유하고, 고민할 수 있도록 시스템을 혁신해야 합니다. 업무 프로세스는 그대로 둔 채 외부 네트워크와의 접속만 끊어버리면 기업의 혁신 가능성은 급격히 떨어집니다.

잊지 말아야 할 것은, 인간은 생물학적 존재라는 겁니다. 뇌는 관련 정보를 보지 못하면 어떤 새로운 프로세스도 만들 수 없습니다. 보안과 관련된 사항이 아니라면 회사 내 네트워크를 최대한 열어줘야 합니다. SNS도 적극 참여하고 활동하게 해야 합니다. 시대의 문명을 알지 못하면서 고객의 마음을 이해하는 건 불가능합니다. 그런 인재로는 소비자를 사로잡을 수 없습니다. 그래서 부작용에 대한 강력한 대응책을 마련할수록, 새로운 기회의 가능성을 찾을 더욱 강력한 대안도 제공해야 합니다. 이것은 더욱 발전하기 위한 노력이 아니라 생존을 위한 유일한 선택입니다.

생존권 vs. 혁신성

홍역을 치르고 있는 카풀 서비스 문제도 마찬가지입니다. 많은 영세 택시기업이 도산하고 개인택시업자들이 생존권을 위협받는 상황만큼, 혁신성 또한 숨어 있습니다. 이 서비스는 전 세계적으로 많은 사람들이 열광하는 서비스입니다. 우리나라에서도 카풀 서비스를 이용해본 사람들의 75퍼센트가 카풀 서비스 도입을 찬성했고, 이용해보지 않은 사람은 47퍼센트만이 찬성했다고 합니다. 결국 우리 문명의 후속세대의 선택은 분명합니다. 택시 파업이 일어나자 카풀 서비스 이용은 폭증했고 이걸 경험한 사람들은 아예 서비스를 갈아탔습니다. 업의 본질이 같다고, 절대 용납해서는 안 된다는 시위를 한다고 해결될 일이 아니라는 겁니다. 이런 식의 파업은 택시산업의 위치를 더욱 고립시킬 뿐입니다. 디지털 문명으로의 전환은 시대의 사명입니다. 택시의 생존권은 막대한 비용을 치르더라도 사회 전체가 고통을 감내하며 문명의 전환으로 문제를 해결해야 합니다. 우리는 이미 이런 변화를 수도 없이 경험했지만 결코 과거로 돌아간 적은 없다는 것을 명심해야 합니다.

모바일 뱅킹도 마찬가지입니다. 우리나라 20~40대의 모바일 뱅킹 서비스 이용률은 세계 최고 수준이지만 50대 이상은 33.5퍼센트, 60대 이상은 5.5퍼센트로 윗세대로 갈수록 현저히 낮아집니다.(2017년 한국은행 발표 자료) 어려워서 못한다고 보기에는 너무나 낮은 수치입니다. 상당수의 기성세대는 일부러 안 한다는 뜻입니다. 스마트폰은 써도 스마트폰으로 은행 일은 안 한다는 것이죠. 배울 능력이 없어서는 절대 아닙니다. 대한민국을 세계 최고의 IT 국가로 만든 기성세대가 스마트폰 사용 능력이 부족할 리 없습니다.

이는 익숙하지 않은 새로운 문명에 대한 거부감이 만들어 낸 현상입니다. 그동안 디지털 문명에 대한 수많은 부정적 기사들을 떠올려보면 기성세대가 왜 그렇게 피하려고 하는지 이해할 만도 합니다. 분명한 것은 이제 더 이상 오래된 문명의 시대에 머물 수 없다는 것입니다. 2018년부터는 전체 은행 거래의 80퍼센트가 인터넷 뱅킹으로 이루어지고 있습니다. 이제 은행 지점에서의 대면 거래는 10퍼센트 이하로 떨어졌습니다. 데이터는 우리 문명의 표준이 어디로 이동하고 있는지를 명확히 보여줍니다. 피할 수 없는 변화라면 이제 배우고 또 즐겨야 합니다.

검색왕들의 성공

'구글 신'은 모든 것을 알고 계신다

세계 7대 플랫폼기업들은 소프트웨어 인재 영입에 사활을 걸고 있습니다. 5조 달러의 실탄을 장착한 이들은 세계의 우수 인재들을 모두 빨아들이고 있죠. 특히 최근에는 인공지능 전공 인재들이 주요 영입 대상입니다. 수백 명, 수천 명을 인공지능 서비스 개발에 투입하는 건 이들 기업에선 당연한 일이 되었습니다. 채용방식 역시 대부분 6~10회 정도의 장기간 인터뷰를 실시하고, 다면 평가를 하는 등 남다르게 이루어지고 있다고 합니다.

SNS를 기반으로 한 학습

이들은 어떤 인재를 원할까요? 디지털 플랫폼을 기반으로 사업을 영위하는 기업들이니만큼 기술적인 이해도와 전문성을 갖추는 건 기본입니다. 소프트웨어 엔지니어의 경우, 어느 수준의 소프트웨어 개발 능력을 갖췄는지 엔지니어가 직접 면접을 통해 확인합니다. 소프트웨어는 오픈소스를 활용하는 능력이 중요합니다. 최근 26세의 나이로 미국의 비영리 인공지능기업에 취업한 김태훈 씨의 스토리를 들어보면 무엇이 중요한지 알 수 있습니다.

전 세계 소프트웨어, 인공지능 개발자들은 다양한 프로그램을 개발해 공유합니다. 물론 지적재산권 가치가 높은 코드는 공개하지 않지만요. 김태훈 씨는 UNIST 학부 재학 시절, 딥마인드와 애플이 비공개로 설정한 코드를 혼자 개발해 20여 차례 오픈소스로 공개하면서 유명세를 타기 시작합니다. 구글 브레인의 수장 제프 딘Jeff Dean도 그의 코딩 실력에 감탄해 같이 일하자고 제안할 만큼 IT기업들의 많은 관심을 받게 됩니다. 김 씨는 그들 중에서 실리콘밸리의 유명 인사들이 인류에 기여하는 안전한 인공지능을 개발하자는 취지로 만든 기업 오픈AI를 선택합니다. 2019년 일을 시작하는 그가 받을 첫해 연봉은 30~50만 달러(약 3억~5억 원)라고 하니 참으로 어마어마합니다. 이것이 축적된 자본의 힘입니다. 이 정도 인재면 우리나라 대기업 초봉의 10배를 지불해도 아깝지 않다는, 새로운 인재의 기준이 등장한 겁니다.

김태훈 씨는 훌륭한 프로그래머입니다. 그렇지만 SNS 활동과 오픈소스에 기반한 학습이 없었다면 과연 독학으로 능력을 끌어올릴 수 있었을까요? 답은 '불가능하다.'입니다. 그가 전 세계에서 주목받는 인재가 된 것도 바로 디지털 문명에 기반한 새로운 소프트웨어산업의 생태계 덕분이지요. 그러니 어려서부터 이 문명에 익숙해져야 한다는 겁니다. 비교해봅시다. 책으로 프로그램을 공부하고 학원에 가서 코딩을 배운 아이와 구글링, 유튜브를 매일같이 보고 전 세계 개발자들이 만든 오픈소스 코드를 풀어가며 문제해결 능력을 키운 아이, 이 둘의 능력치는 얼마나 다를까요? 아마 후자의 아이가 새 문명을 이끄는 데 더 적합한 능력치를 가질 것입니다. 이제 스마트폰 문명에 기반한 디지털 학습 능력은 인류에게 필수적인 요건이 되었습니다. 이걸 단지 부작용을 걱정해 막기만 한다면 유능한 미래 인재도 성장할 수 없습니다.

구글 신과 함께한 혁신

디지털 문명이 익숙해지면 생각의 방식도 달라집니다. 2018년 사회복무요원으로 대구노동청 안동지청에서 일하던 청년 반병현 씨가 멋진 혁신을 보여줍니다. KAIST 바이오-뇌공학 석사를 마친 반 씨는 사회복무요원으로 일하며 매우 단순한 업무를 지시받았습니다. 안동지청에서 보낸 3,900개가 넘는 등기우편의 13자리 등기번호를 우체국 홈페이지에 일일이 입력한 뒤 그 페이지를 인쇄해서 보관하는 작업이었습니다. 하루 8시간 근무를 기준으로 하면 6개월이 걸릴 일이었죠. 단순 반복 업무를 질색하던 반 씨는 프로그래밍 언어인 파이썬Python을 이용해 문제 해결을 위한 프로그램을 준비합니다. 반 씨의 카카오브런치에 올라온 글에 그 과정이 매우 상세히 나와 있습니다.◉

반 씨는 일단 '파이썬과 함께라면 못 만들 것은 없다.'는 마음가짐부터 다집니다. 그리고 '구글 신은 모든 것을 알고 계실 것이다.'라는 말과 함께 바로 구글에 'Python crawler Library'를 검색합니다. 파이썬에서 라이브러리는 프로그램을 개발할 때 자주 사용하는 코드를 하나의 함수나 클래스라는 단위로 묶어서 모아놓은 것입니다. 반 씨는 이중 셀레니움Selenium이라는 이름의 라이브러리가 적합할 것이라는 이야기를 발견하고 바로 '셀레니움으로 무적 크롤러 만들기' 사이트에 들러 학습을 시작합니다. 그리고 직접 코딩을 시작하죠. 이때부터는 전체 업무를 단계별로 나누고 하나씩 문제를 풀어가야 하기에 생각의 힘이 작동합니다. 그렇게 반 씨는 직접 작업하면 6개월이 걸릴 업무를 파이썬으로 30분 만에 해결해버렸습니다. 이 놀라운 혁신이 알려지자 고용노동부는 반 씨를 초청해 행정 업무의 자동화 방안에 대해 아이디어 제안 회의를 가졌다고 합니다. 그가 가진 디지

https://brunch.co.kr/@needleworm/1

4장

털 문명으로의 전환 아이디어가 경직된 고용노동부 업무에 얼마나 반영될지는 알 수 없지만, 디지털 문명에서 자라난 인재들의 생각이 시작부터 얼마나 다른지를 보여주는 사례입니다.

반병현 씨가 보여준 업무 프로세스도 역시 SNS를 기반으로 하고 있습니다. 반 씨는 검색을 통해 해당 분야 전문가를 찾아내고 그들이 구축한 사이트에서 도움을 받아 문제를 해결했습니다. 물론 자신도 그 사례를 인터넷에 올려 공유했죠. 이런 과정이 매일 수천, 수만, 수십만 건씩 발생하니 새로운 지식이 집대성되는 구글은 '구글 신'이 될 수밖에 없습니다. 이 문명을 모르는 사람이라면 직원을 파이썬 학원에 보내 프로그램을 배우게 하고, 수년의 개발 기간을 거쳐 겨우 프로그램을 완성하게 했겠죠. 아니면 좀 더 쉽게는 외주 처리했을 겁니다. 물론 그것도 이 해결 방안이 가능할 것이라는 생각이 들었을 때의 이야기지만요. 그래서 어려서부터 디지털 환경에서 자라 디지털 학습에 익숙하고, 어떻게 문제 해결을 할지 많은 경험을 축적한 사람들이 더욱 절실하게 필요하다는 겁니다.

앞서 이야기했듯 모든 비즈니스의 근간이 디지털 플랫폼으로 이동 중입니다. 디지털 플랫폼과 빅 데이터 그리고 인공지능은 가장 핵심적인 기술 분야의 학습 영역이 되었습니다. 전공을 막론하고 이 분야에 대한 기술 이해도를 부지런히 쌓아야 합니다. 앞으로 10년 동안은 절대적으로 필요한 지식입니다.

내용만 파악하면 되는 것이 아니라 학습의 방식도 변화해야 합니다. 구글 신을 이용해 관련 정보를 파악하는 방법도 익혀야 하고, 유튜브로 관련 분야 강의도 찾아내 들을 줄 알아야 합니다. 관련 기술 전문가들과 네트워킹도 하고 정기 구독을 통해 꾸준히 새로운 정보를 확대해야 합니다. 가능하다면 스스로도 새로운 걸 개발해보고 그 결과물을 공유해 지식의 공유 문명에 동참해보는 것도 좋겠죠.

이러니 어려서부터 익숙해져야 합니다. 회사에서도 업무에 이런 프로세스를 반영해줘야 합니다. 이미 거대한 문명의 틀, 학습방식의 틀로 자리 잡은 디지털 플랫폼을 인정하고 부작용은 최소화하되 혁신성을 도모할 수 있는 새로운 전략을 수립하고 인재를 양성해야 합니다. 이제는 학습도, 업무도 포노 사피엔스 방식을 표준으로 생각하고 실천할 때입니다.

'좋아요'와 '댓글'에도 질서가 있다

디지털 문명의 공간에서 사회성을 이야기하면 대부분 안 좋은 이야기들이 먼저 떠오릅니다. 악플 때문에 고통받는 사람들, 가짜 뉴스로 사람들을 현혹하는 기사들, 거친 욕설과 음란물이 오가는 네트워크 등 그 폐해는 이루 말할 수가 없습니다. 그런데 SNS 문명이 정착되면서 여기에도 이제는 새로운 기준들이 탄생하기 시작했습니다.

단톡방은 동네 사랑방?

우선 메신저앱의 대화 예절입니다. 회사에서 단톡방을 열고 부하 직원을 모두 초청해서 업무 지시를 하면 업무 효율성은 크게 증가합니다. 그런데 이 문화가 당연하게도 부작용을 일으킵니다. 많은 사람들, 특히 높으신 직위의 분들이 톡문화에 대한 이해가 부족해서 시도 때도 없이 업무를 지시하고 답변을 요구해, 이에 시달리는 부하 직원들의 원성이 자자해진 겁니다. 고위 직급들은 단톡방이 마치 회사 사무실 안에서 대화하는 것과 비슷하다고 생각합니다. 그래서 그 방식 그대로 이야기를 던집니다.

그러나 톡방문화는 일반 대화와는 다릅니다. 업무 관련 톡방이라면 철저하게 업무 시간 내에, 업무에 관련된 내용만 올려야 합니다. 여기에는 개인의 정치 성향을 강요하는 사이트의 링크를 걸거나 업무와 무관한 교육적 내용(기성세대 관점에서는 꼭 필요하다고 생각되는)을 담은 링크를 걸면 안 됩니다. 생각의 자유를 침해할 소지가 있는 것은 매우 조심해야 합니다. 개인에 대한 사적인 감정을 드러내는 내용을 올려서도 안 됩니다. 재밌다고 생각되는 유머나 재미있게 본 글을 올리는 건 괜찮지 않을까 생각하나요? 이것도 가급적 삼가는 게 좋습니다. 사적인 모임이 아니라 업무 관련 톡방은 그렇습니다. 이곳은 내뱉은 발언이 휘발되는 공간이 아닙니다. 그래서 더욱 조심하고 사람들의 마음을 세심하게 배려해야 합니다. 업무 시간도 철저히 지키자고 약속하고 이것을 절대적인 원칙으로 삼아야 합니다. 꼭 급하게 처리할 일이 있다면 개인 톡으로 전환해 조심스레 부탁하는 배려가 필요합니다.

지난여름 에피소드입니다. 어느 회사 부장님이 단톡방에 '복날을 맞아 보신탕집으로 회식을 하러 가자.'라고 올렸습니다.

요즘 유행어로 갑분싸(갑자기 분위기가 싸해짐)가 되었습니다. 부하 직원 중 단 한 명도 답을 달지 않았다고 합니다. 무언의 항명이라는 뜻이죠. 그러고는 곧바로 톡 내용이 담긴 캡처 화면이 애견 사이트로 옮겨져 전국적으로 한 바퀴를 돌았습니다. 아마도 그 부장님은 '지난 20년간 늘 하던 일인데 뭐가 문제지?'라고 생각했을지도 모릅니다. 그러나 지금은 반려견 인구 천만 명의 시대입니다. 보신탕을 먹는다는 것 자체를 야만스럽게 생각하는 문명이 새로운 표준이 되었습니다. 그런데 이런 개인의 취향이 반영된 글을 올리면 무형의 폭력을 당한 느낌을 받게 됩니다. 귀로 한번 듣고 마는 것과는 또 다른 느낌을 주기 때문입니다. 그래서 SNS를 통해 공분하고 이 구태의연한 행태를 퇴출시키고자 퍼뜨리게 됩니다. 이런 일련의 과정을 겪으면서 해야 할 톡과 하지 말아야 할 톡들이 정리됩니다. 그렇게 새로운 톡 문명의 기준이 잡히는 것이죠.

기성세대에게는 여전히 어려운 문제입니다. 잘 모르겠다면 이렇게 생각하면 됩니다. '내가 톡한 내용이 내일 아침 조간신문 헤드라인에 실린다고 가정한다면 어떤 내용을 어떻게 표현할 것인가?' 이미 이 표현은 외국 기업에서는 '모럴 해저드를 피하는 기준'으로 교육 과정에 반영되고 있습니다. 심지어는 나의 아이들이 그 내용을 보고 있다고 생각해야 합니다. 그러면 한결 표현이 부드러워질 겁니다. 답답해서 어떻게 그렇게 사냐고요? 그 안에서도 얼마든지 재미있는 농담과 새로운 표현을 익힐 수 있습니다. 특히 이모티콘이 많은 걸 대신해줍니다. 적절한 이모티콘으로 톡방을 장식하면 대화를 부드럽게 이어갈 수 있습니다. 대한민국의 현대 문명을 창조하신 베이비붐세대 그리고 X세대 여러분, 오늘 여러분의 감성을 잘 표현할 수 있는 이모티콘을 한번 찾아보는 건 어떨까요? 여러분이 주도해서 업무 단톡방을 감성 넘치고 귀여움 충만한 공간으로 바꿔보길 적극 권장합니다. 조금 어색한 것이 무례함보다는 백배 낫습니다.

다양한 생각을 인정하라

다음은 댓글문화입니다. 유튜브, 페이스북, 인스타그램, 카카오스토리 등 수많은 SNS는 자기의 일상이나 의견을 표현하는 공간입니다. 그걸 본 많은 사람들은 '좋아요'를 누르기도 하고 너도나도 댓글을 답니다. 페이스북이나 유튜브를 하다 보면 많은 경험을 하게 됩니다. 욕설처럼 적어놓은 댓글들을 보면 가슴 아프기도 하고 응원 댓글에는 금세 마음이 훈훈해지기도 합니다. 그리고 보면 사람의 마음이 참 오묘합니다. 일희일비하지 말아야 한다 하면서도 내 맘대로 되지 않습니다.

사실 악플은 엄청난 폭력성을 갖고 있습니다. 많은 연예인들과 크리에이터들이 악플 때문에 고통을 겪다 법적으로 대응하는 것도 바로 이런 이유입니다. 그래서 SNS에 무언가를 올릴 때는 사회적으로 대립각이 심하거나 논란의 여지가 있는 내용은 가능한 한 피하고, 표현도 에둘러 부드럽게 하려고 노력하게 됩니다. 그래도 사람들이 모이면 악플은 피할 수가 없습니다. 그래서 생존의 전략이 필요합니다.

대부분의 사람들은 SNS에서 자기와 다른 생각을 보았다고 해서 바로 악플을 달지는 않습니다. 늘 분노에 가득 차 있는 사람들이 그렇게 행동합니다. 그래서 욕설은 배설이라 생각하고 무시하는 게 좋습니다. 내 생각과 다르다는 주장을 하는 비교적 점잖은 댓글의 경우는 대응이 필요하긴 합니다. 생각이 다른 것은 사실 어쩔 수가 없습니다. 그래서 '그렇게 생각할 수도 있겠군요.' 정도로 마무리하는 게 좋습니다. 그런데 데이터가 명백히 존재하는 경우에는 달라집니다. 분명한 과학적 데이터를 갖고 있다면 그것에 근거해서 반박해야 합니다. 데이터의 시대인 포노 사피엔스 문명에선 과학적 데이터에 기대는 것만큼 확실한 논거는 없습니다. 확실한 데이터와 입증 가능한 사실이 없다면 대응하지 않는 것이 현명합니다.

물론 글을 올릴 때에도 마찬가지입니다. 진실된 과학적인 데이터는 오래도록 강력한 힘을 발휘합니다. 비록 한시적으로는 거짓 데이터에 기반한 감성적 호소가 사람들의 마음을 사로잡을 수도 있습니다. 그러나 거짓된 정보는 곧 여러 사람에 의해 검증

되면서 본색을 드러내게 됩니다. 디지털 플랫폼에 올라간 내용은 휘발되지 않습니다. 그래서 더욱 세심하게 살피고 검증해야 합니다.

댓글은 사람들에게는 매우 자연스러운 현상입니다. 자기 기분에 따라 이렇게도 저렇게도 올리게 됩니다. 또 집요하게 악플을 다는 사람도 있습니다. 대부분의 사람들은 누군가의 글에 댓글을 달 때 크게 신경 쓰지 않는 편입니다. 더구나 실제 얼굴을 대하고 만날 사람이 아니라는 생각에 즉흥적이고 때에 따라서는 조금 난폭해지기도 합니다. 악플이 습관이 되어 어디 가서든 그렇게 하는 게 당연하다고 생각하며 폭력성을 드러내는 전문 악플러도 많습니다. 그래서 굳이 고민하지 않는 것이 좋습니다. SNS 공간은 나의 생각, 나의 일상을 공유하는 곳입니다. 유튜브 방송이든 페이스북 게시물이든 사람들과 나누고 싶은 내 생각의 편린들일 뿐입니다. 거기에 올라오는 댓글들이 심각하게 비난하는 것들이라면 차라리 그냥 관계를 정리하는 것이 좋습니다. 내 생각과 다르다는 의견을 부드럽게 전달하는 댓글이라면 몰라도 일방적으로 비난하는 댓글이라면 굳이 시간 낭비하지 않고 정리하는 편이 바람직합니다. 8년 동안 개인방송을 하며 이 시대 최고의 유튜버로 성장한 대도서관이 하는 조언이기도 합니다.

3번의 '꼭 필요할까?'

대도서관도 방송 초기에 엄청난 악플에 시달리며 고통스러운 시간을 보냈다고 합니다. 처음에는 친절하게 답 댓글도 달고 대화도 해보려 노력했지만 결국 포기했다고 하죠. 한 명이라도 아쉬운 구독자지만, 강퇴시키면서까지 악플러를 정리하기 시작했고 동시에 마음의 평화도 얻을 수 있었다고 합니다. 그 이후 대도서관은 자신의 방송을 좋아하는 사람들을 위해 더욱 집중할 수 있었고, 덕분에 훌륭한 콘텐츠 크리에이터로 성장합니다. 사람의 능력은 유한합니다. 비난성 댓글에 시달리다 보면 좋은 콘텐츠를 만들 수 있는 에너지를 잃게 됩니다. 그보다는 새로운 생각으로 콘텐츠의 완성도를 높이는 게 더 중요합니다.

댓글을 다는 경우에도 마찬가지입니다. 좋은 댓글은 사람과의 관계를 돈독히 해주고 많은 의견을 나눌 수 있는 굳건한 커뮤니케이션 네트워크를 만들어줍니다. 좋은 정보와 지식을 보유한 사람들과 네트워크를 형성하면 내 생각을 풍성하게 해주는 보물창고가 만들어집니다. SNS를 통해 나를 발전시킬 수 있는 좋은 길이 열리는 겁니다. 반면 반대하는 의견을 달 때는 매우 신중해야 합니다. 꼭 필요한 경우가 아니라면 그런 글은 달지 않는 게 좋습니다. 꼭 달고 싶은 경우에도 '꼭 필요할까, 꼭 필요할까, 꼭 필요할까.' 3번은 되뇌어봐야 합니다. 건전한 비평은 발전을 위해 필수적이라고들 이야기합니다. 그러나 상대방의 의견을 반박하는 건 친한 사이에도 매우 조심스러운 법입니다. 그러니 잘못되었다는 명확한 근거가 있고 마음속에서 거센 반감이 솟아나더라도 일단 참아내야 합니다. 그리고 다시 한 번 생각해 봅니다. '나는 혹시 지적 우월감을 드러내고 싶은 마음에 이 댓글을 달려고 하는 것은 아닌가? 나는 이 댓글을 통해 진정으로 전하고 싶은 메시지가 있는가?' 이렇게 말입니다. 그런 지난한 과정을 거치고 나서도 여전히 쓰고 싶다면 최대한 부드러운 표현으로 예의 바르게 생각을 담아냅니다.

세상에는 너무나도 많은 사람들이 다른 생각을 하며 살고 있습니다. 나와 생각이 다르다고 해서 잘못된 것은 결코 아니라는 뜻입니다. 다양성은 인류의 일반적인 특성입니다. 생각이 다른 사람이 많다는 것을 상식으로 인정해야 합니다. 그것이 인류 보편적 도덕 기준에 어긋나지 않는다면 인정해야 합니다. SNS 공간에서도 역시 마찬가지입니다. 비아냥거리고 조롱하는 태도로 대화하는 사람들은 실제 사회에서도 존중받지 못하고 사람들과 건전한 네트워크를 형성하지 못합니다.

디지털 문명에서도 사회성은 여전히 중요합니다. 그리고 그 근본은 실제 세상과 크게 다르지 않습니다. 오히려 더 세심한 배려와 정제된 언어가 필요합니다. 나의 대화를 모든 사람이 지켜보는 공간인 만큼 항상 조심하고 또 조심해야 합니다. 그렇게 만들어진 네트워크는 내가 오프라인에서 가질 수 없는 새로운 경험과 지식을 제공합니다. 이 기회를 잡을 것인지 버릴 것인지는 오롯이 자신의 선택입니다.

이렇게 사람에 대한 세심한 배려심을 키우는 것은 사실 다음 단계로의 성장에 매우 중요한 발판이 됩니다. 바로 사람들이 좋아하는 것을 찾아내는 능력을 키우는 일입니다.

"어머, 이건 꼭 사야 해!"

플랫폼기업들은 기존방식의 광고를 잘 하지 않습니다. '제물건이 좋으니 꼭 사셔야 됩니다.'라는 메시지를 담은 광고는 급격하게 줄었습니다. 팬덤이 생겨야 생존한다는 관점에서 보면 이런 변화는 충분히 이해가 갑니다. 구글은 구글 글라스를 개발하면서 단 한 번의 광고도 하지 않았습니다. 물건을 만들어 팔 생각이 없었으니 당연한 일이지요. 그런데 출시도 안 한 구글 글라스는 전 세계 사람들에게 그 존재가 퍼졌습니다. '어머, 이건 꼭 봐야 해.'라는 고객들의 입소문에 힘입어 순식간에 세계로 확산된 탓입니다. 구글의 알파고도 마찬가지입니다. 광고 한 번 없이 이세돌과의 세기의 대결이라는 이벤트만으로 전 세계를 충격과 공포로까지 몰고 갔습니다.

아마존도 비슷합니다. 아마존은 아예 수년간 TV광고를 중단하기까지 했습니다. 브랜드 파워가 중시되는 유통기업으로는 이례적인 일입니다. 대신 팬덤을 유발하는 스토리에 몰입했습니다. IoT가 가미된 대시 버튼을 만들어 200개의 생필품에 대한 자동 배달 시스템을 구축하는가 하면, 드론택배를 들고 나와 세상을 떠들썩하게 만들기도 합니다. 알렉사가 장착된 음성인식 스마트 스피커 에코도, IoT 분야의 성지로까지 불리는 무인점포 아마존고도 광고가 아닌 스토리에 집중해 성공한 사례입니다. 고객들이 스스로 자신의 SNS에 도배를 하면서 퍼져나간 것이죠. 이렇게 매력 있는 스토리는 팬덤을 타고 스스로 확산하는 힘을 갖고 있습니다. 많은 벤처들이 이 방법을 적극 활용합니다.

막강한 힘, 스토리텔링

그래서 스토리텔링 능력이 필요합니다. 과거에는 어떤 기술을 개발할 때 세계 최초, 세계 최고라는 순위나 숫자에 민감하게 움직여왔습니다. 그래서 늘 최초의 개발이 최고의 브랜드를 만든다고 믿고, 기업들은 이를 최고의 선으로 생각해왔습니다. 모든 제조기업들이 최고 수준의 개발 능력을 갖추는 데 집중한 것도 당연한 일이었습니다. '세계 최초의 LCD TV', '세계 최고의 집적률을 가진 메모리'라는 광고 문구는 그래서 기성세대에게 매우 익숙합니다. 그런데 언제부터인지 이런 트렌드가 사라집니다. 세계 최고, 세계 최초보다는 '나를 배려하는 제품', '나만을 위한 서비스'에 사람들이 몰리면서 기술보다는 배려가 중요해졌습니다. 그래서 사업 기획의 첫 단계는 팬덤을 만드는 스토리텔링입니다. 타깃 고객이 좋아할 스토리는 과연 무엇일지 찾아내고 창조하는 힘 말입니다.

스토리텔링은 종합예술입니다. 근간은 당연히 인문학적 소양입니다. 그런데 막연히 인문학만 학습하면 생기는 능력이 아닙니다. 시대가 시대인 만큼 기술에 대한 깊이 있는 이해도 필요합니다. 이 시대가 원하는 스토리는 또 어떤 코드인지도 치열하게 고민하고 노력해야 합니다. 영화를 보고 드라마를 보는 건 훌륭한 학습 방법입니다. 막장 드라마도 학습 대상입니다. 기준은 데이터입니다. 미디어의 홍수 시대에 소비자의 자발적 선택을 만들어내는 미디어는 대체 어떤 비밀이 있는지 충분히 학습해야 합니다.

엔지니어에게도 마찬가지입니다. 엔지니어는 대부분 숫자를 목표로 일을 합니다. 스펙을 수치화하고 그것을 달성하기 위해 최선의 노력을 합니다. 그러다 보니 스토리와 같은 감성적인 영역에 취약합니다. 세계 최초, 세계 최고라는 익숙한 숫자 기반의 성과를 달성하는 데는 자신 있지만 스토리라는 이야기를 들으면 막막합니다. 그런데 문제는 디지털 문명에서의 스토리는 인문학적 소양과 감성 그리고 기술까지 모든 것들을 융합해야 나온다는 것입니다. 우리는 이런 방식으로 일하는 데 익숙하지 않습니다. 각자 알아서 목표를 달성해왔지 융합해서 창조적인 아이디어를 스토리로 만들고 그걸 다시 감성을 더해 기술로 표현하는 경험은 거의 없습니다. 그래서 서로 다른 분야의 공부를 하며 공통분모를 늘려야 합니다. 함께 일하는 프로젝트도 많이 기획해야 합니다. 낯설지만 필요한 일이면 도전해야 합니다.

DJI는 스펙에 집착하지 않았다

드론계의 최고 기업은 디제이아이DJI입니다. 가장 대표적인 엔지니어링 제품인 드론이 어떻게 소비자 중심 시장에서 성공했는지를 보면 스토리텔링이 왜 필요한지 이해할 수 있습니다. 디제이아이의 창업자 프랭크 왕汪滔은 드론을 개발하면서 스펙에 집착하지 않았습니다. 우리나라의 드론기술기업들이 대부분 집중한 것은 숫자입니다. 얼마나 오래 비행할 수 있는지, 얼마나 빨리 날아갈 수 있는지, 얼마나 무거운 짐을 나를 수 있는지만 고민하며 개발에 집중했습니다. 반대로 프랭크 왕은 소비자가 드론에게서 무엇을 원하는지부터 찾기 시작했습니다. 스마트폰으로 셀카와 비디오 찍기에 푹 빠져 있던 소비자에게서 찾아낸 건 미디어에 대한 욕구였습니다. 소비자들은 하루에만 수십억 장의 사진과 비디오를 SNS에 올리며 새로운 미디어 시대를 즐기고 있었습니다. 직접 찍는 미디어가 일상화되면서 사람들은 지금껏 보지 못한 멋진 영상을 찍을 수 있다면 기꺼이 돈을 지불할 것 같았습니다. 그래서 프랭크 왕은 드론에 프로페셔널 영상 촬영 기기라는 스토리를 담았습니다. 그리고 촬영된 미디어의 디테일에 대해 집착하며 확실한 차별을 위해 헌신합니다. 심지어는 함께 창업한 동료들이 이제 출시할 만큼 충분한 기술이라고 해도 막무가내였습니다. 결국 회사가 어려워져 동료들이 다 떠난 후에도 프랭크 왕은 디테일의 완성에만 집중합니다. 할리우드의 감독들에게 시제품을 보내 영상의 질이 만족할 만한지 끊임없이 체크하며 완성도를 높여갑니다. 디자인도 절대 양보하지 않았습니다. 최고의 디자인이 나올 때까지 집중을 멈추지 않았죠.

그렇게 출시된 디제이아이의 드론은 출시 직후 선풍적인 인기를 모읍니다. 디제이아이는 그 어렵고 경쟁이 치열하다는 드론시장의 최고 기업으로 부상합니다. 디제이아이 드론의 인기를 폭발시킨 건 소비자들이 직접 찍은 비디오들입니다. 여기에 많은 할리우드 영화들이 디제이아이 제품으로 촬영되었다는 스토리가 양념처럼 더해집니다. 이 스토리는 사람들이 '나도 저런 멋진 영상을 찍고 싶어.'라는 욕심을 불러일으키고 실제 구매로 이어지게 합니다. 2017년 디제이아이의 매출은 27억 달러(약 3조 300억 원)을 넘겼습니다. 값싼 드론이 넘쳐나는 시장에서 소비자들은 고가의 DJI 드론에 기꺼이 지갑을 엽니다. 스토리는 그만큼 매력적이고 치명적인 것입니다. 그 힘으로 디제이아이는 드론시장에서 세계 최고의 자리를 굳건히 지키고 있습니다.

디제이아이 성공의 핵심은 영상의 퀄리티를 지켜주는 다양한 기술의 디테일입니다. 결국 스토리의 완성은 기술이 만들어낸 것입니다. 영상의 해상도, 비행 속도, 정지 능력 등 수치만으로는 '환상적인 영상을 찍어내는 드론'에 대해 정의하기 어렵습니다. 그래서 그 감성의 디테일을 이해하고 그걸 풀어낼 수 있는 엔지니어가 필요한 것입니다. 아티스트와 함께 일할 수 있는 엔지니어가 필요합니다. 이제 거의 모든 제품의 개발에는 융합이 필수입니다. 고객을 감동시킬 수 있는 스토리에서 출발해 디자이너, 엔지니어, 마케터, 세일즈맨까지 모든 직원들이 디테일의 완성을 위해 집착해야 성공을 만들어낼 수 있는 시대입니다.

스토리가 준비되면 그 표현은 미디어로 완성합니다. 디지털 소비 문명의 특징은 미디어를 기반으로 한다는 것입니다. 열광적인 팬덤도 미디어의 링크가 SNS를 타고 번져나가면서 일어납니다. 그래서 미디어 제작의 능력도 필요합니다. 소비자가 열광하는 드라마나 비디오 클립을 미리미리 학습해야 하는 이유도 이 때문입니다. 미디어를 통한 타깃 고객과의 공감 능력도 중요하고, 타깃 고객이 이용하는 미디어 플랫폼이 어떻게 형성되어 있는지도 잘 이해해야 합니다. 타깃 고객이 좋아하는 유튜버는 누구인지, 그들이 만드는 콘텐츠의 특징은 무엇이고 최근의 트렌드는 무엇인지 잘 조사하세요. 언제 어디서든 고객의 데이터를 확보하는 데 신경을 쓰고 데이터를 다루는 스킬에도 익숙해지십시오.

내 인생의 스토리는 어떻게 쓰면 좋을까요? 내 인생을 5분짜리 비디오 클립으로 만들어낸다면 어떻게 담아내겠습니까? 갑자기 막연해지셨죠? 회사의 스토리를 만들어내는 일도, 기획하는 상품의 스토리를 만들어내는 일도 그만큼 어렵습니다. 그래서 오랜 기간 동안 다양한 훈련을 통해 만들어야 하는 능력이기도 합니다. 저는 매년 메가 히트를 기록한 드라마나 영화는 꼭 몰아 봅니다. 메가 히트 음악도 꼭 들어봅니다. 2018년의 시대 트렌드를 제대로 보여준 기가 히트 메이커 BTS 관련 콘텐츠는 모두 섭렵했죠. 책도 SNS에서 추천하는 도서를 부지런히 읽어봅니다. 이렇게 과거의 트렌드와 전혀 다른 방식을 보여준 콘텐츠는 깊이 연구해볼 가치가 있습니다. 미디어 콘텐츠의 히트 트렌드와 유통방식을 학습하면 성공적인 스토리텔링과 미디어 제작의 감성을 유지할 수 있습니다. 빅 히트를 만들어내는 플랫폼의 특성도 파악할 수 있습니다. 항상 감성의 레이더를 바짝 높여놓고 학습하세요. 물론 콘텐츠를 보면서 느끼는 희열은 덤입니다.

실시간 가격이 바뀌는 세상

우리는 혁명의 시대를 살고 있습니다. 그래서 안타깝게도 비즈니스 모델의 변화가 극심한 상황입니다. 이제는 안정되었다고 생각한 플랫폼이 어느새 다른 방식의 플랫폼에 의해 밀려나고 그마저도 또 새로운 방식에 의해 교체되고는 합니다. 그래서 그 변화를 쫓아가며 학습하는 것은 물론, 새로운 아이디어를 낼 수 있는 능력까지 갖춰야 합니다. 이래저래 혁명은 참 피곤합니다.

유통의 옴니 채널 구축

비즈니스 플랫폼은 마켓의 섹터가 세분화되는 것만큼이나 세분화되고 또 전문화되는 중입니다. 공부해야 하는 범위가 그래서 매우 넓습니다. 우선 국가별로 특성이 많이 달라졌습니다. 서유럽과 일본처럼 디지털 플랫폼의 확산 속도가 느린 국가에서는 기존의 유통망이 여전히 강력한 힘을 발휘합니다. 마케팅방식도 기존방식이 여전히 유효합니다. 중국이나 미국은 이미 디지털 플랫폼으로 대거 이동을 했습니다. 미디어 플랫폼의 변화 통계도 이를 입증합니다. 일본은 여전히 세계에서 지상파 TV 시청률이 가장 높은 나라인 반면, 미국이나 중국은 미디어 소비방식이 디지털 플랫폼으로 50퍼센트 이상 이동한 상태입니다. 미디어 소비 패턴이 상품 구매 패턴에도 그대로 반영된다고 볼 수 있는 데이터입니다. 이렇게 되면 비즈니스 모델을 기획하는 데 있어 국가별·지역별·타깃별 소비 패턴을 분석해야 기본적인 전략을 수립할 수 있는 준비가 끝납니다.

앞서 언급했듯, 애경산업은 중국시장을 겨냥한 왕홍 중심의 독립적인 브랜드를 론칭했습니다. 당시만 해도 화장품의 비즈니스 플랫폼은 오프라인 로드숍이 핵심이었습니다. 중국 내 기존 오프라인 유통 플랫폼에서 판매되는 금액도 어마어마했습니다. 온라인 플랫폼이나 왕홍 판매는 인기를 끌기 시작했다고는 하지만 오프라인 매출에 비하면 그야말로 미미한 수준이었습니다. 그래서 애경의 시도는 매우 신선한 도전, 그렇지만 곧 실패할 것이 예상되는 도전이라고 생각되었습니다. 어떤 판관비도 지출하지 않고 왕홍을 통한 광고 및 온라인 판매로만 승부를 보기로 했으니, 기존 상식으로 보면 어려운 도전이 맞았습니다.

그런데 지금은 어떤가요? 불과 4년 만에 전세가 역전되었습니다. 중국 관광객에 기대던 국내 로드숍 판매는 급감하고 왕홍 기반의 온라인 수출은 효자 중의 효자 유통망이 되었습니다. 화장품이라는 상품이 어떤 플랫폼을 통해 유통되는지를 집중해서 연구하고 그 변화에 맞춰 기업의 전략을 유연하게 이동해 얻어낸 성과입니다. 소비자의 이동에 따라 새로운 비즈니스 플랫폼에 도전하는 것은 어느새 기업 생존의 필수 조건이 되었습니다.

2018년 소비 트렌드를 데이터로 확인해보면 화장품, 패션, 신발 등 유행에 민감한 소비재의 유통 플랫폼이 크게 요동치기 시작한 게 분명합니다. 오프라인 소비는 급격히 감소하고 디지털 플랫폼을 기반으로 하는 소비는 급증했습니다. TV 광고의 효과는 줄어드는 반면 유튜브를 통한 스토리 확산과 팬덤 현상은 더욱 강력해집니다. 기존의 프랜차이즈를 기반으로 한 오프라인 스토어들은 줄어드는 매출로 인해 엄청난 타격을 입고 있지만 어디로 가야 할지 방향도 잡기 쉽지 않습니다.

본사는 본사대로 고민이 많습니다. 온라인에서의 판매는 확대되는데 오프라인 로드숍을 배려하려면 가격을 마음대로 조정할 수가 없습니다. 반면 온라인에서는 순식간에 가격이 변화하는 게 일상입니다. 스마트한 고객들은 맘에 드는 상품을 보면 바로 검색하고 가격이 더 싸면 온라인에서 구매를 합니다. 오프라인 스토어의 불만이 터질 수밖에 없는 구조죠. 그래서 어느 곳에서 구매를 하든 가격이 통일되는 정책이 필요한데, 그걸 시행하려면 모든 유통망에서 실시간으로 가격을 동시에 바꿀 수 있는 디지털 플랫폼이 구축되어야 합니다. 이것을 '유통의 옴니 채널 구축'이라고 합니다. 다양한 유통 채널을 가진 브랜드가 성공하려면 옴니 채널 정책과 온오프라인 유통망의 컬래버레이션이 무엇보다 중요합니다.

온라인 마케팅만 한다고 해서 성공하는 것도 아니고 오프라인이라고 꼭 시장이 축소되는 것만도 아닙니다. 디지털 소비 문명이 앞서 가는 미국이나 중국을 보면 그런 현상이 명확합니다. 다만 기본적인 트렌드는 디지털 플랫폼으로의 이동입니다. 오프라인 소비는 줄어들 수밖에 없습니다. 문명의 교체에 따른 혁명기에 보장된 성공의 왕도는 없습니다. 늘 성공 모델을 카피해서 발전시킨 우리로서는 당황스러운 상황이라 할 만합니다. 오로지 하나의 왕도는 고객이 왕이라는 명백한 메시지입니다.

혁명의 시기입니다. 특히 비즈니스 플랫폼은 엄청난 속도로 변화 중이고 그걸 알려주는 교육기관과 콘텐츠도 충분하지 않습니다. 개인이라면 스스로 학습하는 수밖에 없습니다. 열심히 구글링을 하고 SNS를 통해 관련 전문가와의 소통도 해야 합니다. 유튜브를 통해 새로운 전문 지식도 지속적으로 관심을 두고 학습해야 합니다. 회사라면 새로운 비즈니스 트렌드에 대해 조사하고 분석하는 부서를 만들어야 합니다. IT 담당 부서의 성격도 바꿔야 합니다. 회사를 운영하는 시스템의 구축에만 집중했다면 이제는 고객의 데이터를 분석하고 지식을 만들어 구성원 모두에게 공급하는 일을 담당해야 합니다. 새로운 디지털 비즈니스 트렌드도 정리해서 공유해야 합니다. 글로벌시장에서 새로운 방식의 비즈니스 플랫폼이 등장하면 성공과 실패의 추이를 모니터링하면서 결과를 구성원에게 제공해야 합니다.

최근 애자일Agile 경영이 화두가 되는 것도 같은 이유입니다. 일반적인 기업들은 1년 치 사업계획을 연초에 수립하고 그것을 달성하기 위해 조직 전체가 열심히 활동합니다. 그리고 연말에 성과를 바탕으로 사업을 평가하고 다시 차년도 계획을 수립합니다. 우리에게 익숙한 보편적인 사업방식이고 조직 운영방식입니다. 그런데 시장 환경이 급변하면서 이런 형태의 비즈니스로는 시장에 적응이 어려워졌습니다. 1년 치 계획을 짜기 위해 엄청난 시간과 노력을 들였는데, 계획의 가정에 포함된 시장 상황이 크게 달라져버리니 계획 자체가 의미를 잃게 되는 것이죠. 그래서 등장한 것이 애자일 경영입니다. 본부 경영진에서 계획을 세워 하부조직에 전달하는 것이 아니라, 고객 접점에 있는 소규모 팀에게 경영의 전권을 부여하고 고객 반응에 따라 빠르게 움직이며 대응하는 시스템을 말합니다. 미국 기업 중 3분의 1이 연 단위 성과평가 경영방식에서 애자일 방식으로 변화를 시도하고 있다고 합니다. 고객 중심 경영의 철학이 이제 경영방식에도 거대한 변화를 가져오고 있다는 증거입니다.

비즈니스 플랫폼의 변화는 기업에게는 생존이 걸린 문제입니다. 정신 바짝 차리고 고객의 선택을 따라 움직여야 합니다. 끊임없이 유연하게 움직여야 합니다. 새로운 전략으로 고객의 선택을 만들어낼 수 있는 능력을 갖출 때까지요.

노 서비스

불편해도 재밌으면 산다

디지털 플랫폼의 성공은 팬덤에 달려 있습니다. 그 팬덤을 만드는 가장 근본적인 요소는 킬러콘텐츠입니다. 소비자와의 공감 능력을 가졌다고 해서 다 킬러콘텐츠를 만들 수 있는 것은 아닙니다. 스토리가 훌륭하다고, 미디어가 잘 만들어졌다고, 고객이 많이 모이는 플랫폼을 선택했다고 팬덤을 만드는 킬러콘텐츠가 되지는 않습니다. 실질적인 매출을 일으키는 비즈니스 플랫폼에서 킬러콘텐츠는 대부분 '경험'이 결정합니다. 사용해본 고객의 추천만큼 팬덤을 일으키는 강력한 요소는 없습니다. 그래서 킬러콘텐츠는 고객 감동을 일으킬 만한 디테일을 필요로 합니다. 여기서는 전문성이 승부를 좌우합니다. 업의 본질은 여전히 중요하다는 것입니다.

스타벅스의 포인트, 줌피자의 맛

BTS의 팬덤은 '음악'과 멤버의 '매력'에 의해 만들어졌습니다. 형식은 동영상이었죠. 음악의 수준, 가사의 메시지, 가창력, 멋진 춤, 멤버들의 진정성, 방탄TV의 매력 등등이 잘 어우러져 엄청난 폭발력을 만들어낸 케이스입니다. 물론 가장 중요했던 것은 음악이었습니다. 노래가 좋으니 '이건 꼭 들어봐야 해.'가 될 수 있었던 것이죠.

아마존도 팬덤을 통해 성장했다고 볼 수 있습니다. 배송방식과 가격 정책이 매력적이니까 무려 119달러의 연회비를 내면서까지 프라임 회원 서비스에 가입합니다. 1억 천만 명의 프라임 서비스 가입자가 바로 팬덤의 실체입니다. 최저 가격에 좋은 상품을 배송한다는 가장 기본적인 킬러콘텐츠가 있고 거기에 상품 추천, 에코, 프라임데이 세일 행사 같은 재밌는 혜택까지 있으니 가입하게 됩니다. 이것이 아마존을 다른 온라인 유통 플랫폼과 차별화시키는 가장 강력한 차이, 킬러콘텐츠입니다.

킬러콘텐츠는 '이건 꼭 경험해봐야 해.'라고 소비자가 자발적으로 권유할 수 있는 상품, 또는 서비스를 의미합니다. 스타벅스 커피는 어디서 구매하든 똑같은 맛을 낼 수 있도록 최상의 시스템을 구축합니다. 이것은 모든 커피 프랜차이즈가 신경 쓰는 부분이니까 그렇게 큰 차이는 없습니다. 대신 스타벅스는 지역별로 특성화된 메뉴들을 계속 만들어내기 시작합니다. 또 다양해지고 개인화된 고객들의 취향을 만족시키기 위해 신메뉴를 만들어 판매하고 그중 고객 반응이 좋은 메뉴는 전 매장으로 확대합니다. 이렇게 고객들이 '최애(최고로 애정) 하는 메뉴'를 하나씩은 갖게 만듭니다.

스타벅스가 고객을 열광케 한 또 하나는 바로 앱입니다. 스타벅스앱은 사실 매우 오래전에 만들어졌습니다. 그런데 2015년까지는 그렇게 큰 반향이 없었습니다. 그 안에 담긴 킬러콘텐츠가 없었던 탓입니다. 2016년 스타벅스는 경쟁기업들이 '스탬프 12개에 공짜 커피 1잔'이라는 기본 서비스를 고수하는 사이, 스타벅스앱에 쌓인 포인트로 샌드위치도, 크루아상도 맘껏 사 먹을 수 있게 열어버립니다. 그리고 앱이라는 특성을 반영해 지속적으로 고객의 편의성을 확대해갑니다. 포인트로 샌드위치를 공짜로 먹어본 사람들이 SNS로 자랑을 하기 시작하면서 엄청난 사람들이 앱을 깔고 이걸로 결제를 하기 시작합니다. 포인트 쌓는 재미에 시간이 걸려도 스타벅스를 꼭 찾는 사람이 늘어났죠. 스타벅스앱은 신용카드 선결제로 사용하는 방식인데, 이 2016년 1분기 미국 내 선결제 금액이 무려 12억 달러(약 1조 3,000억 원)에 달했다고 합니다. 결제할 때도 한 번 흔들면 더 이상 터치도 필요 없으니 간편합니다. 줄 서는 걸 사람들이 불편해하니까 멀리서도 미리 주문 가능한 사이렌오더(이 서비스는 한국에서 최초 개발해 확산된 킬러콘텐츠다.)까지 생겼습니다. 이제 미국에서 2,200만 명이 이 앱을 사용하고 스타벅스 전체 매출의 40퍼센트가 앱 결제로 이루어진다고 합니다. 스타벅스 상품의 매력과 포노 사피엔스를 위한 배려가 결합해 킬러콘텐츠로 작동한 사례입니다.

샌프란시스코에서 대박을 낸 줌피자Zume Pizza도 킬러콘텐츠로 성공한 사례입니다. 줌피자는 피자 생산에 4대의 로봇을 투입한 회사입니다. 로봇으로 피자를 굽는다는 건 흥미로운 스토리이긴 하지만 팬덤을 만들 수 있는 요소는 아닙니다. 물론 재미 요소는 될 수 있지만요. 역시 음식의 본질은 맛입니다. 이 회사는 피자 도우에 토마토소스를 발라 일단 초벌로 오븐에 굽습니다. 그리고 다시 나온 초벌피자 위에 치즈와 토핑이 잔뜩 올라가고 그 상태로 아직 굽지 않은 피자를 로봇이 다시 오븐 속으로 집어넣습니다. 이 오븐은 책꽂이 형태의 이동식 오븐으로 배달용 트럭에 오븐째로 옮겨집니다. 이때부터 기술이 들어갑니다. 아직 굽지 않은 수십 개의 피자는 배달 트럭 오븐 안에 실려 출발합니다. GPS를 이용해 첫 번째 배송지에 도착하기 4분 전이 되면 그곳에 배달될 피자가 든 오븐이 작동합니다. 그러면 피자는 도착과 동시에 완성되죠. 피자가 가장 맛있는 순간은 오븐에서 바로 나온 그때라는 점을 알고, 이를 기술로 실현한 겁니다. 고객 입장에서는 배달 피자가 이렇게 맛있었던 경험이 처음입니다. 그 놀라운 경험은 SNS를 타고 급속하게 퍼져나가 줌피자는 빅 히트를 치게 됩니다. 결국 '맛'이 킬러콘텐츠였습니다. 맛은 요식업의 본질입니다. 그걸 위해 기술은 거든 것일 뿐입니다. 줌 피자는 이 성공을 바탕으로 2018년 11월 소프트뱅크 손정의 회장으로부터 3억 7천만 달러(약 4천 300억 원)를 투자받아 로봇 기반의 푸드 배달사업을 더욱 확장하고 있습니다.

줌피자가 기술을 더해 킬러콘텐츠를 만들었다면 카카오뱅크는 기술을 덜어내서 킬러콘텐츠를 만든 경우입니다. 2017년 최초의 인터넷 은행 K뱅크가 출범합니다. 이 은행은 3개월 동안 40만 명의 고객을 확보하는 데 성공합니다. 그 정도면 선방했다고 생각했는데 더 늦게 출범한 카카오뱅크는 3개월 동안 무려 500만 명의 고객이 가입합니다. 체크카드도 300만 명이 넘게 신청합니다. 그 이유가 놀랍게도 '귀여워서'였습니다. 카카오뱅크는 카카오프렌즈의 귀여움으로 문을 열고 기술로 완성해냅니다. 일단 귀여우려면 공인인증서는 없어져야 합니다. 이름부터 귀엽지가 않으니까요. 거기다 터치 수를 절반으로 줄여버립니다. 지문인증처럼 간편하지만 안전한 기술은 적극 도입합니다. 이렇게 안전은 확보하면서 귀여움을 완성합니다. 기술을 더한 게 아니라 덜어내서 귀여움을 완성한 것이죠. 500만을 열광시킨 기술은 '덜어냄'이었습니다. 이래서 킬러콘텐츠는 만들기가 어렵습니다.

Best Service is No Service

지금까지 사례에서 언급한 것처럼 킬러콘텐츠를 만드는 데는 왕도가 없습니다. 어떤 때는 더하고 어떤 때는 덜어내서 고객의 마음을 사로잡아야 합니다. 고객을 사로잡는 매력을 만들어내는 건 공감 능력에서 오는 세심한 감성입니다. 물론 포노 사피엔스 문명에서 작동하는 몇 가지 성공의 키워드는 존재합니다. 그중 가장 기본적인 게 편해야 한다는 것입니다. 스마트폰을 기반으로 보다 적은 터치로 간편하게 무언가를 할 수 있어야 합니다. 처음에는 조금 까다롭더라도 한 번 쓰고 나면 너무나 편리해서 다시 찾을 수밖에 없도록 간편해야 합니다. 그 모든 화면은 디테일이 만족스러워야 합니다. 아마존은 그걸 이렇게 표현합니다. 'Best Service is No Service.' 고객이 아무것도 하지 않아도 되도록 하는 것입니다. 그걸 위해서 첨단기술을 투입하는 겁니다. 아마존고 무인매장의 철학도 이것을 관통합니다. '그냥 집어 들고 가세요. 나머지는 저희가 알아서 하겠습니다.'

킬러콘테츠를 만드는 다른 중요한 포인트는 업의 본질을 제대로 만들어내서 '이건 꼭 경험해봐야 해.'를 친구들에게 전달하도록 만드는 것입니다. 옷은 예뻐야 하고, 음식은 맛있어야 하고, 서비스는 편리해야 합니다. 이미 모든 기업들이 추구하는 것이니 굳이 설명이 필요는 없겠습니다. '골목식당'이라는 프로그램으로 요식업에 대한 새로운 생각을 만들어가고 있는 백종원 대표가 강조하는 것도 이것입니다. 음식 맛에 대한 기준을 세울 때, 내 생각이나 내 고집이 중요하다고 생각한다면 비즈니스는 포기하라고까지 얘기합니다. 업의 본질을 구현하는 것도 기준은 고객입니다. 항상 고객이 원하는 걸 집착하며 찾아내고 디테일을 만들어가는 시스템이 필요합니다. 심지어 성공했다고 하더라도 절대 안주하지 않고 지속적으로 고객의 변화에 대응하는 변화를 만들 수 있어야 합니다. 여기서 전문성이 발휘됩니다.

마지막으로 행복한 경험을 한 고객이 '너도 이건 꼭 써봐.' 라고 네트워크를 통해 퍼뜨릴 수 있는 간편한 수단이 필요합니다. 링크로 설명을 공유하거나 앱을 다운받으라고 하거나, 또는 영상 링크를 보내는 등 SNS를 통해 쉽게 전달할 수 있게 준비하는 배려가 필요합니다. 이것이 잘되고 있는지 아닌지를 분석하는 툴도 많이 나와 있습니다. 데이터를 크롤링해서 고객의 반응을 모두 모으는 것은 파이썬으로 쉽게 구현이 가능합니다. 모아진 데이터의 분석도 어렵지 않습니다. 아마존 웹서비스나 마이크로소프트의 애저, IBM의 왓슨Watson 등에는 빅 데이터를 분석해주는 프로그램들이 제공되며 그것을 통해 얼마나 고객들 사이에서 팬덤이 형성되고 있는지를 분석할 수 있습니다. 전략 상품이 킬러콘텐츠가 되고 있는지 아닌지를 판단할 수 있는 툴이 준비된 셈입니다.

이런 법칙을 다 이해하고 기획하더라도 여전히 킬러콘텐츠는 성공하기 어려운 과제입니다. 사실 이것이 쉬운 일이라면 누구나 성공할 수 있었겠지요. 어렵지만 가야 하는 길이기도 합니다. 킬러콘텐츠는 높은 완성도에 대한 집착이 있어야 만들 수 있습니다. 그래서 고객의 반응을 기반으로 끊임없이 개선할 수 있는 여지를 시스템적으로 미리 구축해둬야 합니다. 소프트웨어를 매주 업그레이드하며 일주일간 쌓인 고객의 불만을 즉시 해결했던 샤오미의 서비스 시스템은 그 자체로 거대한 팬덤을 만들어주는 킬러콘텐츠가 되었습니다. 고객이 원하는 것이라면 빨리 대응하겠다는 전략을 회사의 운영 시스템에 담은 것입니다. 포노 사피엔스 시대에는 디지털 플랫폼을 바탕으로 하는 즉각적인 고객 대응이 또 다른 감동을 만들어내는 킬러콘텐츠 요소입니다.

문제는 기술이 향하는 방향이다

테슬라는 2018년 큰 위기를 겪었습니다. 모델3가 엄청난 인기를 얻게 된 데 반해, 제조의 속도는 그에 미치지 못하자 테슬라의 CEO 일론 머스크는 완전한 로봇 제조 시스템을 구축하여 해결책을 찾고자 합니다. 그런데 이게 어려움에 봉착하면서 위기가 시작됩니다. 사람이라면 쉽게 하는 일이 오히려 로봇으로 해결하려면 매우 어려운 일이 되기도 하기 때문입니다. 예를 들어, 유리컵을 들어 올리는 손을 만드는 일부터가 그렇습니다. 강하게 잡으면 깨지고 살살 잡으면 떨어뜨립니다. 그러니 초정밀 센서가 붙어야 합니다. 즉시 반응하는 시스템을 위해 고성능 CPU와 통신 시스템도 요구됩니다. 다섯 개의 손가락처럼 작동하는 로봇을 만들려면 관절마다 모터가 들어가고 그걸 관제하는 컴퓨터가 필요합니다. 이러니 수백 개의 모터와 수백 개의 센서, 그리고 엄청난 용량의 컴퓨터와 통신 시스템이 제대로 연결되어 작동해야 사람 손처럼 움직이는 로봇이 가능합니다. 얼마나 어려운가요. 사람에게는 그냥 무언가 들어 올려 적당히 올려놓는 단순 작업인데 말이죠.

그래서 테슬라는 완전 자동화에 실패합니다. 이때 테슬라의 주가가 폭락합니다. 다행이 일론 머스크와 엔지니어링 팀이 주말도 잊고 일을 해낸 덕에, 사람과 로봇의 협업 체제로 자동차 생산량이 일정 수준 이상 올라가고 주가도 회복은 됐습니다. 큰 교훈을 준 사건이었습니다. 스토리는 훌륭해도 물리적인 해결 능력은 분명한 한계가 있다는 교훈입니다. 세계 최고의 엔지니어링 기술을 자랑하는 테슬라 팀도 '안 되는 것은 안 되는 것'이라는 뼈아픈 교훈을 얻었습니다.

뛰어다니는 로봇을 만드는 것으로 유명한 보스턴 다이나믹스Boston Dynamics도 비슷한 함정을 갖고 있습니다. 로봇 기술력은 엄청나게 뛰어나다고 인정할 수 있지만 아직도 안정적으로 걷고 뛰는 로봇은 생산이 불가능합니다. 보통 수백 번을 테스트해서 한 번 성공하면 그걸 비디오로 찍어 올린다고 합니다. 사람처럼 주변 환경에 대해 즉각적으로 또 임의적으로 반응하는 로봇은 아직 요원하다는 뜻입니다. 배터리도 큰 숙제입니다. 현 시점의 로봇들을 전투 로봇으로 개발한다고 하더라도, 지금 같은 상황이면 두 시간도 버티기 어렵습니다.

사실 드론도 유사한 문제를 안고 있습니다. 1991년 처음 상용화된 리튬이온 배터리는 이후 조금씩은 개선되고 있다지만, 근본적으로 용량이 늘어나지 못하고 있습니다. 폭발 문제도 여전합니다. 노벨화학상, 물리학상이 엄청나게 쏟아지고 있는데 리튬이온 배터리를 대체할 것은 아직 시장에 나오지 않고 있습니다. 같은 크기에 현재 배터리의 100배 용량을 가진 배터리가 나온다면 그거야말로 혁명일 텐데 말입니다. 결국 스토리도, 디지털 플랫폼도, 킬러콘텐츠도 다 중요합니다만, 그걸 해결해주는 기술의 디테일이 따라줘야 성공할 수 있다는 뜻입니다.

기술이 바탕이 되어야 한다

그래서 기술의 전문성을 갖추는 게 중요합니다. 우리나라가 유리하다고 얘기할 수 있는 건 바로 그동안 갈고닦은 제조기술력의 우수성입니다. 디지털 플랫폼도 취약하고 스토리텔링도 미흡하지만, 그걸 구축하는 제조기술력은 세계 최강의 대열에 올라 있습니다. 전 세계 디지털 플랫폼에 가장 많이 사용되는 반도체가 대한민국 반도체입니다. 노벨화학상, 물리학상은 아직 한 번도 못 받았지만 나노과학의 결정체인 반도체산업은 부동의 세계 1위입니다. 로봇기술도 크게 밀리지 않습니다. 카이스트의 오준호 교수 팀이 재난구조 로봇 경진대회에서 세계 1위를 차지하는 것만 봐도 알 수 있습니다. 미국이나 일본에 비해 형편없이 낮은 R&D 투자비를 감안하면 기적에 가까운 일입니다. 요즘은 우리나라가 바이오시밀러biosimilar 분야에서 세계를 놀라게 하고 있습니다. 미국과 유럽에서 그 어렵다는 신약 허가를 연속적으로 받아내고 있는 셀트리온이나 삼성바이오로직스를 보고 있으면 도대체 우리 제조기술력의 끝은 어딜까 놀랍기만 합니다.

우리 기업들이 스토리텔링이 취약하고 디지털 플랫폼 기반의 비즈니스가 규제에 잡혀 혁신의 속도가 늦다고 걱정을 많이 합니다. 그럼에도 불구하고 우리는 여전히 세계 최고의 제조산업을 잘 유지하고 있습니다. 앞으로 위기가 올 것이라는 것은 분명하지만, 반대로 우리 제조기술의 디테일이 팬덤을 만들 수 있다면 엄청난 기회가 숨겨져 있다는 뜻이기도 합니다. 다른 나라에서는 한계에 부딪혀 실현할 수 없는 스토리가 우리나라에서는 실제로 만들어낼 수 있는 현실 모델이 된다면 정말 엄청난 팬덤이 생기지 않을까요? 그것이 우리가 갖고 있는 무한한 가능성이라고 생각합니다.

최근 공개된 갤럭시폴드는 외계인 납치설이 나올 만큼 전 세계인을 매료시키고 있습니다. 2019 CES를 뒤집어놓은 LG전자의 롤러블TVRollable TV도 보는 이의 넋을 빼놓을 만했습니다. 이제 아쉬운 건 스토리뿐입니다. 팬덤을 창조하는 스토리가 이 놀라운 제조기술과 만난다면! 벌써부터 가슴이 설레입니다.

지금은 '부작용의 뒷면'을
읽어야 할 때다

디지털 플랫폼에 기반한 비즈니스가 대세로 부상하는 것은 누구나 알고 있는 사실입니다. 그래서 디지털 플랫폼의 핵심이라는 빅 데이터와 인공지능에 대한 공부도 열심히 합니다. 특히 앞서 언급한 아마존 같은 성공 사례를 모델로 벤치마킹도 수행하며 유사한 시스템으로 사업을 기획해봅니다. 그런데 참 쉽지가 않습니다. 사실 디지털 시대로의 전환이 어려운 가장 큰 이유는 새로운 디지털 문명에 대한 이해가 부족하기 때문입니다. 그래서 우선 마음속 깊이 내려놓아야 할 것이 있습니다. 바로 우리가 갖고 있는 '상식'입니다.

부작용의 뒷면

앞서 언급했듯 기성세대에게 디지털 문명은 매우 낯선 경험입니다. 스마트폰이 처음 나올 때부터 그랬죠. 그래서 부작용 이야기부터 튀어나왔습니다. 스마트폰 문명이 증가하면서 생겨 날 부작용을 최소화하기 위해, 기성세대는 많은 법과 제도를 만 들어왔습니다. 그러다 보니 지난 10년간, 우리 상식 속에서도 '스마트폰 문명은 부작용이 참 크다.'는 생각이 고착되었습니다. 이것을 뒤집어보아야 합니다.

'36억의 인류가 자발적으로 스마트폰 문명을 선택했고 앞 으로도 계속 이 방향으로 발전할 것은 분명하다. 그렇다면?'

부작용의 뒷면을 보아야 합니다. 무의식적으로 부작용이 떠 오를 때마다 그만큼의 혁신성은 뭐가 있을지 고민해야 합니다. 그 래야 내 상식의 기준이 디지털 문명으로 옮겨갈 수 있습니다.

가정에서 1인 크리에이터가 꿈이라는 아이, 프로게이머로 성공하겠다는 아이를 보고 있으면 난감합니다. 그러나 그 아이 들이 살아갈 세상의 문명 기준으로 보자면 그리 놀랄 일도 아닙 니다. 옛날 같으면 9시 뉴스 앵커가 되겠다, 프로 바둑기사가 되 겠다고 하는 것과 크게 다르지 않으니까요. 그러니 '부작용'을 '혁신성'으로 바꿔 봐야 합니다.

1980년대 이후 세대인 밀레니얼세대는 어려서부터 컴퓨터 와 인터넷을 통해 디지털 문명에 대한 정체성을 확립한 세대입니다. 그들은 메신저앱으로 대화할 때의 예의범절, 말투, 유행어를 모두 뇌 속에 지니고 있습니다. 지금의 50대는 갖지 못한 것이죠. 그래서 같은 도구를 통해 대화를 나눠도 소통이 어렵습니다. 디지털 문명은 과거에는 없던 것이죠. 그래서 기성세대가 배워야 하는 것입니다. 새로운 문명은 기회의 땅이기도 합니다. 기성세대가 오랜 세월을 거쳐 축적한 경험과 지식은 이 문명에서도 여전히 훌륭한 자산입니다. 세상을 잘 사는 지혜는 어디서나 유효합니다.

예를 들면 이렇습니다. 아이들은 막연히 크리에이터가 되고 싶어 합니다. 그러나 부모가 관심을 갖고 함께 같은 방향을 봐주기 시작하면 아이들의 시야도 당연히 넓어집니다. 성공하는 크리에이터의 조건은 무엇인지, 혹시 크리에이터로 살지는 않더라도 기획자, PD, 시나리오 작가 등 관련해서 꿈을 꿔볼 만한 직업들은 무엇인지 함께 고민하는 것입니다. 그렇게 찾다 보면 당연히 더 좋은 기회가 열립니다. 프로게이머를 꿈꾸는 아이도 마찬가지입니다. 이미 북미에서는 e스포츠가 아이스하키보다 더 인기 있는 스포츠가 되었습니다. 게임산업을 바라보는 시각은 축구나 야구로 보시면 됩니다. 우리 아이가 프로축구 선수가 되거나, 그것에 실패하더라도 스포츠마케팅 전문가, 스포츠방송 전문가, 레저스포츠 교육 종사자가 될 수 있다는 걸 알려줘야 합니다. 실제로 그런 생태계가 크게 형성되어 있으니까요. 게임만 잘하면 된다고 생각하는 아이들의 시야를 넓혀주는 건 어른들의 몫입니다. 그래야 아이들이 더욱 지혜롭게 미래를 준비할 수 있습니다. 그런데 그 생태계에 대해 모르고 있거나 부작용덩어리로 인지하고 있다면 아무런 조언도 해줄 수가 없습니다. 서로 갈등만 가득할 뿐입니다. 미디어산업의 본질, 스포츠산업의 본질은 유튜브 생태계나 게임산업 생태계에서도 여전히 유효합니다.

모두가 공감하는 기준

회사에서는 어떨까요? 조직 내에서 디지털 문명에 맞춘 시선을 갖는 건 더욱 중요합니다. 조직의 혁신에 절대적으로 필요할 뿐 아니라 개인이 앞으로 얼마나 더 오래 좋은 인재로 일할 수 있느냐가 이 태도에 달려 있기 때문입니다. 우리는 오랜 세월을 수직적인 조직문화에 익숙한 채 살아왔습니다. 그래서 신입사원들은 대리에게 배워야 하고, 대리는 과장에게, 과장은 부장에게, 부장은 이사에게, 이사는 사장에게 배워야 하는 게 상식이었습니다.

그런데 시장에 변화가 생겼습니다. 소비자의 상식이 바뀐 겁니다. 새로운 비즈니스 모델이 필요해졌고 새로운 아이디어가 필요해졌습니다. 신입 사원의 아이디어에 조직의 경험을 더해야 합니다. 그러기 위해서는 조직 전체의 시스템이 달라져야 합니다. 사장님이 솔선수범해 조직의 DNA를 바꿔야 합니다. 신입사원의 신선한 아이디어를 대리가 받아들면 '그래, 이게 사장님이 찾던 거야!'가 될 수 있게 말이죠.

요즘 회사에서는 과거에는 볼 수 없었던 여러 가지 갈등이 발생합니다. 20대 직원의 태도가 너무 어이없다고 불만이 터지는가 하면 40대 부장님이 단체 카톡방에 올린 글이 꼰대스럽다며 블라인드앱(회사원들끼리 서로 비밀리에 대화를 나누는 전 세계 최고의 뒷담화앱)에 올라옵니다. 사장이 갑질을 하다가 여론의 뭇매를 맞기도 하고, 과거에는 관행이라고 여겨지던 회식문화가 질타의 대상이 되기도 합니다. 과거에는 별것 아니라고 생각하던 발언들이 성추행, 언어폭력이라며 사회적 문제가 됩니다. 이런 일이 일어나는 이유는 과거의 사회적 기준과 포노 사피엔스 문명의 기준이 큰 차이를 나타내기 때문입니다. 디지털 소통의 체계를 구축하고 온라인으로 업무를 볼 수 있도록 혁신하는 것도 중요한 일이지만, 내부부터 문명의 기준이 달라지는 게 더욱 중요하다는 뜻입니다.

일반 대중이 생각하는 문명의 기준은 이미 달라졌습니다. 기업문화도, 조직문화도 이에 따라 달라져야 합니다. 이에 발맞춰 기업들은 이미 많은 동영상 자료를 만들어 고쳐야 할 과거의 잘못된 관행들을 교육하고 있습니다. 그런데 대부분 하지 말아야 할 일들만 이야기합니다. 수동적으로 불합리한 관행만 철폐

할 게 아니라 공격적으로 신소비 문명을 조직문화로 흡수하는 노력이 필요합니다. 부작용을 최소화하려는 노력만큼이나 반대쪽에서 혁신을 생각해야 하는 것입니다. 직장 내 새로운 인간관계, 업무 처리방식, 근무 태도를 어떻게 정의할지 서로 생각하고 자발적으로 문화로 만들어내야 합니다. 소비자 문명과 눈높이를 같이하자는 대원칙 하에서 말이죠.

　그러기 위해서는 혁신의 기준을 삼을 데이터가 필요합니다. 신입 사원과 고참 부장의 생각은 하늘과 땅 차이입니다. 무조건 신입 사원이 옳다고 할 수도 없고, 부장이 항상 옳을 수도 없습니다. 그렇다면 판단은 데이터가 하게 해야 합니다. 회사의 생존이 고객과의 소통에 달려 있고 그들이 원하는 킬러콘텐츠를 만드는 게 핵심이라고 동의했다면, 조직 운영의 기준도 그에 맞춰야 합니다. 우리 회사의 고객들이 어떤 미디어를 소비하고 있는지, 어디서 물건을 구매하고 있는지, 어떤 라이프스타일을 즐기고 있는지, 어떤 문명의 기준을 만들어가고 있는지 끊임없이 데이터를 통해 확인하고 이것을 조직문화에 반영해야 합니다. 사실 고객 데이터를 기반으로 고객 중심의 비즈니스를 추진하다 보면 자연스럽게 신소비 문명이 회사에 스며들게 됩니다. '사장부터 신입 사원에 이르기까지 고객의 마음을 중심에 두는 기업으로 간다.' 이것이 혁신의 방향입니다. 그래서 사장부터, 임원부터 열심히 새로운 문명을 학습하고 이걸 부지런히 전파해야 합니다. 새로운 TF 팀을 만들어 지금 이 순간도 빠르게 변화하는 디지털 소비 문명을 학습하게 하고, 이걸 모든 조직 안에 심어야 합니다. 그렇게 기업 내 의사결정문화가 달라졌다는 걸 모든 조직원에게 알려야 합니다. DNA가 달라졌다는 걸 모든 조직원이 인지해야 비로소 혁신이 시작됩니다. 혁신은 개선이 아니라 모든 걸 바꾸는 일입니다. 기업이 혁신하려면, 기업이 생각하고 실행하는 시스템을 바꿔야 합니다.

달라진 문명 속에서도
여전히 '사람'이 답입니다

지금까지 포노 사피엔스 문명의 특징과 변화된 모습에 대해 많은 이야기를 했습니다. 시장의 변화와 소비 트렌드가 만들어내는 데이터는 지금이 명확한 '혁명의 시대'임을 보여줍니다. 우리는 해야 할 일이 많아졌습니다. 새로운 문명을 공부해야 하고, 소비자가 만들어내는 데이터를 읽고자 노력해야 하고, 킬러 콘텐츠를 만드는 전문적인 기술도 익혀야 하고…. 이러한 일련의 과정과 노력들 모두 중요합니다. 그러나 가장 중요하게 여겨야 할 것은 '사람'입니다. 혁명의 시대, 결국 답은 '사람'이라는 이야기로 이 책을 마무리할까 합니다.

대한민국은 지난 60년 동안 전 세계가 부러워할 만큼 엄청난 발전을 이룬 나라입니다. 스마트폰, 컴퓨터, TV를 비롯한 가전제품, 자동차, 생활용품, 화장품에 이르기까지 다양한 상품을 자국에서 직접 생산하여 생활할 수 있는, 세계 몇 안 되는 나라 중 하나입니다. 이웃 나라 강국 일본에도 없는 우리만의 메신저앱(카카오톡)과 국가대표 포털사이트(네이버)도 갖고 있습니다. 디지털 금융 서비스도 몇 가지 규제만 뺀다면 세계 최고 수준입니다. 우리 콘텐츠 산업은 아시아 최고로 발돋움했고 해외 여러 국가에 팬덤을 확대해가고 있습니다. 이 모든 것을 국민소득 100달러 이하에서 시작하여 불과 60년 만에 이뤄낸 것입니다. 게다가 강력한 군사적 대치 상황에 놓인 분단국가에서 말입니다. 세계에 입증한 대한민국 잠재력의 스케일이 이렇습니다.

우리는 늘 이렇게 이야기해왔습니다. 우리가 가진 것은 오직 사람뿐이라고. 자원도 없고, 축적된 자본도, 기술력도 없는 나라에서 오늘에 이르게 된 것은 오로지 '사람'의 힘이었다는 뜻입니다.

그래서 우리는 사람에 대해 민감합니다. 아이들에 대한 교육열은 세계 최고이고 남의 일도 내 일처럼 함께 기뻐하고 함께 슬퍼합니다. 인사로 밥 먹었는지를 물어보는 사회, 개인적인 프라이버시를 아무렇지도 않게 물어보는 사회, 어디 사는지, 어느 학교를 나왔는지, 결혼은 했는지, 아무렇지 않게 물어보고 관심을 갖는 게 우리 사회입니다. 식당에 가면 이모가 있고, 친구 어머니는 내게도 어머니이며, 그렇게 사람과의 관계가 끈끈해서 오히려 문제가 되고 있는 사회가 대한민국입니다.

포노 사피엔스 시대, 디지털 소비 문명의 시대가 되면서 우리는 시장의 급격한 변화를 겪고 있습니다. 지금까지의 조직문화, 사회의 위계질서, 사내 직원 간의 관계, 심지어 가족의 구성과 그들의 관계까지…. 거의 모든 사람 사이의 관계가 다시 정립되고 있죠. 소비 패턴의 변화에 따라 기업의 사업방식도, 조직 운영도 모두 달라지고 있습니다. 이 모든 카오스 상태에서 새로운 시장을 지배하는 가장 강력한 법칙은 '고객이 왕이다.'입니다. 이 시대의 왕인 고객을 사로잡는 비법은 '사람을 잘 아는 자'만이 찾을 수 있습니다. 달라진 문명 속에서도 여전히 답은 사람에게 있습니다. 많은 사람들과의 관계를 통해 부지런히 공감 능력을 키우고 다양한 관계망으로 사람들이 좋아하는 것을 찾아내 그 감각을 익히는 것이 중요한 이유입니다.

물론 방법은 과거와 다릅니다. SNS를 통해 다양한 활동을 하고 그 안에서 새로운 경험을 축적해야 합니다. 데이터를 기반으로 달라지는 문화 트렌드도 적극적으로 학습하고 필요한 전문 지식도 빠르게 학습하고 복제해야 합니다. 신문명이 만드는 새로운 언어 체계도 적극적으로 학습하면서 디지털 문명 세계에서 얻을 수 있는 많은 것들을 얻어내야 합니다. 이런 모든 활동에서는 당연히 부작용이 발생할 수 있습니다. 때로는 시간도 낭비하고, 때로는 중독도 되고, 감정과 에너지를 허비할 수 있습니다.

하지만 이 부작용에 얽매이지 않고 새로운 문명을 힘껏 활용하며 스스로 펼칠 기회를 찾아야 합니다. 부작용에서 '부'를 떼어내고 혁신의 순작용을 찾아내기 시작하면 어마어마한 기회가 보이는 것이 바로 디지털 문명의 특성입니다. 지금까지 우리가 뛰어 놀던 공간이 '땅 위'라면, 디지털 문명의 놀이 공간은 '무한한 창공'입니다. 창공을 향해 날아오를 준비를 해야 합니다.

'혁명의 시대'를 '혁신의 기회'로 삼아 모두 함께 미래를 준비한다면, 포노 사피엔스 시대는 확실히 우리에게 기회입니다. 우리가 갖고 있는 재능을 보면 충분히 가능합니다. 디지털 문명의 확산이 돌이킬 수 없이 정해진 미래라면, 여러분은 어느 길을 선택하시겠습니까?

100년에 한 번 올까말까한 역사적인 기회의 문이 열렸습니다. 혁명의 위기를 넘어, 함께 새로운 기회의 시대로 갑시다.

포노 사피엔스

2019년 3월 11일 초판 1쇄 | 2024년 8월 28일 159쇄 발행

지은이 최재붕
펴낸이 이원주, 최세현 **경영고문** 박시형

책임편집 조아라 **교정** 박지선
기획제안 박시형
기획개발실 강소라, 김유경, 강동욱, 박인애, 류지혜, 이채은, 최연서, 고정용, 박현조
마케팅실 양근모, 권금숙, 양봉호, 이도경 **온라인홍보팀** 신하은, 현나래, 최혜빈
디자인실 진미나, 윤민지, 정은예 **디지털콘텐츠팀** 최은정 **해외기획팀** 우정민, 배혜림
경영지원실 홍성택, 강신우, 김현우, 이윤재 **제작팀** 이진영
펴낸곳 (주)쌤앤파커스 **출판신고** 2006년 9월 25일 제406-2006-000210호
주소 서울시 마포구 월드컵북로 396 누리꿈스퀘어 비즈니스타워 18층
전화 02-6712-9800 **팩스** 02-6712-9810 **이메일** info@smpk.kr

ⓒ 최재붕 (저작권자와 맺은 특약에 따라 검인을 생략합니다)
ISBN 978-89-6570-769-1 (03320)

쌤앤파커스(Sam&Parkers)는 독자 여러분의 책에 관한 아이디어와 원고 투고를 설레는 마음으로 기다리고 있습니다. 책으로 엮기를 원하는 아이디어가 있으신 분은 이메일 book@smpk.kr로 간단한 개요와 취지, 연락처 등을 보내주세요. 머뭇거리지 말고 문을 두드리세요. 길이 열립니다.